Produção Gráfica para Designers

Produção Gráfica para Designers

Mark Gatter

Tradução
Alexandre Cleaver

Revisão Técnica
Thiago Cesar Teixeira Justo
Faculdade Senai de Tecnologia Gráfica

Luciano Guimarães
Universidade de São Paulo

Text © 2004, 2010 Mark Gatter. Mark Gatter has asserted his right under the Copyright, Designs and Patent Act 1988, to be identified as the Author of this Work.
Translation © 2016 Ateliê Editorial

First published as *Getting It Right in Print* in 2004 by Laurence King Publishing Ltd.
This revised and expanded edition published in 2010 by Laurence King Publishing Ltd.

Título do original inglês: *Production for Print*.

Direitos reservados e protegidos pela Lei 9.610 de 19.02.1998.
É proibida a reprodução total ou parcial sem autorização, por escrito, da editora.

Dados Internacionais de Catalogação na Publicação (CIP)
(Câmara Brasileira do Livro, SP, Brasil)

Gatter, Mark
  Produção Gráfica para Designers / Mark Gatter; tradução Alexandre Cleaver; revisão técnica Thiago Cesar Teixeira Justo. – Cotia, SP: Ateliê Editorial, 2016.

  ISBN: 978-85-7480-731-7
  Título original: Production for Print

  1. Design gráfico (Tipografia)   2. Editoração eletrônica
  3. Impressão – Processamento de dados   4. Processamento de imagens – Técnicas digitais I. Título.

16-01255   CDD-686.2

Índices para catálogo sistemático:

1. Impressão gráfica: Tecnologia   686.2

Direitos em língua portuguesa reservados à
ATELIÊ EDITORIAL
Estrada da Aldeia de Carapicuíba, 897
06709-300 – Cotia – SP – Brasil
Tel. (11) 4612-9666
www.atelie.com.br
contato@atelie.com.br

Printed in Brazil 2016
Foi feito o depósito legal

Sumário

Prefácio **7**

1 A Evolução de uma Indústria **9**
A nova face do design gráfico 10
Como tudo começou 10
Da impressão tipográfica à impressão
   offset 12
Avanços na composição 15
A guerra das fontes 16
A tecnologia do fotolito 17
Tecnologia sem fotolito 19
O sistema de impressão offset 20
Outros sistemas de impressão 22

2 A Impressão em
   Quadricromia Explicada **25**
Um pouco sobre formatos e gramaturas
   de papéis 26
Imposição 27
CMY... K? 29
Ângulos e sobreposição de retículas 30
Além das quatro cores 31

3 Entendendo as Cores **33**
RGB x CMYK 34
Cores opostas 35
Como você percebe as cores 37
Um estudo de caso 38
Como escolher as cores que você precisa? ... 41
Um pouco de psicologia das cores 42
Tirando o melhor do seu monitor 43
Calibração reversa 44
Outros métodos de calibração 45

4 Tratando uma Imagem em Tons
   de Cinza (Grayscale) **47**
Lidando com luzes e sombras 48
Criando uma tira de teste para ganho de
   ponto 49
Um exemplo prático de tratamento de
   imagem de tons de cinza 50
Adicionando contraste 57

5 Bitmaps e Profundidade de Pixel **59**
Por que existem 256 tons em uma imagem
   no modo tons de cinza? 60
Profundidade de pixel em imagens
   coloridas 62

6 Tratamento de Imagens Coloridas **65**
Começando 66
Substituição de componentes cinza (GCR) 66
GCR em ação 67
Realces e meios-tons 69
Lidando com o balanceamento de cor 71
Configurações de cores do Photoshop 72

Configurações da tira de testes de
   calibração 75

7 Formatos de Imagem
   Bons e Ruins... e Outros! **77**
Bons formatos de imagem 78
Formatos de imagem ruins... 88
... E a categoria "outros" 89
Imagens da web: otimização e resolução 90
Genuine fractals 94

8 Resolução e Escaneamento **97**
O que 300 tem de tão especial? 98
Criando um fluxo de trabalho eficiente 99
Escaneando material original 101
Escaneando imagens previamente
   impressas 103

9 Trapping **105**
O que é trapping? 106
Adobe Illustrator e CorelDRAW 106
Photoshop, InDesign e Quark 108
Criando e usando um preto calçado 109
Marcas de registro e de corte 112
Trapping em um preto calçado 113

10 Utilizando Cores Pantone **115**
Os guias de fórmulas Pantone 116
Outros produtos Pantone 121

11 Dicas de Photoshop e Muito Mais **123**
Mudando a cor de um objeto 125
Degradês suaves 125
Usando a dessaturação para evitar
   problemas RGB 126
Arrumando a Perspectiva 126
Opções úteis do modo tons de cinza 129
Tornando nítidas imagens no Photoshop 130
Escolhendo o formato correto do ponto de
   meio-tom 133

12 Preparando o Arquivo
   para a Gráfica **135**
Uma lista de verificação para impressão 136
Usando o InDesign 138
Usando o Adobe Acrobat 142
Marcas e sangrias 143
Saída 145
Avançado 146
Usando o QuarkXPress 147
Instrumentos de trabalho, e mais 152

Glossário **154**
Índice **157**
Agradecimentos **160**

Prefácio

Durante os últimos vinte e cinco anos tenho trabalhado extensivamente na indústria de impressão comercial e também como designer gráfico, tanto nos EUA quanto na Inglaterra. Frequentemente encontro outros designers gráficos que possuem uma graduação em cursos de três anos ou outro tipo de preparação similar, ou que têm trabalhado na área há anos, mas que, mesmo assim, não conhecem as reais necessidades do processo de impressão. A consequência disso é que, toda vez que enviam um trabalho para impressão, são tomados por grande ansiedade, já que não sabem exatamente qual será o resultado.

As áreas nebulosas que causam essa ansiedade são o ganho de ponto, o tratamento de imagem, o trapping, o uso de CMYK x RGB, e a produção de arquivos PDF isentos de erro para a gráfica.

Este livro explica todas essas áreas mal compreendidas e mais, de uma forma que permita uma visão geral de todo o processo, desde a criação digital com erro zero até a impressão comercial. Ele inclui instruções detalhadas que permitirão a qualquer um, inclusive completos iniciantes, fazer por conta própria o que for necessário antes de enviar o trabalho para a impressão.

Eu possuo a qualificação ACE (Certificado de Especialista Adobe) em Photoshop, Illustrator, InDesign, Dreamweaver e Flash e, além de escrever livros sobre esse assunto, ministro cursos intensivos de um ou dois dias para o treinamento desses aplicativos e também do QuarkXPress e do CorelDRAW, cobrindo desde o nível para o completo iniciante até o dirigido a usuários avançados.

Eu também dou cursos de um ou dois dias sobre reprodução digital e pré-impressão voltados especificamente para designers gráficos, e ofereço consultoria particular e solução de problemas em questões relacionadas com a produção gráfica e impressão.

Para saber mais visite o meu site (www.markgatter.co.uk) ou então me envie um email (mark@markgatter.co.uk).

A Evolução de uma Indústria

A impressão está conosco há muito tempo. Olhando para trás observamos um processo que evoluiu muito pouco durante séculos, mas que nos últimos cem anos se transformou de uma maneira inimaginável. A fotografia substituiu a xilogravura; a offset substituiu a impressão tipográfica; a computação gráfica substituiu os tipos de metal, a montagem manual da arte-final e a câmara escura na gráfica; e agora a internet carrega cada vez mais informações que costumavam estar disponíveis apenas em impressos. Não se sabe se um dia a janela de um navegador irá tomar o lugar da página impressa, mas, ao menos por enquanto, ainda precisamos saber como imprimir coisas corretamente.

Infelizmente, com o desenvolvimento de novas tecnologias, o conhecimento dos processos anteriores acaba sendo gradativamente relegado aos especialistas, aos museus e aos livros de história, e isso vale tanto para a indústria gráfica como para qualquer outra. Às vezes isso é irrelevante, mas, em alguns momentos, corremos tão rápido em direção ao novo processo que, no caminho, informações valiosas são descartadas juntamente com as inúteis, e acabamos por descobrir que não sabemos mais como obter o resultado desejado.

Aqui temos, portanto, uma pequena introdução à impressão. Eu sempre considerei que informações retiradas do passado são úteis pois me fornecem uma visão ampla que me mostra onde estou, e me dão uma base sólida sobre a qual eu posso construir. Espero que o mesmo ocorra com você.

Página oposta (Acima): Leiaute de uma caixa de tipos – gavetas de madeira divididas em que cada compartimento contém caracteres de metal de uma única fonte em um determinado corpo (altura).
(Abaixo): Leiaute de um teclado de computador: todos os caracteres que você quiser, em todas as fontes disponíveis, a qualquer momento.

A Nova Face do Design Gráfico

Durante muitos anos a indústria gráfica esteve dividida em duas grandes áreas de especialização. Existem aqueles que operam as impressoras e cuidam do "acabamento"; isto é, o corte, a dobra, a encadernação e assim por diante. Outras pessoas fornecem os trabalhos que serão impressos: os designers gráficos. Desde o princípio dos anos 1980, o trabalho dos designers gráficos evoluiu da montagem mecânica do leiaute básico, onde o departamento de fotomecânica aplicava as imagens determinadas, para a produção de arquivos digitais que possuem absolutamente tudo o que é necessário para a impressão.

A digitalização foi um grande desenvolvimento. No entanto, enquanto os métodos utilizados para a produção dos arquivos digitais continuam evoluindo rapidamente a cada nova versão dos vários softwares, o designer e o gráfico têm se mantido restritos a suas áreas de especialização tradicionalmente delimitadas. O resultado disso é que muitas das características físicas e necessidades do processo de impressão não são compreendidas pelas pessoas que mais precisam entendê-las – os designers gráficos.

Nos primórdios da produção digital, os designers gráficos costumavam passar por intensa ansiedade enquanto esperavam para ver como ficariam os seus trabalhos quando impressos. As cores poderiam mudar, imagens podiam estar sofríveis comparadas ao que pareciam na tela e erros que passaram despercebidos de repente se fariam visíveis.

Ao invés de melhorarem com o tempo, esses problemas pioraram drasticamente no princípio dos anos 2000. As gráficas passaram a exigir que os trabalhos lhes fossem enviados como arquivos PDF (*portable document format*; formato de documento portátil) em vez do arquivo "nativo" do software em que haviam sido criados. Isso tornou a vida dos gráficos mais fácil, mas arquivos PDF são difíceis – às vezes impossíveis – de se editar. Muitas vezes os gráficos deixam de notar erros involuntários, já que a natureza dos arquivos PDF é justamente tornar esses erros mais difíceis de serem vistos, o que deixa a responsabilidade por eles inteiramente nas costas do infeliz designer.

Tratamento preciso de imagem, ganho de ponto, RGB *x* CMYK, sobreposição de retículas e trapping são algumas das áreas nebulosas encontradas pelos designers gráficos na pré-impressão digital. Esses processos aparentemente complexos são, na verdade, fáceis de operar, mas são muitas vezes incompreendidos, e podem resultar em problemas na gráfica que são caros e demorados para arrumar.

Designers gráficos que compreendem e manejam essas áreas com confiança economizarão tempo e dinheiro em tudo o que fizerem. Além disso, não mais acordarão, em pânico, às três horas da manhã revendo mentalmente todo o seu processo de produção em busca de possíveis erros.

Como Tudo Começou

A indústria gráfica tem evoluído ao longo dos séculos, apesar do processo de impressão pouco ter mudado durante centenas de anos. Nos últimos cinquenta anos, porém, sua aceleração foi fenomenal.

Originalmente, o grafismo completo de uma página era talhado em um pedaço de madeira (fig. **1.1**). Isso ainda é realizado em algumas partes do mundo. As áreas que eram mantidas na superfície da matriz – as letras – recebiam tinta, e as áreas talhadas não. Quando um pedaço de papel (ou pergaminho, ou velino) era pressionado sobre o bloco de madeira e depois retirado com cuidado, a tinta se transferia para o papel, produzindo uma imagem. Esse processo apresentava duas complicações: 1) o que fazer quando havia um erro tipográfico, e 2) os erros tipográficos ocorriam com mais facilidade porque a página tinha que ser talhada como a imagem invertida do que se pretendia, o que é muito mais difícil de se fazer com precisão.

A invenção dos tipos móveis em blocos de metal foi, então, um enorme avanço. Erros podiam ser corrigidos de maneira rápida e fácil e, uma vez que o trabalho estivesse concluído, tudo podia ser retirado e utilizado novamente em outro trabalho. Além de caracteres, elementos decorativos também podiam ser criados (fig.**1.2**).

Os tipos móveis foram primeiro desenvolvidos na China em 1041 usando caracteres de argila. Em 1440, Johannes Gutenberg produziu a primeira impressora de tipos móveis de metal da Europa, culminando na produção da famosa Bíblia de Gutenberg, em 1455.

Ilustrações foram combinadas com tipos móveis pela primeira vez quando Albrecht Pfister imprimiu *Edelstein*, que possuía uma série de xilogravuras, em 1461. Quinze anos depois, em 1476, William Caxton começou a imprimir na Inglaterra – utilizando tipos que buscavam imitar a escrita dos monges – e no final daquele século a impressão já havia se espalhado por 250 cidades europeias. Entretanto, no início do século XVII, o potencial da palavra impressa provocou uma forte oposição tanto do Parlamento quanto da Igreja. Em 1637 foi promulgada uma lei por decreto na Inglaterra que limitava o número de impressores. Em seguida, em 1644, o *Licensing Act* (Lei de Licenciamento) passou a exigir que todo o material impresso fosse aprovado por um censor oficial. Com penalidades que incluíam multas, prisões, confisco de equipamentos e até mesmo mortes, essa tentativa de preservar a estrutura de poder vigente teve sucesso. O resultado foi que, ao final do mesmo século, havia apenas vinte mestres impressores na Inglaterra, dezoito deles em Londres. Levando em consideração esse início atribulado, é incrível que a impressão tenha sobrevivido. Não é à toa que "liberdade de expressão" e "liberdade de imprensa" sejam levadas tão a sério hoje em dia.

A Evolução de uma Indústria 11

1.1 (Esquerda) Blocos de impressão como esse, onde uma página inteira é entalhada em um único pedaço de madeira, ainda são usados no Nepal, Butão e Tibet.
1.2 (Abaixo) A utilização de tipos móveis, onde as letras eram criadas separadamente, como blocos reutilizáveis de metal, significou que a impressão se tornou, de repente, mais fácil, mais precisa e mais rápida que antes.

Da Impressão Tipográfica à Impressão Offset

Durante séculos, a única forma de impressão industrial disponível era a tipografia (fig. **1.3**), um processo em que a matriz de caracteres de tipos metálicos organizados recebia a tinta e depois era pressionada contra uma folha de papel, transferindo a imagem. Então, no começo dos anos 1830, a fotografia foi inventada. Isso pavimentou o caminho para uma série de mudanças, incluindo novos sistemas para a criação das imagens utilizadas na tipografia e, mais tarde, na offset (fig. **1.4**). Levou cerca de sessenta anos para que a offset, utilizada pela primeira vez no princípio do século XX, roubasse o espaço da tipografia no mercado – um mercado que ainda estava sendo disputado no início dos anos 1960. Até mesmo no fim da década de 1970 não era incomum encontrar uma máquina tipográfica trabalhando no canto de uma gráfica repleta de máquinas offset.

Como ocorreu essa revolução? Inicialmente foi pela produção de imagens e não de tipos. Os impressores queriam fugir das gravuras meramente ilustrativas em favor do realismo. Mas, assim como em gravuras e xilogravuras, o problema era criar as diferentes tonalidades de cinza se utilizando de apenas uma cor de tinta: o preto. Eles já sabiam que isso podia ser alcançado por meio de uma ilusão de ótica. Áreas com linhas pequenas e finas em uma xilogravura, quando impressas, pareciam ser de um cinza claro, enquanto com linhas mais grossas pareciam mais escuras. Finalmente, em 1890, depois de anos de experimentação, um americano chamado Frederick Ives desenvolveu um método que permitia que todo o processo se tornasse fotográfico. Ele gravou uma grade de linhas verticais e horizontais finas em um pedaço de vidro. A imagem foi projetada através do vidro sobre o lado revestido de emulsão de um filme virgem. Não conseguindo atravessar as linhas que estavam gravadas, a imagem saltou entre elas, e o que alcançou o filme não foi uma imagem de tons contínuos (isto é, todos os tons de cinza entre o preto e o branco) mas manchas de luz de tamanhos variados. O resultado recebeu o nome de meio-tom. Uma área escura da imagem original produziria grandes pontos de tinta preta, enquanto uma área clara produziria pontos pequenos (fig. **1.5**). Mas, antes de a imagem alcançar o papel, havia muitos outros estágios.

Inicialmente, os filmes eram usados para fazer exposições em chapas de zinco ou cobre revestidas com uma emulsão fotossensível. Em seguida elas eram gravadas e montadas em blocos de madeira – geralmente carvalho ou mogno – para o uso em tipografias, exatamente da mesma maneira que as gravuras e xilogravuras tinham sido produzidas. A superfície do bloco – a imagem – recebia a tinta, mas o fundo, tendo sido gravado, não.

A produção de uma imagem em meio-tom, tanto em um bloco de tipografia quanto em uma chapa de offset, depende basicamente do mesmo processo. Observe a fig. **1.5**. A luz refletida da imagem original (A) atravessa a tela reticulada (B) e produz pontos de meio-tom de tamanhos variados sobre o fil-me (C). Esse exemplo mostra um filme negativo pois tem pontos claros sobre um fundo preto. Um filme positivo nos daria um ponto preto sobre um fundo claro. Enquanto o uso de fotolito hoje em dia é pouco comum, a utilização do processo de chapas positivas e negativas é encontrada em toda a indústria gráfica. A imagem é transferida do filme para a chapa (D) por meio de uma exposição de "contato" durante a qual os dois elementos são mantidos firmemente aderidos um ao outro.

Para tornar os pontos de meio-tom mais nítidos e consistentes, a indústria gráfica teve que inventar um novo tipo de filme. A emulsão utilizada não necessitava criar tons de cinza, já que isso produziria pontos com bordas embaçadas – e os pontos de um meio-tom devem ser nítidos. Se as bordas fossem embaçadas, ninguém conseguiria dizer o quão grande seria o ponto resultante. É por isso que materiais de impressão, como filmes e chapas, funcionam em uma espécie de sistema binário – ligado ou desligado. Ou existe um ponto nítido no filme ou não existe; ou existe um ponto resultante impresso no papel ou não existe. Não há, literalmente, áreas cinzas. Isso acontece porque para produzir um tom de cinza é necessário utilizar ou tinta cinza ou o branco do papel aparecendo por entre pontos pretos, o que cria uma ilusão de cinza quando visto à distância. É tudo a arte da ilusão. Felizmente, designers gráficos precisam ser apenas convincentes, e isso é uma coisa muito importante para se lembrar. Em uma imagem impressa, se você está perto o suficiente para ver os pontos, você (quase que completamente) deixa de ver a imagem – e portanto a ilusão não é convincente (fig. **1.6**). Porém, quando você deixa de ver os pontos (ou porque eles são muito pequenos ou porque estão muito longe) você vê apenas a (bastante convincente) imagem. Pura ilusão. Nosso trabalho é manter a ilusão o máximo possível. (Incidentemente, o filme usado para offset – o fotolito – é completamente insensível à luz vermelha, o que significa que um técnico de fotomecânica pode correr pela câmara escura com ele aberto sem o risco de trombar em tudo.)

1.3 Máquinas de impressão tipográfica de diversos tipos foram o principal sistema de impressão do tempo de Gutenberg até o surgimento da offset no início do século XX.

Capítulo 1

1.4 (Abaixo) Uma impressora offset. Esse modelo, da Epic Print em Dorchester, utiliza um fluxo de trabalho CTP (*computer to plate*).

1.5 (Abaixo, esquerda) Gerando um meio-tom a partir de uma imagem de tom contínuo.

1.6 (Abaixo, direita) Na esquerda, vemos os pontos mais do que a imagem. Na direita, vemos a imagem mais do que os pontos.

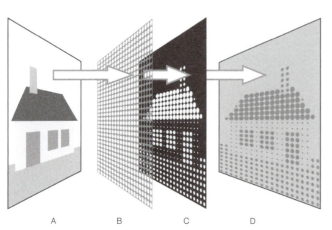

Avanços
na Composição

Apesar do grande salto adiante dado na produção de imagens fotográficas, a offset, embora ganhasse gradualmente em popularidade, teve que aguardar pelo seu grande momento até a segunda metade do século XX, quando se desenvolveram novas tecnologias na composição de tipos. As letras individuais de metal e de madeira usadas na tipografia foram rapidamente substituídas pela mais rápida e limpa IBM Selectric (a compositora de tipos com cabeça de impressão "bola de golfe"), os adesivos de tipos decalcáveis da Letraset (e outros), e os primeiros equipamentos de fotocomposição.

A fotocomposição foi inventada em 1949, mas apenas se estabeleceu nos anos 1960. Eram mecanismos operados em câmaras escuras que projetavam a imagem das letras, uma por vez, em tiras de papel fotográfico. O espaçamento era controlado manualmente até o advento de sistemas de espaçamento automático, caso da Monotype Studio Lettering Machine (inventada por meu pai no início da década de 1970), uma máquina compositora suficientemente versátil para compor com tipos que variavam de 3 mm (1/8 pol.) a 128 mm (5 pol.) de altura. O protótipo desse maravilhoso invento e as várias versões melhoradas que se seguiram foram construídas em nosso galpão de jardim, em Londres.

Os computadores finalmente entraram em cena quando vários fabricantes desenvolveram compositoras híbridas, que eram parcialmente digitais e parcialmente mecânicas. O tipo era composto usando um teclado de computador e uma tela de cor única CRT (*cathode ray tube*; tubo de raios catódicos) e codificado da mesma maneira que HTML (*hypertext markup language*; linguagem de marcação de hipertexto). Se você quisesse que a linha seguinte de tipos fosse em negrito, você tinha que primeiro digitar o código que dizia "seja negrito" e em seguida a linha de texto, e depois o código que dizia "deixe de ser negrito". Máquinas Linotype e Compugraphic continham um disco onde quatro tiras de filme eram presas, cada uma carregando todos os caracteres de uma fonte específica – o que não significa, por exemplo, a família Helvetica inteira; Helvetica Bold (Negrito) é uma fonte, Helvetica Bold Italic (Negrito Itálico) outra. O disco girava em alta velocidade, e assim que a letra apropriada passava em frente a uma luz estroboscópica, a luz acendia. O raio atravessava primeiro a letra, depois uma das cinco lentes montadas em uma torre giratória, e depois um prisma que a projetava em um rolo de papel fotográfico. Ao final, o papel era conduzido a um recipiente com total vedação da luz para que fosse removido e transferido para uma processadora de filme. O resultado era uma galé de tipos, às vezes medindo vários metros.

Hoje, é claro, os computadores tomaram conta desses processos completamente – não apenas na composição, mas na criação e edição de imagens também. Mas isso não quer dizer que a câmara escura da fotomecânica em uma gráfica seja coisa do passado. Como dito anteriormente, as coisas mudam devagar em se tratando de impressão. Pode levar várias décadas até que a tecnologia de ponta dos dias de hoje se torne um fato consumado. Apesar da prevalência atual da gravação CTP (*computer to plate*) ainda existem muitas gráficas em todo o mundo que utilizam a câmara escura diariamente. Portanto, o fotolito ainda está conosco. Também é interessante notar como, somente nos últimos anos, passamos de uma situação onde "quem tiver mais fontes vence" para "quem tem mais fontes... simplesmente tem mais fontes". No tempo das fotocompositoras Linotype e Compugraphic, uma tira de filme de uma única fonte custava em torno de 100 libras (U$165). Ter uma extensa coleção de fontes naquela época era um assunto sério. Agora, no entanto, existem *sites* de onde qualquer um pode baixar fontes de graça. Mas cuidado com as coleções "um zilhão de fontes por um dólar"; essas podem conter não só fontes de má qualidade, mas algumas que podem destruir todo o seu sistema.

A Guerra
das Fontes

As antigas fontes digitais eram em bitmap (mapa de bits), isto é, as letras eram exibidas em uma única resolução fixa. Isso significava que era preciso um arquivo de fonte separado para cada tamanho (corpo) diferente necessário em um trabalho. Fontes PostScript Type 1, desenvolvidas pela Adobe, eram baseadas em contornos vetorizados para cada caractere. Como vetores não dependem de resolução, as letras de uma fonte podiam ser escaláveis para qualquer tamanho necessário. Fontes PostScript são feitas de dois arquivos: um para produzir uma imagem na tela (*printer font metrics*; fonte métrica da impressora, ou arquivo pfm) e a outra (*printer font binary*; fonte binária da impressora, ou arquivo pfb) para enviar as informações do contorno vetorizado para a impressora. Um grande incentivo para esse formato veio em 1985 quando a Apple adotou o PostScript, da Adobe, como o sistema de descrição de página (PDL – *page description language*) para a impressora Apple LaserWriter. Então, de início podemos ver a Apple e a Adobe se beneficiando da ajuda mútua: a Adobe por inventar o formato PostScript e a Apple por adotá-lo, por um preço razoável, como o formato padrão a ser utilizado.

Infelizmente, as fontes PostScript não são compatíveis com outras plataformas, então ainda havia espaço para melhora. Não é nenhuma surpresa que as fontes em bitmap não tenham conseguido competir contra as vantagens da escalabilidade, e logo sumiram para sempre.

Apple, Microsoft e (mais tarde) IBM perceberam que, caso não houvesse novos desenvolvimentos na área de tipos, o monopólio da Adobe persistiria para sempre. A Apple foi a primeira a inventar uma solução com o formato TrueType. A Apple trocou com a Microsoft essa nova tecnologia pela tecnologia de clonar TrueImage PostScript – apesar dessa estar cheia de *bugs* naquele momento. Então, esse segundo grande avanço envolveu uma parceria entre a Microsoft e a Apple.

Caracteres TrueType também são vetores escaláveis, mas eles diferem do formato PostScript porque suas fontes são compostas por apenas um arquivo digital. Puristas tipográficos notarão que os caracteres PostScript têm um contorno levemente mais definido que os seus equivalentes em TrueType, mas é claro que isso só se torna aparente quando a impressão é grande o suficiente para se notar cada contorno em grande detalhe. Para a maioria dos trabalhos os dois funcionam.

Originalmente, um designer que usasse tanto fontes PostScript quanto TrueType em um mesmo arquivo poderia ter problemas. Embora esses problemas iniciais tenham sido superados rapidamente, ainda é o caso de se evitar ter fontes TrueType e PostScript Type 1 com exatamente o mesmo nome instaladas no mesmo sistema, independentemente de ser o de um PC ou de um Mac.

O formato de fonte Multiple Master (MM – Matriz Múltipla) é uma extensão do PostScript Type 1. Basicamente, permite ao designer escolher dois pesos diferentes de uma mesma família de tipos e combiná-los em uma mesma fonte com qualquer peso compreendido entre os pesos originais.

O próximo grande avanço dos tipos, as fontes OpenType, envolveu uma parceria entre Adobe e Microsoft que, como parte do acordo, licenciaram as tecnologias de fonte TrueType e PostScript para cada um. Fontes OpenType são únicas porque o mesmo arquivo pode operar tanto no sistema PC quanto no Mac. Anteriormente a isso, enviar um trabalho de um PC para uma *imagesetter* Mac requeria ou a transformação da fonte em PostScript primeiro, para que as informações da fonte estivessem embutidas no código PostScript que a *imagesetter* entendesse, ou que a fonte utilizada no PC também estivesse instalada no Mac. E mesmo assim, o refluxo de texto tem sido um problema sério e recorrente.

Além de serem compatíveis com as duas plataformas, as fontes OpenType têm a capacidade de suportar caracteres expandidos e recursos de leiaute. Elas usam apenas um arquivo de fonte para toda a informação de contorno, métrica e bitmap, e enquanto todos os grandes aplicativos gráficos podem se utilizar de fontes OpenType, usuários do Adobe InDesign podem também acessar os recursos de leiaute OpenType, que substituem automaticamente glifos alternativos, caso das ligaturas automáticas, versaletes, swashes e algarismos em estilo antigo.

A Tecnologia do Fotolito

A tecnologia offset, sistema de impressão mais abordado neste livro, depende de uma imagem gerada fotograficamente (um processo analógico, isto é, físico e portanto com "perdas" na transferência) ou eletrostaticamente (digital, isto é, transferência "sem perdas") em uma chapa. As chapas são tipicamente placas finas de alumínio revestidas com uma emulsão fotorreativa. Quando uma chapa exposta é revelada, as áreas com grafismo tendem a atrair tintas à base de óleo, enquanto o plano de fundo tende a atrair água. Mantendo um equilíbrio delicado entre a tinta e a água – que é provido por uma unidade chamada de sistema de molha – eles se prendem às áreas certas e o resultado é algo capaz de gerar uma imagem impressa. Embora os materiais possam variar – por exemplo, você pode até ter chapas de papel – a ideia básica se manteve a mesma. (Há uma discussão mais detalhada do sistema offset na página 20.)

Para um exemplo de como um fotolito gera uma chapa, vamos supor que nós montamos a arte para um impresso e, em seguida, obtemos uma exata reprodução fotográfica dela. Essa fotografia pode ter tido seu fotolito gerado por uma *imagesetter*, que recebeu toda informação de um arquivo digital, ou pode ter sido gerado pelos departamentos de pestape (ou *paste-up*), fotomecânica e montagem (processo altamente elaborado para combinação do filme de diferentes fontes para constituir o mesmo trabalho) de uma gráfica baseada em fotolito. Para gravar uma chapa, deve-se colocar o fotolito, com o lado da emulsão para baixo, sobre a chapa (que está com o lado da emulsão para cima) e expor ambos à luz, transferindo assim a imagem de um para o outro. Isso é feito em uma prensa de contato, estrutura coberta por vidro, que suga todo o ar entre o filme e a chapa antes da exposição, formando vácuo, para garantir uma transferência nítida da imagem. Partículas de poeira, ou qualquer outro elemento externo dentro da prensa, causam intensos pontilhados de pressão desigual que surgem no vidro como Anéis de Newton (fig. **1.7**). Esses são círculos concêntricos escuros, com as cores do arco-íris, que mostram onde problemas subsequentes podem ocorrer. Obviamente se um objeto externo fica preso entre o fotolito e a chapa, naquele ponto da chapa haverá uma distorção no centro de um meio-tom da imagem. Então, o operador examina toda a área da chapa cuidadosamente, em busca de qualquer sinal de Anéis de Newton. Se eles surgirem em uma área potencialmente perigosa, o operador desliga o vácuo, espera a pressão equalizar, e levanta a tampa para retirar a sujeira. Às vezes leva certo tempo para se produzir uma boa chapa. Quando ela finalmente parece limpa, o operador pode iniciar sua exposição, que geralmente é feita com luz ultravioleta. Isso afeta a superfície emulsionada e a endurece; assim, quando a chapa é revelada, a imagem permanece enquanto o fundo é retirado.

Existem algumas diferenças geográficas no processo, dependendo do lugar do mundo em que você se encontra. Nos Estados Unidos, fotolitos e chapas negativos são mais comuns,

1.7 Anéis de Newton.

enquanto na Europa e na Ásia [assim como no Brasil] quase todo mundo utiliza materiais positivos. Não há muita diferença entre eles. Chapas negativas podem (geralmente) ser protegidas para uso futuro com uma camada fina de goma arábica, enquanto as imagens das chapas positivas continuarão (geralmente) sofrendo efeito da luz e não terão muita validade logo depois da retirada da camada protetora de tinta. Chapas negativas precisam (geralmente) ser substituídas após longos períodos de uso, enquanto chapas positivas podem (geralmente) continuar sendo utilizadas para além de cem mil impressões. Existem, é claro, exceções para essas generalizações, mas detalhar as diferenças entre os materiais utilizados em todo o mundo exigiria muito espaço, e como esse tipo de informação é mais útil para um impressor que tenta combinar os materiais apropriados com um trabalho específico, não é de grande utilidade para um designer. Mas, a adequação dessa combinação pode explicar parcialmente a diferença entre as cotações de diferentes gráficas. Um bom preço depende da disponibilidade da impressora certa e dos materiais de melhor custo-benefício, levando em consideração o tamanho da impressão e o número de cópias.

Processadoras de filmes e chapas podem ser encontradas em todo o lugar e o seu uso evita a maioria das dificuldades inerentes à revelação manual. Substâncias químicas circulam para serem mantidas a uma ação constante, a temperatura é mantida ao nível ideal e os materiais são levados em cilindros, o que garante que eles permaneçam nas diversas soluções – tradicionalmente uma sequência de revelação, fixação e lavagem – pelo período correto. Processadoras de chapa são especialmente encontrados em gráficas com sistemas CTP e de DI (*direct imaging*; imagem direta), que não necessitam de fotolito.

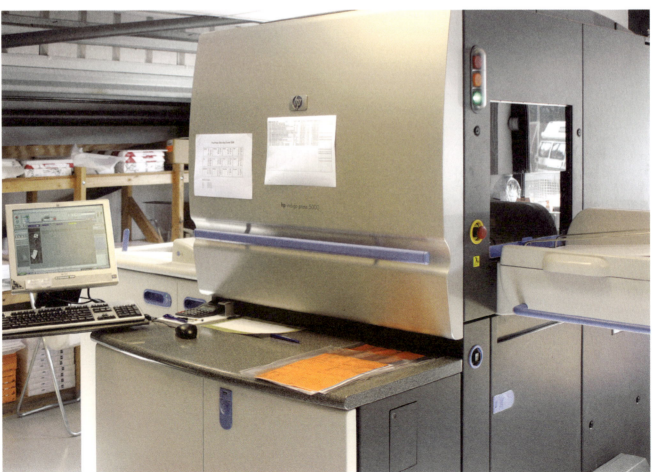

1.8 (Esquerda) Uma platesetter (CTP)
produzindo uma chapa offset diretamente
de informações digitais.
1.9 (Abaixo) Uma impressora digital, que
não utiliza nem chapas nem fotolito.

Tecnologia Sem Fotolito

Computer to plate
(CTP – computador para a chapa)

A tecnologia CTP está firmemente estabelecida no mundo da
impressão. As óbvias vantagens dessa tecnologia deixam claro
que os sistemas "tradicionais" baseados no fotolito se tornarão
progressivamente menos comuns com o passar do tempo.
Mesmo assim, como impressoras (e outros equipamentos relacionados à área) não se desgastam rapidamente, a transição
para métodos mais modernos tende a ser devagar.

Em um fluxo de trabalho de CTP, os arquivos digitais são
utilizados para gravar chapas, ao invés de se gerar um fotolito
anteriormente (fig. **1.8**). Por não existir um filme, erros causados
por elementos estranhos entre o fotolito e chapa, assim como
as caras e demoradas revisões que eles acarretam, se tornam
uma coisa do passado. Também não acontecem erros de registro causados pela "elasticidade do fotolito". A degradação
dos pontos causada pelo ganho de ponto (ver capítulo 4) dimi-
nui, mas não completamente, porque um dos estágios em que
a imagem é fisicamente (ao invés de digitalmente) transferida
de um meio para outro foi removido do processo. Imagens impressas são, portanto, mais definidas e o registro é melhor.
Existem benefícios para o meio ambiente também, já que não
há necessidade das substâncias químicas associadas ao processamento e manufatura do fotolito.

Direct imaging (DI – Imagem direta)

Direct imaging (DI) leva o CTP um passo adiante. Não só o fotolito
é eliminado do processo, mas as próprias chapas passam a receber a imagem diretamente na impressora por meio de um conjunto de lasers. A áreas de grafismo geradas seguram a tinta da
mesma maneira que em uma máquina offset convencional. Isso
significa que tudo que é necessário para o trabalho chega à impressora perfeitamente posicionado – isto é, com registro – sem
a necessidade de qualquer ajuste de posição, o que economiza
um tempo considerável para o trabalho ficar pronto para rodar.
Como a maior vantagem do DI sobre os outros métodos é essa
diminuição no tempo de preparação, ele costuma atrair pequenos
trabalhos que necessitam ser produzidos rapidamente.

A melhor coisa da tecnologia CTP é que, por remover o filme do processo, a qualidade é (potencialmente) aumentada e
o preço e tempo de produção são reduzidos. A melhor coisa
da tecnologia DI é que ela remove mais uma etapa e envia as
informações digitais diretamente para a impressora. A próxima
grande questão, portanto, é saber se a impressão DI irá eliminar
o mercado CTP da mesma maneira que a CTP praticamente
eliminou o mercado do fotolito. Mais uma vez, a expectativa é
de que qualquer transição seja lenta. CTP é uma tecnologia
que pode ser usada com impressoras convencionais, e essas
seguirão existindo nas gráficas por muitos anos.

Impressão digital

Impressoras digitais (fig. **1.9**) são mais parecidas com impressoras a laser do que com qualquer um dos sistemas de impressão
offset. Ao invés da tinta convencional, elas utilizam toner ou então uma mistura de toner suspensa em um veículo líquido. O
grafismo que elas imprimem é gerado eletrostaticamente em
um tambor ao invés de numa chapa removível, e a cada giro do
tambor o grafismo é gerado novamente. Isso significa duas coisas: primeiro, o custo de imprimir cada folha tende a não diminuir com o volume, e segundo, cada vez que o tambor gira, o
grafismo pode ser modificado. Portanto, com a impressão digital é possível gerar apenas uma cópia de um trabalho de muitas
páginas, como um livro. Isso o torna uma opção muito atraente
para o designer gráfico que deseja produzir uma prova convincente de alta qualidade para o cliente.

Entretanto não espere achar impressoras de impressão digital ao lado de impressoras offset convencionais. Elas são inteiramente diferentes e requerem um ambiente administrativo
exclusivo. Como as principais vantagens da impressão digital
são, por exemplo, a impressão de dados personalizados de
uma grande lista de destinatários, ou aceitar trabalhos de pequenas tiragens com prazos apertadíssimos, elas requerem um
fluxo de trabalho interno extremamente otimizado, desenvolvido para aplicações específicas como mala direta e seu processamento, comércio eletrônico e serviços de design e fotografia
na empresa do cliente (*in-house*). Portanto, as gráficas de impressão digital possuem uma base de clientes específica que
difere muito daqueles que enviam trabalhos para impressões
convencionais a gráficas convencionais.

O Sistema de Impressão Offset

Quando as coisas dão certo, a impressão offset funciona da seguinte maneira. O papel é colocado em uma plataforma na parte de trás da impressora, sobre a qual existe uma série de sugadores. Esses erguem o papel, uma folha por vez, e permitem que as pinças (montadas em um conjunto móvel de correntes) o segurem por uma extremidade (chamada de margem de pinça) e o puxem para a primeira unidade de tinta, onde ele recebe a primeira cor de impressão. Ao sair, a folha é agarrada novamente e levada para a próxima unidade de tinta, e assim por diante.

A quantidade de unidades de tinta varia de uma impressora para outra. Impressoras de livro geralmente têm apenas uma unidade para imprimir o texto em preto, e costumam ter um formato grande para permitir que muitas páginas sejam impressas juntas em uma mesma folha.

Impressoras utilizadas para trabalhos coloridos têm pelo menos duas e, preferencialmente, quatro unidades (para ciano, magenta, amarelo e preto, as cores CMYK). Elas ainda podem ter uma quinta ou até mesmo uma sexta unidade para um verniz e/ou uma *spot colour* (isto é, uma tinta não-CMYK, também chamada de cor especial), que é geralmente uma mistura Pantone personalizada (ver capítulo 10). Embora uma impressão em quadricromia possa ser alcançada por meio de uma impressora com apenas uma unidade de tinta, imprimindo-se uma cor por vez, é muito menos eficiente e mais propensa a apresentar problemas de registro entre as cores.

O modo de funcionamento de uma unidade de tinta está mostrado na fig. **1.10**. No topo existe um reservatório contendo tinta. Nesse reservatório existe um rolo que gira ligeiramente a cada poucos segundos. Atrás desse rolo existe outro, que salta à frente para tocá-lo, recebendo uma certa quantidade de tinta, e depois salta para trás para girar contra os outros rolos, no que é chamado de sistema de entintagem. Esse sistema é uma série complexa de rolos elaborados para levar a tinta até a chapa de uma maneira controlada. Geralmente apenas três ou quatro rolos do conjunto vão de fato tocar a superfície da chapa e realizar a transferência da tinta.

Atrás do cilindro da chapa existe outra série vital de rolos que compõem o sistema de molha. Essa é uma unidade menor e mais simples que se utiliza de um método similar ao sistema de entintagem para cobrir levemente as áreas de contragrafismo da chapa com uma solução de pH balanceado, na maioria dos casos água.

Muitas pessoas acreditam que a imagem é transferida para o papel pela chapa. Não é assim. A chapa é uma fina camada de alumínio (às vezes zinco ou outro material) e possui uma superfície dura. Ela iria se desgastar rapidamente caso tivesse que entrar em contato por muito tempo com um material que é relativamente abrasivo, como papel. Ao invés disso, a imagem da chapa é transferida de modo indireto (offset – fora do lugar) para o papel, passando primeiro por um cilindro intermediário, denominado blanqueta, um rolo coberto com uma lona revestida por borracha. É daí que provém o termo "impressão offset".

A blanqueta, sendo de borracha, pode pressionar fortemente o papel sem nenhum problema. Simultaneamente, o cilindro de pressão pressiona por debaixo. A pressão resultante impede que o papel escorregue quando ele se move entre os dois, criando assim uma imagem nítida.

Após a última unidade da impressora, o papel atinge uma barra de parada assim que as pinças o soltam, e se assenta sobre uma pilha que está sempre crescendo sobre uma mesa com rodinhas. Tipicamente, uma impressora offset plana produz 3.000 folhas por hora.

Papel é muito pesado. Ele é feito majoritariamente de polpa de madeira, e uma pilha acumulada sobre uma mesa receptora pode chegar facilmente a duzentos quilos ou mais. Após a primeira passagem pela impressora, o lado virado para baixo é de papel limpo, mas o outro lado, virado para cima, está coberto por tinta molhada e fresca. Então por que o lado limpo do papel não gruda no lado molhado da folha que está embaixo? (Por sinal, isso também é um tipo de "offset", mas nesse caso é chamado de *set-off*, decalque ou repinte.) A resposta é um tanto quanto simples: amido de milho. Os impressores chamam de "spray offset" ou pó antidecalque (talvez "amido de milho" soe "trivial" demais), mas é a mesma coisa. [A composição básica do spray offset é um talco industrial.] A ideia é que, assim que as pinças soltam o papel e ele começa a cair suavemente sobre a pilha, um sistema pulverizador libera uma pequena nuvem de pó antidecalque embaixo dele – o suficiente para assegurar que algumas partículas, e portanto um espaço bem pequeno, fique entre cada folha. O pó antidecalque utilizado dessa maneira é muito fino para ser visto, mas quando uma pilha está seca você pode às vezes senti-lo como uma ligeira aspereza na superfície do papel.

Como o pó antidecalque tende a se acumular no fundo da impressora, os impressores utilizam ocasionalmente ar comprimido para limpá-lo – o que resulta em muitos desastres em potencial já que os aglomerados de pó vão caindo sobre o sistema de tintagem.

1.10 O funcionamento de uma única unidade de tinta em uma impressora offset.

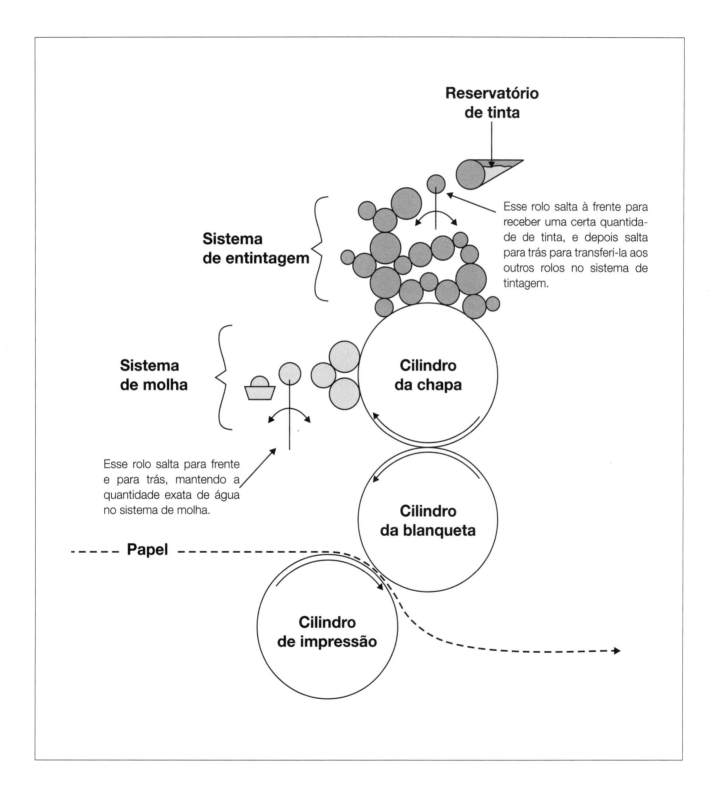

Outros Sistemas de Impressão

Como eu disse anteriormente, este livro se preocupa prioritariamente com a offset plana, mas designers gráficos podem ter que trabalhar com alguns dos outros sistemas de impressão comercial. Aqui está uma breve descrição dos quatro meios mais comuns entre eles.

Offset rotativa

A offset rotativa possui o mesmo tipo de processo utilizado pela plana, com uma notável diferença: ao invés de imprimir folhas, ela imprime um rolo contínuo, conhecido como bobina. Portanto, ela é capaz de atingir velocidades incríveis e geralmente imprime os dois lados da folha na mesma passagem, um processo de impressão frente-e-verso simultâneo chamado perfecting.

Máquinas rotativas podem ser assustadoras não apenas em termos de tamanho e barulho – algumas são do tamanho de prédios de dois ou três andares e soam como um trem – mas também em termos da velocidade em que o pobre designer que está vistoriando as provas tem que tomar uma decisão.

Após o papel (ainda contínuo) deixar a última unidade de tinta, ele é dobrado e cortado em folhas, como parte da linha de produção, e isso, é claro, significa que o papel deve estar absolutamente seco. Secadores infravermelhos ou até mesmo de propano são comumente montados entre cada unidade de impressão, para garantir que todas as cores estejam fixas antes da dobragem começar. A exceção é o papel-jornal (papel de imprensa), que utiliza tintas *cold-set* (com secagem por resfriamento). Elas são produzidas para secarem rapidamente em papéis de grande absorção.

Por causa da velocidade da produção, as tintas de rotativas são mais diluídas que as usadas nas planas. Os níveis de ganho de ponto (ver Capítulo 4) são, portanto, diferentes – aproximadamente o dobro das máquinas planas. Eles também podem variar de impressora para impressora, inclusive na mesma gráfica; portanto, certifique-se com a gráfica antes de tratar qualquer imagem.

Flexografia

Esse sistema é utilizado basicamente para embalagens. As fôrmas de impressão, que são feitas de um composto de borracha, parecem com a superfície de um carimbo em alto-relevo. Aliás, chapas de flexografia são geralmente feitas em um molde. Por causa de sua flexibilidade e superfície tridimensional, as fôrmas tendem a se achatar um pouco sob a pressão sofrida para transferir a tinta para a página. Isso significa que pontos pequenos podem se tornar consideravelmente maiores, e os níveis de ganho de ponto podem se tornar sérios. O registro tende a ser menos preciso do que com offset, mas uma vantagem é poder imprimir em superfícies não absorventes, assim como plástico e metal. Se for imprimir utilizando esse sistema, converse com sua gráfica sobre quais imagens você pretende incluir, antes de montar tudo. Não deixe de perguntar sobre ganho de ponto, lineatura e valores de trapping entre as cores, que podem variar consideravelmente de uma gráfica para outra. Normalmente deve se evitar tipos pequenos e retículas finas ao se utilizar flexografia, mas existem gráficas especializadas que conseguem produzir primorosamente coisas como um tipo em corpo de 4 pontos e uma retícula de 133 linhas.

Serigrafia

Imagine uma malha esticada sobre uma moldura de madeira em cima de uma mesa. Essa é a ideia de uma tela na serigrafia. É claro que a moldura muito provavelmente será feita de metal, e a tela de um poliéster fino ou uma malha metálica, mas a ideia é a mesma.

A tinta é despejada sobre a malha ao longo de um dos cantos da moldura. A tela, que é uma membrana porosa, carrega em si o contragrafismo, o plano de fundo da imagem, que funciona como um estêncil não poroso. A tinta é puxada ao longo da tela por um rodo, passando forçadamente pelas áreas porosas – isto é, a imagem – e sobre o papel que está abaixo. Em seguida a moldura é levantada, deixando apenas o papel. Ele é removido, um papel novo é colocado em seu lugar, a moldura desce novamente e a tinta é mais uma vez puxada ao longo dela.

É claro que a "página" utilizada na serigrafia é muitas vezes algo como uma camiseta, mas esse sistema também é utilizado para grandes formatos que têm uma tiragem baixa – por exemplo, na mídia exterior em lojas. As imagens podem ser impressas, uma por vez, em folhas de 5 metros do material que está sendo utilizado.

Os métodos pelos quais a área de grafismo é criada na tela variam muito. Ela pode ser pintada a mão na tela. Podemos também empregar uma emulsão fotossensível que é preso à tela em que a imagem é gerada, da mesma maneira que chapas offset são criadas, isto é, de uma exposição através de um fotolito que carrega a imagem, ou até mesmo por exposição direta a laser.

A serigrafia não é um sistema para reproduzir detalhes minuciosos, e às vezes a malha da tela pode tornar mais difícil evitar padrões *moiré* em trabalhos de quadricromia. Mas obviamente existem áreas em que a serigrafia pode atuar e que outros sistemas não alcançam. E nem sempre a serigrafia é um trabalho manual. Há também sistemas totalmente automatizados que produzem resultados mais rápidos e consistentes.

Rotogravura

Rotogravura é o sistema de impressão que torna as cédulas de dinheiro tão difíceis de falsificar. Utiliza ou um cilindro metálico revestido de cobre gravado com diamante ou uma fôrma de resina de polímero gravada a laser; em ambas o processo de impressão é o mesmo.

Os cilindros de rotogravura são muito grossos quando comparados com os de offset plana e rotativa. Ao invés de a tinta aderir às porções elevadas da chapa, as matrizes de rotogravura dependem de uma tinta muito mais fina, que preenche os "alvéolos" gravados nela. Quanto mais fundo o alvéolo, mais tinta pode ser contida – e mais escuro o ponto correspondente no papel. O excesso de tinta é continuamente retirado das superfícies elevadas do cilindro rotativo por uma lâmina de aço.

Por a tinta ser mais diluída, ela se espalha quando atinge o papel. Isso significa que o resultado impresso se assemelha a um tom contínuo. Isso faz da rotogravura a opção de maior qualidade para a reprodução de imagens, mas uma opção de baixa qualidade para tipos, que são feitos com o mesmo tipo de alvéolos que as imagens.

Originalmente, os alvéolos de rotogravura eram todos do mesmo tamanho e variavam em profundidade, mas hoje em dia é possível utilizar alvéolos de diferentes tamanhos também. Fazer cilindros para rotogravura é extremamente caro, e como também é um processo rotativo, é mais trabalhoso (e portanto mais caro) para preparar do que uma impressora plana. Como resultado, a rotogravura geralmente só é utilizada para tiragens grandes.

Uma nota ecológica

Seja qual for o sistema que você escolha, a impressão nunca é um trabalho limpo. Também pode ser altamente tóxico. As substâncias químicas presentes nos filmes são nocivas, assim como algumas utilizadas para produzir chapas, enquanto as tintas podem ter todos os tipos de metais pesados, e os solventes utilizados para removê-los são variantes de combustível para jatos. Então, se possível, encoraje sua gráfica a utilizar um sistema mais ecológico. Chapas à base de água, assim como tintas à base de soja, estão disponíveis, e um sistema CTP evita totalmente a utilização de fotolitos. Tente também utilizar papel reciclado sempre que possível: uma única edição de fim de semana do *New York Times* requer a madeira de mais de cinquenta acres de floresta (fig. **1.11**).

Não suponha que o tipo de papel que você quer não está disponível em matéria-prima reciclada – o leque disponível hoje é enorme. Ligue para suas gráficas e converse com eles.

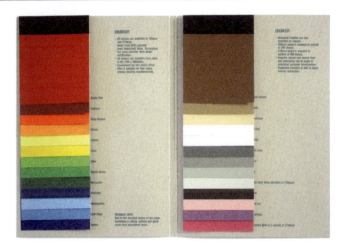

1.11 Uma amostra de papéis reciclados. Estoques de reciclados estão disponíveis em quase todo lugar.

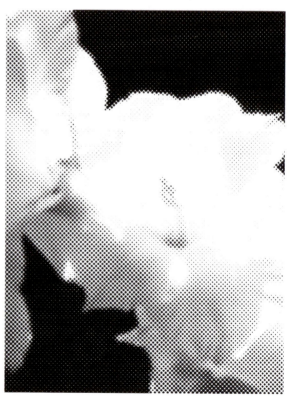

A Impressão em Quadricromia Explicada

Qualquer um que deseje enviar um trabalho colorido para a gráfica tem que compreender o "processo em quatro cores" (ou quadricromia), o meio pelo qual o trabalho será reproduzido. As quatro cores são ciano, magenta, amarelo e preto, e o conjunto é conhecido como CMYK. Mas, em uma foto colorida comum existem milhares de cores, não apenas quatro. E mesmo em uma imagem de uma cor existem muitos, muitos tons.

Porém, a gráfica tem que utilizar apenas essas quatro cores para reproduzir todo o espectro requerido por uma foto colorida; e em uma foto em preto e branco ela tem que utilizar apenas o preto para criar todas as tonalidades aparentes de cinza. Claramente, tem que haver alguma tecnologia envolvida no processo para ajudá-la.

Este capítulo trata de como funciona a quadricromia, para que você possa entender suas limitações e, portanto, começar a superar algumas delas. Além da gama reduzida de cores que você pode criar com CMYK, existem também os ângulos de retícula para se pensar... e a sobreposição delas também, é claro... é melhor continuar lendo!

Página Oposta: Uma separação de cores mostrando ciano, magenta, amarelo e preto, cada uma composta no ângulo apropriado para garantir uma impressão bem-sucedida.

Um Pouco Sobre Formatos e Gramaturas de Papéis

Os EUA e o Reino Unido utilizam formatos de papel diferentes e calculam a gramatura (que geralmente indica espessura) de maneira diferente. Papel também possui um sentido da fibra. Ele é similar ao veio da madeira, e é causado pela tendência das fibras individuais do papel de se alinharem ao longo da bobina manufaturada ao invés de perpendicular a ela. Todos esses fatores devem ser considerados ao se escolher a matéria-prima.

No Reino Unido, os formatos mais comuns para folhas são baseados em uma folha chamada "A0", que cobre uma área de um metro quadrado e mede 841 x 1189 mm. Quando cortada no meio ao longo de seu lado maior ela produz uma folha A1, que mede 841 x 594 mm. Essa, por sua vez, pode ser cortada na metade da mesma maneira para gerar uma A2, que possui 420 x 594 mm, e assim por diante. Uma A4, o tamanho padrão para cartas, mede 210 mm na largura x 297 mm na altura.

A gramatura é baseada no peso de um metro quadrado; portanto, uma folha A4 pode ter 90 g/m² (gramas por metro quadrado) ou 130 g/m², que seria correspondentemente mais espessa.

Algumas vezes o papel é tornado mais fofo para lhe dar mais opacidade, como é o caso de livros brochura. Nesse caso, o peso pode ser similar ao de uma folha mais compacta, mas sua espessura seria maior.

É claro que, geralmente, os impressores precisam imprimir em algo maior que uma folha A4 para, ao final, lhe entregar uma página A4. Os espaços extras são usados para marcas de registro, tiras de controle de cor (caixas impressas de variadas matizes utilizadas para medir a densidade da tinta) ou marcas de corte. Assim, existem dois padrões de tamanho adicionais, baseados na série "A", que incluem uma margem para "corte", a área onde as informações úteis ao impressor podem ser colocadas. O menor dos dois padrões inclui um "R" à fórmula do tamanho (por exemplo, uma RA4 mede 215 x 305 mm), permitindo um refile muito pequeno. O maior é a série "SR" (como no caso de uma SRA4, que mede 225 x 320 mm), que dá ao impressor um pouco mais de espaço para informações. A série SR é geralmente mais fácil para as gráficas utilizarem e permite que elas produzam um acabamento de maior qualidade.

Existem dois outros padrões de tamanho no Reino Unido, as séries "B" e "C". A folha B0 mede 1000 x 1414 mm, e é dividida para produzir a B1 de 1000 x 707 mm e assim por diante. A folha C0 tem 917 x 1297 mm e quando dividida resulta em uma C1 de 917 x 648 mm, etc. Note que, quando a divisão do lado maior de qualquer uma dessas folhas padrão produz um meio milímetro adicional, ele é arredondado para baixo para o próximo número inteiro.

Nos EUA, a situação é um pouco mais complicada. O papel é dividido em três grupos básicos: papéis de texto (também chamado de *book papers*; "papéis de livro"); papéis cartão ou cartolina; e um grupo que combina papéis "oficiais"(*bond*), de "escrever" (*writing*) e de "registro" (*ledger*). O tamanho para todos eles é dado em polegadas, e a gramatura é calculada em relação a quanto pesa uma resma (500 folhas) do formato padrão "mãe" (formato-base). Para papéis de texto e livros, a gramatura é calculada com base em uma resma de folhas "mãe" que medem 25 x 38 pol. (635 x 965 mm). Papéis cartão se baseiam numa folha "mãe" de 20 x 26 pol. (508 x 660 mm), papéis de escrever em 17 x 22 pol. (431 x 558), e papéis oficiais e de registro em 19 x 24 pol. (482 x 609). Além desses, existe também a gama de matérias-primas para cartas – usados, por exemplo, para cartões postais – que não são medidos em termos de peso, mas em espessura. Um cartão postal típico pode ser descrito como um C1S de 10 pontos ("C1S" significa *coated onde side*; revestido de um lado). Isso não significa que tenha a espessura de um tipo móvel de 10 pt, mas que sua espessura é 10/1000 pol.

O tamanho padrão para cartas nos EUA é de 8 ½ x 11 pol. (216 x 279 mm). Há vários outros tamanhos padrão disponíveis, baseados no tamanho "mãe". Por exemplo, uma folha de texto pode ser descrita como uma matéria-prima 80 lb medindo 19 x 25 pol. (482 x 635 mm). Cartolina, que geralmente é mais pesada, pode ser uma 60 lb que mede 20 x 26 pol. (508 x 660 mm). Em ambas, a segunda dimensão também indica a direção da fibra. Portanto, uma folha de 19 x 25 pol. (482 x 635 mm) não pode ser cortada a partir de uma que mede 25 x 38 pol. (635 x 965 mm), mas pode ser obtida a partir de uma que mede 38 x 25 pol. (965 x 635 mm).

Envelopes podem ser um problema. Apesar de haver muitos padrões de tamanhos diferentes, as chances de encontrar o tamanho que se quer na matéria-prima escolhida são pequenas. Se você está montando um trabalho que necessite de um envelope, pense adiante e seja flexível. Como você irá, invariavelmente, pedir para sua gráfica encomendar a matéria-prima, é melhor conferir a disponibilidade do envelope – e papel também, caso deseje escolher algo que não seja tão comum – e desenvolver o projeto em torno do que você sabe estar disponível.

Para produzir o seu trabalho, a gráfica terá que comprar folhas com um dos tamanhos padrão. Elas podem ser cortadas para a impressão ou utilizadas diretamente do pacote. Se você pedir um tamanho diferenciado de página isso poderá significar muito mais sobras (aparas) – isto é, uma proporção maior da página terá que ser recortada e descartada – do que se utilizar algo similar a um tamanho padrão. Nesses casos, você deve saber que, além de ter custos mais altos com papel, você pode estar exigindo que o impressor trabalhe mais que o normal. Por exemplo, tamanhos e orientações fora do padrão podem dificultar o trabalho de dobra, o que significa que mais folhas serão danificadas e portanto um número maior terá que ser adquirido. E, como o papel dobra mais facilmente acompanhando o sentido da fibra do que perpendicular a ele, papéis mais pesados que necessitem ser dobrados serão adquiridos de forma que o sentido da fibra vá com a dobra, ou senão será incluída uma quantidade adicional de papel.

Imposição

Se você está interessado em imprimir páginas isoladas, como no caso de pôsteres, a imposição não irá lhe afetar. Mas se estiver imprimindo um trabalho de múltiplas páginas, ela se torna muito importante. Imposição é o nome dado à configuração em que as páginas em questão estão posicionadas dentro da área de impressão, permitindo que o trabalho percorra as etapas de impressão, dobra e encadernação com o maior custo-benefício.

Se você conhece as regras básicas da imposição poderá configurar o seu trabalho da maneira mais eficiente. Por exemplo, cada lado de uma folha de papel conta como uma página. Portanto uma folha representaria uma inserção de duas páginas em um livro – mas não existe outra maneira de incluir uma única folha que não seja fisicamente colando-a próximo à lombada, ou fazendo-a um pouco maior para que se possa prendê-la, deixando uma pequena aba desajeitada adjacente ao local de encadernação. De qualquer maneira, o resultado é indesejável.

Para se evitar essa situação, os trabalhos multipaginados devem sempre ser calculados para terem um número de páginas que seja múltiplo de quatro, oito ou (a melhor das hipóteses) dezesseis. Como cada caderno (isto é, cada folha separada que, uma vez impressa e dobrada, será encadernada para formar o livro/revista/boletim informativo) requer tratamento individual, se você puder obter dois cadernos de dezesseis páginas, a produção será mais eficiente do que se o livro tiver um caderno de dezesseis, um de oito e um de quatro páginas, apesar do total de páginas ser menor. Com dois cadernos de dezesseis, a dobradeira terá que ser ajustada apenas uma vez para lidar com todo o trabalho. No segundo caso serão necessários três ajustes diferentes na dobradeira e três recolhas ao invés de duas para juntar os cadernos para a encadernação. É claro que isso não significa que você deve se prender a dois cadernos de dezesseis páginas, mesmo que elas resultem em quatro páginas em branco ao final do livro. Apenas quer dizer que você deve levar em consideração o que é melhor para o trabalho em questão.

O modo como as páginas são posicionadas dentro da configuração de um caderno depende do tamanho da impressora (que limita o número de páginas que se pode colocar em uma única chapa), do total de páginas da publicação, e da maneira como ela será encadernada. Como um exemplo, imaginemos um boletim informativo de oito páginas e uma chapa em que caibam todas elas. Ele será agrafado (grampo a cavalo), isto é, grampeado ao longo da dobra e cortado nos outros três lados. Para saber como as páginas devem ser impostas, pegue uma folha de papel A4. Dobre-a no meio e ela se torna um caderno de quatro páginas. Dobre novamente, e terá um caderno de oito páginas. Pegue uma caneta e enumere os cantos soltos (e em apenas um dos quatro cantos da folha dobrada haverá oito cantos soltos) de 1 a 8. Quando você desdobrar a folha o resultado deverá ser igual à fig. **2.1**. O lado um terá os números 1, 8, 4 e 5; o lado dois terá os números 2, 7, 6 e 3. A propósito, isso é chamado de boneco, e é muito útil incluí-lo junto com as provas a laser enviadas à gráfica.

Nesse caso, a maneira como um impressor organizaria a impressão é chamada de método tira-e-retira ou tira-e-retira-virado (*work-and-turn*), com o lado um do setor de quatro páginas ocupando o lado esquerdo da chapa e o lado dois ocupando o lado direito. Quando ocorre a impressão, os dois lados são captados. Em seguida ela é virada (fig. **2.2**) e impressa novamente. O resultado são dois cadernos de oito páginas, um em cada metade da folha de impressão.

Uma das vantagens do método tira-e-retira é que a impressora pode pegar a folha pela mesma margem de pinça para as duas passagens. Isso significa que a impressão de um lado pode ser registrada à impressão no verso de maneira precisa, mesmo que o papel tenha sido ligeiramente mal cortado na fábrica, como muitas vezes acontece. Se as folhas estão sendo impressas no método tira-e-retira-tombado (*work-and-tumble*), onde elas são viradas ao longo do lado menor, a margem de pinça muda. Isso faz com que seja muito mais difícil – ou até mesmo impossível – registrar os dois lados do trabalho um ao outro. Portanto, o papel para uma impressão tira-e-retira-tombado é geralmente refilado de antemão, isto é, levemente aparado para garantir que todos os cantos tenham exatamente 90 graus.

A fig. **2.3** mostra um exemplo de um trabalho que requer uma impressão tira-e-retira-tombado. Nela temos os dois lados de uma brochura de dez páginas, com as páginas posicionadas de maneira que, quando as folhas forem viradas, as cinco páginas do verso estejam alinhadas às cinco da frente, gerando novamente duas brochuras a partir de cada folha de impressão. Entre essas duas configurações, as gráficas definitivamente preferem usar a tira-e-retira-virado.

Existe uma terceira possibilidade de configuração de impressão chamada frente-e-verso (*sheetwise*). Em uma impressão frente-e-verso são necessárias diferentes chapas para imprimir os dois lados da folha. Isso pode acontecer quando apenas um lado do trabalho couber na chapa (um pôster grande, por exemplo) ou porque as necessidades de um lado da folha não permitem um formato tira-e-retira-virado ou tira-e-retira-tombado – como no caso de um cartão postal, onde quatro cores serão impressas de um lado e apenas uma no outro.

A encadernação pode afetar a imposição, já que os cadernos podem ser organizados um dentro do outro e grampeados, como no caso de uma revista, ou colocados lado a lado e costurados ou colados, como no caso de livros brochura e de capa dura. Ao se juntarem os cadernos para serem grampeados, a espessura do papel vai aumentando na área grampeada, o que faz com que os cadernos próximos ao centro da publicação sejam empurrados para fora (fig. **2.4**). Isso é chamado

2.1 (Abaixo, Esquerda e Direita) Ambos os lados de um caderno de oito páginas desdobrado, mostrando a numeração.

2.2 (Embaixo na esquerda) Um caderno de oito páginas organizado na chapa como um tira-e-retira. A área sombreada ao longo do topo da folha indica a margem de pinça. Espaço adicional para corte foi adicionado acima e abaixo da dobra horizontal que atravessa o centro da folha. Isso permite que a dobra seja cortada sem afetar o formato desejado para a página.

2.3 (Abaixo na direita) Uma folha de impressão tira-e-retira-tombado. Tipicamente, um tira-e-retira-tombado é utilizado apenas para trabalhos que são impossíveis de imprimir como tira-e-retira, como nesse caso – uma brochura de dez painéis.

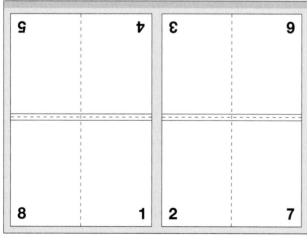

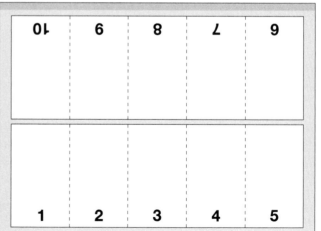

CMY... K?

2.4 Publicações grampeadas são propensas a gerar empuxo: deslocamento gerado pelo acúmulo de papel na área grampeada.

2.5 Da esquerda para a direita, ciano, magenta, amarelo e preto: as cores CMYK.

de empuxo ou deslizamento, e pode ser ajustado durante o processo de imposição. Os cadernos posicionados lado a lado não criam esse mesmo acúmulo ao centro, e portanto o problema não ocorre.

A maioria dos designers gráficos sabe que as tintas utilizadas no processo de impressão quatro cores são ciano, magenta, amarelo e preto (CMYK) (fig. **2.5**). É compreensível se abreviar ciano, magenta e amarelo para C, M e Y (*cyan*, *magenta*, *yellow*), mas por que o preto recebe a letra K? Foi assim que eu descobri:

Ao final do meu primeiro dia trabalhando na área de impressão, um dos impressores me disse que ele necessitava de uma nova "*key plate*" (chapa chave ou chapa principal) na manhã seguinte. Eu não tinha a menor ideia do que ele estava falando e achei que se tratava de uma piada. Quando eu cheguei no dia seguinte, uma hora depois dele, ele não estava nada feliz, para dizer o mínimo.

Isso não era bom. Quando as impressoras param, a gráfica deixa de imprimir dinheiro. Eu fui rapidamente informado que uma "*key plate*" é uma chapa que imprime a cor a que todas as outras cores se conectam: preto. Se você pensar, é bem óbvio. As bordas dos textos e das imagens costumam ser impressas em preto. Imprimi-las primeiro geralmente torna mais fácil posicionar – ou conectar – as outras cores ao trabalho. Então, o K significa "key".

É um erro comum achar que o preto recebe o K (de *blacK*) porque se o chamassem de B ele poderia seria confundido com azul (*blue*). Embora seja plausível, esse não é o caso.

Ângulos e Sobreposição de Retículas

Como vimos anteriormente (no Capítulo 1), se você quisesse imprimir uma fotografia utilizando tinta preta, antigamente você tinha que fragmentá-la em pontos, fazendo a imagem saltar através de uma retícula para um filme. A alternativa atual é utilizar um software como o Adobe Photoshop, juntamente com câmeras digitais e/ou scanners, para capturar a imagem, e depois a *imagesetter* (máquina que produz filmes a partir de seus arquivos) rasteriza o resultado, isto é, transforma toda a informação em pixels para pontos em meio-tom. Seja qual for o método que você utilizar, retícula ou software, o resultado final é uma ilusão de uma imagem que na verdade é formada por um *grid* (grade) de pontos arranjados em um *grid* de linhas a um ângulo de 90° um do outro.

É por isso que na gráfica eles não falam tanto em pontos e sim em linhas de pontos que, juntas, formam uma retícula de pontos. Não é um meio-tom de 150 pontos; é um meio tom de 150 "linhas de retícula". Diferentes papéis e tecnologias de impressão aguentam apenas certas densidades (ou lineaturas) de retícula, portanto a decisão de quais usar é importante. Mais sobre isso depois.

Imprimir a primeira cor não é um problema. Mas o que acontece quando você quer imprimir uma imagem em mais de uma cor? Isso significa que você pretende imprimir duas retículas de pontos, uma em cima da outra. Os resultados podem ser surpreendentes:

Cor 1, preto (fig. **2.6**).

Cor 2, ciano (fig. **2.7**).

Agora vejamo-las juntas: fig. **2.8**. Esse infeliz resultado se chama efeito *moiré*. Ele ocorre quando duas retículas são sobrepostas com o mesmo ângulo e se chocam. A cada tantas linhas, os pontos colidem. No entanto, os impressores descobriram que, se a segunda cor for virada até que a linha de pontos esteja a 30° de distância da primeira, o problema desaparece (fig. **2.9**).

Então, a cor 1 pode ter um ângulo de retícula de 0° e 90° – isto é, as linhas de pontos são arranjadas em um *grid* de linhas horizontais e verticais. A cor 2 é rotacionada a 30° dela. A cor 3 tem que ser girada a 30° de distância das duas. Por enquanto, é isso que você tem (fig. **2.10**).

Considerando que as cores devem ser separadas por 30°, onde você pode colocar a cor número 4? Simplesmente não existe um lugar para ela. Com mais uma rotação de 30°, você voltará para onde começou – em 0° e 90°. Felizmente, a resposta se encontra na própria natureza das cores.

Considere a maneira como nós vemos as cores. Obviamente nós vemos o preto como a cor mais escura e o amarelo como a mais clara, enquanto ciano e magenta se encontram em algum lugar no meio. Quando qualquer uma delas é impressa como uma retícula fina (por volta de 150 linhas por pole-

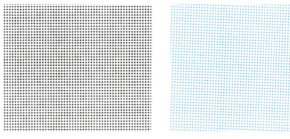

2.6 Cor 1, preto.

2.7 Cor 2, ciano.

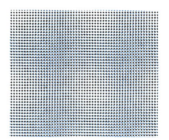

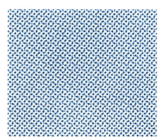

2.8 Um padrão *moiré*.

2.9 As duas cores juntas, mas em ângulos não conflitantes.

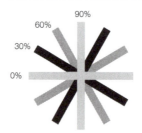

2.10 Três dos componentes CMYK separados por 30°.

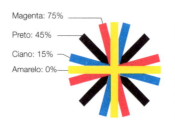

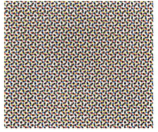

2.11 Os quatro componentes CMYK mostrados nos ângulos corretos para impressão.

2.12 Todas as quatro cores CMYK, cada uma impressa como uma retícula, no ângulo correto.

Além das Quatro Cores

gada) os pontos são tão pequenos que nós não podemos vê-los, mesmo se segurarmos a folha a uma distância de 25 a 30 cm. Amarelo é ainda mais difícil de distinguir. Ele é tão invisível para nós que não conseguimos notar que ele causa um padrão *moiré* em todas as impressões em quatro cores que já vimos. Mas é exatamente isso que ele faz. O amarelo pode deslizar entre quaisquer duas das outras cores, a apenas 15° de distância. Ele sempre causa o *moiré*, e nós nunca, nunca, vemos. Mas isso não ocorre com nenhuma das outras cores.

Os impressores levam as coisas ainda mais longe. Além de haver um espectro de visibilidade relativa entre as próprias cores, existem também ângulos (de retícula) mais – ou menos – visíveis. Não é nenhuma surpresa que as orientações mais visíveis – aquelas que vemos mais facilmente – sejam 0° e 90°. Pensando bem, faz perfeito sentido. Nosso mundo está cheio de objetos verticais e horizontais, então nós estamos especialmente acostumados a notar esses ângulos.

Amarelo, a cor menos visível, entra em 0° (ou 90°), o ângulo mais visível.

Preto, a cor mais visível, entra em 45°, o ângulo menos visível.

Magenta e ciano são colocados a 30° de cada lado do preto, um a 15° e o outro a 75° – e não importa qual vai onde (fig. **2.11**).

Lembre-se, tudo isso tem o simples intuito de manter a ilusão. Isso é tudo que você precisa fazer.

Quando impressas como uma retícula de pontos, com cada cor no seu ângulo correto, não há nenhum padrão *moiré* visível (fig. **2.12**). E esse é o segredo da quadricromia.

Existem dois líderes na evolução da tecnologia de cores. Um é o uso da retícula estocástica ou de frequência modulada. Como mencionado, em um meio-tom convencional os pontos são presos em um padrão de *grid*. Portanto, para exibir (a ilusão de) diferentes tons de uma cor, eles têm que variar de tamanho. Mas em uma impressora jato de tinta, todos os pontos têm o mesmo tamanho. Para que eles possam transmitir a mesma ilusão, não podem estar presos a um *grid*. Ao invés disso, são borrifados de maneira aparentemente randômica, possuindo variadas densidades. Como não existem *grids* para causar um conflito de retículas, a imagem não está mais sujeita ao efeito *moiré*. Portanto, um número infinito de cores pode ser adicionado para estender o espectro bem além das tintas CMYK.

As desvantagens do processo surgem basicamente por ter que lidar com pontos extremamente pequenos, que são necessários para criar uma imagem convincente. Se os pontos são muito grandes o resultado fica granulado, apesar dos pontos serem muito menores do que aqueles em um meio-tom convencional. Se os pontos são muito pequenos, até uma pequena quantidade de ganho de ponto pode apagá-los completamente, ou deixá-los repetidamente conectados na impressão.

Algumas *imagesetters* podem produzir separações hexacromáticas (isto é, seis cores) usando retículas estocásticas de mais ou menos 600 dpi (*dot per inch*, ponto por polegada, na verdade significando *pixel per inch*, pixels por polegada, a medida aceita para resolução de imagens), boas o suficiente para uma impressão de alta qualidade. Nas separações hexacromáticas, laranja e verde são adicionados ao espectro CMYK para ampliar aquelas áreas mais difíceis de reproduzir convencionalmente.

A outra "evolução" também utiliza separações hexacromáticas, mas de uma maneira diferente. As duas cores adicionais, laranja e verde, são as opostas de ciano e magenta, respectivamente. Portanto qualquer cor irá conter apenas uma do par – laranja ou ciano; verde ou magenta – mas não as duas. Isso significa que ambas as cores de cada par podem ocupar o mesmo ângulo de retícula, já que elas nunca ocupam de fato o mesmo espaço na imagem. Com isso elas não produzem um padrão *moiré*, possibilitando o uso de uma retícula de meio-tom convencional para um processo hexacromático, ao invés das quatro cores CMYK.

A Pantone Inc. é pioneira no desenvolvimento desse sistema, e afirma que mais de 90% de seu espectro colorímetro Pantone Matching System (Sistema Pantone de Combinação) pode ser combinado utilizando tintas hexacromáticas (ver Capítulo 10). Isso permitirá que os designers gráficos se aproximem muito mais na impressão de cores que, até agora, eles apenas conseguiram utilizar na tela com imagens em RGB. Uma vantagem para os impressores é que, ao invés de lavar uma tinta personalizada após a outra da impressora, eles poderão manter as cores hexacromáticas para praticamente tudo.

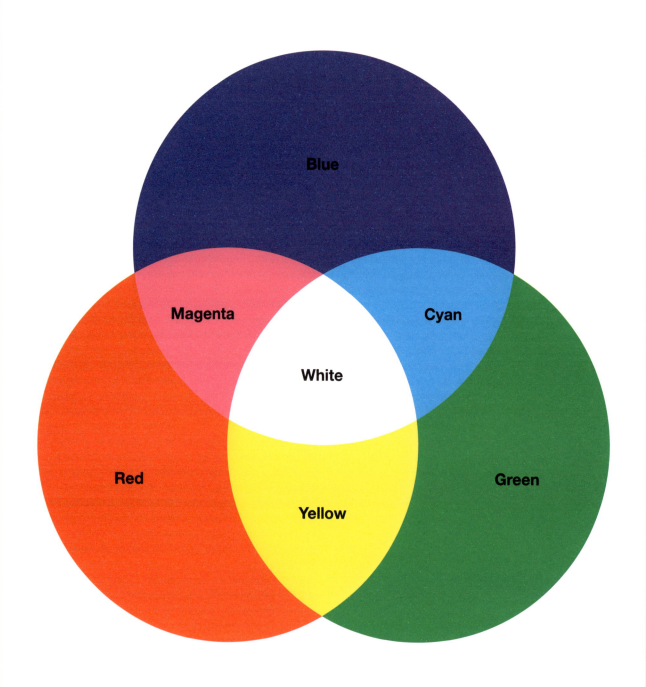

Entendendo as Cores

Por mais maravilhosos que sejam os computadores, e apesar de terem simplificado todo o processo de produção para designers gráficos em todo lugar, eles têm certas limitações. Por exemplo, monitores de computador apenas podem mostrar imagens em cores RGB (red, green e blue; vermelho, verde e azul). É de vital importância saber disso e como isso se relaciona com CMYK, porque apenas dessa maneira nós podemos buscar evitar o maior problema da indústria de impressão atualmente, que é o cliente dizendo, "essas não são as cores que eu esperava".
Tudo que você vê na sua tela é RGB, um espectro de cores bem amplo. Tudo que você vê impresso é reproduzido utilizando CMYK (ou com cores Pantone, ver capítulo 10), que é, infelizmente, um espectro bem reduzido. Portanto, o que você vê na sua tela pode estar bem distante daquilo que você verá na impressão.
Obter as cores que você deseja utilizando CMYK não é sempre fácil, e às vezes é impossível. Contudo, é *sempre* possível evitar possíveis desastres, desde que você entenda as cores.

Página oposta: Um esquema de sobreposição de cores mostrando a relação entre as cores dos sistemas RGB e CMYK.

RGB x CMYK

Minha maior motivação em escrever este livro foi ver tantos alunos meus passarem pela infeliz experiência de enviarem seus arquivos à gráfica e receberem de volta algo que é radicalmente diferente em termos de cor daquilo que eles esperavam. Eles sabem que há algo gravemente errado, mas não fazem a mínima ideia do que seja – e portanto não podem arrumá-lo.

Esse capítulo discute onde está o erro e como começar a consertá-lo. Para início de conversa, vamos analisar mais de perto RGB e CMYK.

Primeiramente, o que significa RGB? R é red (vermelho), G é green (verde), B é blue (azul). Você provavelmente já sabia disso, mas você saberia como conseguir o amarelo usando RGB? É extremamente difícil pensar em termos de RGB, e no entanto esse é o modo que o seu computador usa para exibir todas as cores. RGB também é o modo utilizado por **scanners** e câmeras digitais. Portanto, todas as imagens que você vê no seu computador chegam no modo RGB, independentemente do que for feito com elas posteriormente. Não há como escapar.

Nós vimos no último capítulo como funcionam as cores CMYK, então com certeza esse é o sistema mais importante para se entender quando se está enviando trabalhos para impressão. Nesse caso, será que você realmente precisa se preocupar com RGB? A resposta é sim, porque, a não ser que você saiba o que evitar e como evitá-lo, RGB irá sempre lhe atrapalhar e você nunca terá certeza em obter as cores impressas que você quer.

Não adianta apenas modificar tudo para CMYK assim que o trabalho estiver pronto na tela – apesar de ser essencial que qualquer trabalho enviado para a gráfica esteja no modo CMYK (a não ser que se trate de uma "extensão" dos múltiplos canais de CMYK que também contenha informações de cor especial – ver o item "DCS" do capítulo 7). Então, tendo em vista que a mudança para CMYK deve ser feita, é justamente essa mudança, e a maneira como ela ocorre, que geralmente causa problemas.

A primeira coisa que precisamos entender é que RGB se refere a diferentes cores de luz, enquanto CMYK se refere a diferentes cores de pigmento. A partir do primeiro momento em que alguém nos deu um pincel e uma caixa de tintas, todos nós desenvolvemos algum nível de entendimento sobre a maneira como os pigmentos se misturam. Se há uma cor que nós precisamos mas não temos, provavelmente temos uma boa ideia de como podemos criá-la utilizando as cores "primárias". Essas são as cores que não podem ser obtidas a partir de misturas, mas que podem ser misturadas para gerar uma vasta gama de cores "secundárias". Por exemplo, se queremos verde – uma cor secundária – nós misturamos as cores primárias azul e amarelo. Para obter roxo, misturamos azul e vermelho. Para laranja, amarelo e vermelho, e assim por diante.

Todas as tintas que nós já utilizamos têm essas características em comum, e CMYK é apenas um espectro particularmente limitado de tintas: nós temos apenas quatro cores e todas as outras têm que ser obtidas por meio da mistura delas.

De certo modo, RGB é ainda mais limitado, porque só há três cores na paleta. Mas essas cores se misturam de uma maneira tão diferente que possibilitam a obtenção de um espectro de cores muito maior que CMYK. Infelizmente, muitos designers gráficos não fazem a menor ideia de qual será o resultado quando eles misturam cores RGB, porque ninguém nunca lhes deu uma caixa de tintas em que as cores eram feitas de luz.

Além de serem sistemas de cor fundamentalmente diferentes, existe outro grande problema com CMYK x RGB. RGB é *praticamente* o exato oposto de CMYK, mas não exatamente, e essa é a causa de muitos dos problemas relacionados a cor que o designer gráfico enfrenta. Ao final desse capítulo espero que você entenda o que eu quero dizer com "praticamente o exato oposto".

CMYK e RGB também são diferentes em outras maneiras. Por serem feitas de luz, as cores RGB podem ser vistas no escuro. As cores CMYK, por serem produzidas por pigmentos, não podem.

CMYK é chamado de um sistema "subtrativo" porque os componentes C, M e Y, em teoria, quando combinados absorvem toda a luz e produzem preto. É claro que, na prática, isso não acontece. Já RGB é chamado de um sistema "aditivo" porque ele faz (praticamente) o oposto.

Você pode confiar no seu monitor?

Se você alguma vez teve a experiência de uma imagem ter certa aparência na tela, mas quando impressa parecer radicalmente diferente, o motivo é muito provavelmente sua falta de controle sobre a mudança de RGB para CMYK. Mas esse pode não ser o único motivo. Se você decidir que se trata de um problema de calibração, leia o Capítulo 4 para tons de cinza (*grayscale*) e o Capítulo 6 para imagens coloridas.

Quando você converte uma imagem de RGB para o modo CMYK, a única saída para o seu monitor é mostrar a nova versão CMYK utilizando cores RGB. Então, um problema adicional é que, no que concerne à cor impressa final, *o seu monitor não é confiável.*

Incidentalmente, o espectro de cores CMYK que não pode ser produzido com RGB é muito pequeno. Ciano puro é uma delas. Amarelo puro, também. Mas não se preocupe. Por estranho que pareça, apesar de serem duas cores CMYK primárias, isso dificilmente será um problema. Os problemas são muito mais propensos a ocorrerem quando se é incapaz de criar uma cor RGB utilizando CMYK do que no caso contrário.

Cores Opostas

Analisar brevemente o funcionamento da fotografia colorida é uma boa maneira de se obter um melhor entendimento das diferenças entre RGB e CMYK.

Quando tiramos uma foto, as cores que entram através das lentes são feitas de luz, não de pigmentos. Então, a informação de entrada (luz) é de modo RGB ao invés de CMYK. Mas, quando usamos filme, a luz atinge o filme e faz com que as emulsões químicas na sua superfície reajam. Essas substâncias químicas resultam em cores que são muito mais próximas dos pigmentos utilizados em CMYK do que os encontrados em RGB. Quando o filme é revelado (filme impresso, não slides), o resultado final é um negativo em cor da imagem que entrou pela lente.

Se examinarmos um negativo, veremos que quando tiramos uma foto de algo magenta, a imagem resultante no negativo é verde. Quando fotografamos algo laranja, a imagem resultante é azul. Se o tom era claro, a imagem resultante no filme é escura. Cada parte da imagem no filme é o oposto daquilo que fotografamos.

Então, para se obter uma impressão positiva, uma exposição da imagem é feita sobre papel fotográfico. Luz branca é projetada através do filme e se torna colorida por todas as cores da imagem negativa. Se a luz que viaja até o papel fotográfico atravessa uma área verde, ela adquire uma coloração verde, que então nos revela o oposto – uma área magenta. E assim por diante. O resultado final é, geralmente, uma imagem bastante convincente daquilo que estava à frente da câmera fotográfica quando apertamos o botão.

Então, mesmo em uma câmera, as cores criadas pela luz e as cores criadas por pigmentos agem como opostas. Utilizando o seu entendimento dessa diferença fundamental, fotógrafos e impressores têm desenvolvido métodos incrivelmente sofisticados de atingir o resultado exato que desejam.

O mesmo tipo de entendimento pode ser utilizado por um designer para obter os resultados desejados na impressão.

Os pioneiros no desenvolvimento do sistema CMYK tiveram que trabalhar com os opostos de RGB porque pigmentos de vermelho, verde e azul compõem uma paleta extremamente inadequada sozinhos. É impossível criar, a partir deles, qualquer coisa similar ao espectro de cores necessário para imprimir uma imagem fotográfica. Mas os seus opostos funcionam muito bem.

Ciano é o mais próximo que nós podemos chegar, na forma de pigmento, ao oposto do vermelho em RGB. Magenta é o mais próximo que podemos chegar ao oposto do verde RGB. Amarelo é o mais próximo do oposto do azul RGB. Mas nenhum deles é o exato oposto.

Se você quisesse criar branco com CMYK você simplesmente os deixaria de fora. Se você quisesse fazer o mesmo com RGB você incluiria todos a 100%. Nesse exemplo, RGB e CMYK agem como exatos opostos um do outro. Mas o que acontece quando tentamos criar preto?

Parece óbvio, pelo menos na parte CMYK da equação: não se preocupe com o C, M ou Y, mas use bastante K.

O problema é que, se os sistemas fossem exatamente opostos, nós conseguiríamos obter preto usando apenas C, M e Y. Mas nós não podemos, e por isso o preto teve que ser adicionado como uma quarta cor – porque você simplesmente não pode criá-lo com C, M e Y.

Então, por suas naturezas, os dois sistemas são exatos opostos quando se trata de criar branco, mas não são exatos opostos quando se trata de criar preto. É isso que quero dizer quando digo que eles são opostos "praticamente exatos". Resumindo:

Pergunta: Como se consegue preto usando RGB?
Resposta: Desligam-se todas as cores (em outras palavras, desligam-se as luzes).

Pergunta: Como se consegue preto usando C, M e Y?
Resposta: Não é possível. A combinação dos três, mesmo a toda força, não é escura o suficiente para ser convincente. Por isso que temos que incluir preto.

Na verdade, é discutível se podemos até mesmo conseguir preto utilizando preto. Quando eu estava na escola de artes um amigo meu anunciou que sua próxima obra-prima seria uma enorme tela pintada de preto. O resultado, ao invés de ser algo cômico, foi bem chocante. A tela era de fato pintada de preto – mas foi primeiro dividida em grandes quadrados, e cada quadrado foi preenchido com um meio "preto" diferente. Tinta a óleo, tinta a base de água, tinta guache, tinta de escrever... todos os pigmentos "pretos" usuais estavam lá – mas também graxa de sapato, tinta de fogão, fuligem e até mesmo uma folha plástica preta.

Olhando o trabalho final, todos os "pretos" pareciam ter uma tintura particular. O plástico preto era claramente azul; a fuligem, em comparação, parecia avermelhada. E assim por diante. Isso foi uma grande revelação para mim: cor é relativa, e você não pode ver preto se as luzes estão acesas. (Mesmo com as luzes desligadas você não pode realmente ver o preto. Seus olhos não o permitem, apenas lampejos aqui e ali.)

Para vermos outro exemplo, tente olhar algo que é preto. O único motivo pelo qual você pode vê-lo é que ele está refletindo luz nos seus olhos. Essa é a base de sua imagem visual. E se ele está refletindo luz, se você pode ver definição e sombreamento, então você não pode estar vendo algo que é totalmente preto – porque o verdadeiro preto só apareceria na ausência total de luz. É uma ausência de reflexão, definição e sombreamento. Em outras palavras, preto é um estado muito profundo de "luzes desligadas".

Quando se trata de impressão, você tem que usar algo o mais próximo possível do verdadeiro preto porque, como mencionado anteriormente, você não pode criar nada realmente próximo a ele usando apenas ciano, magenta e amarelo. O pigmento usado é geralmente carbono, o que faz do preto a tinta mais barata. E é claro que, mesmo não sendo realmente preto, é disso que todos nós o chamamos. Embora sua inclusão seja essencial, uma típica quadricromia conterá mais das outras três cores do que de preto. Preto tende a ser encontrado em torno de bordas bem definidas – é o que ajuda a defini-las – e é claro que você irá encontrá-lo nas sombras profundas. Mas provavelmente não haverá muito mais em nenhum outro lugar. Por outro lado, ciano, magenta e amarelo estarão geralmente presentes em maiores densidades em todo o espectro tonal da imagem.

Além da sua necessidade em imagens, o preto é obviamente útil para outras coisas também – tipografia, por exemplo.

Agora que nós temos uma ideia de como os dois sistemas se comparam, vamos tentar criar amarelo com ambos. Incidentalmente, na fórmula mostrada na fig. **3.1**, o K está entre parênteses porque ele só foi incluído para possibilitar que o espectro CMYK se estenda até "preto" e cores escuras próximas a ele. Como o amarelo é a cor mais clara no espectro, K não será necessário.

C	0%	100%	**R**
M	0%	100%	**G**
Y	100%	0%	**B**
(K)	0%		

3.1 Como criar amarelo utilizando cores RGB e CMYK. Isso mostra a natureza oposta dos dois sistemas de cor.

Eu mencionei anteriormente que ciano (CMYK) e vermelho (RGB) são mais ou menos opostos, assim como magenta (CMYK) e verde (RGB), e amarelo (CMYK) e azul (RGB).

Como que para facilitar, a combinação entre vermelho (RGB) e verde (RGB) é também o oposto do azul (RGB). De maneira similar, a combinação entre ciano (CMYK) e magenta (CMYK) é o oposto do amarelo (CMYK). Então, para se obter amarelo a partir de C, M e Y, nós ligamos o Y, mas sem esquecer de desligar C e M. No RGB, o sistema oposto, nós ligamos R e G, e também temos que desligar o B.

Tente brincar com isso na janela Seletor de Cores (*Colour Picker*) do Photoshop. Clique na cor do primeiro plano para abrir a janela e, na área RGB, insira um valor de 255 para R e G, e 0 para B. O resultado é amarelo. Em seguida, tente colocar 255 para R e B e o resultado será magenta. E colocando 255 para G e B nos dá ciano. Então o sistema RGB contém C, M e Y como combinações secundárias de suas três primárias. Depois tente o mesmo utilizando C, M e Y da área CMYK. A combinação de 100% ciano e magenta lhe dará o mais próximo que se pode alcançar do azul RGB usando pigmentos. Parece um roxo escuro. Se você colocar 100% para magenta e amare-

lo, você terá a versão em pigmentos do vermelho RGB. É vermelho, mas nem próximo em brilho ou saturação do vermelho RGB. Por último, tente 100% de amarelo e ciano. O resultado é a versão CMYK do verde RGB – bem distante do verde RGB, mas o mais próximo que o CMYK pode chegar. Então o sistema CMYK também contém versões das cores RGB como combinações secundárias de suas primárias, apesar de serem maçantes e monótonas quando comparadas com as versões RGB. Isso significa que é muito tentador usar algo brilhante, saturado e RGB quando estamos criando cores na tela.

Então, estas são as diferenças entre RGB e CMYK que são mais importantes, porque são elas que causam os problemas. A combinação entre 100% ciano e 100% magenta pode parecer completamente diferente e menos atraente que o azul RGB puro, que então nos sentimos tentados a escolher, mas é o mais próximo que o CMYK pode chegar. Os designers, em sua maioria, não levam isso a sério, e então enviam alegremente cores RGB para a gráfica. O resultado, claro, é um desastre total.

Como Você Percebe as Cores

Entender e lembrar a natureza relativa das cores é imensamente importante porque nos mantém atentos à visão sistêmica, o tempo todo. Para um designer, a visão sistêmica pode ser a página inteira ao invés de apenas uma das imagens; o projeto inteiro ao invés de apenas uma página; e todo o ambiente em que o trabalho irá existir ao invés de somente o processo que levou até sua entrega ao cliente.

Então, qual a cor de uma folha verde em um quarto escuro? E qual a importância disso?

No momento, você pode achar que a folha continua verde, mesmo no escuro. Nesse caso, veja se o próximo exemplo o faz mudar de ideia.

Pense bem e verá que as únicas coisas que nossos olhos podem ver são cor e forma. Ambas dependem da luz. Tudo que a gente vê depende da presença da luz. Até aqui todos concordamos. Mas a cor do que vemos depende da cor da luz. Uma folha apenas parece verde se a luz que incide sobre ela for branca. Ela absorve todas as outras cores e reflete o verde, e nas nossas mentes as noções de "verde" e "folha" de alguma maneira se tornam a mesma coisa. Mas isso não está certo de maneira alguma. Se fosse assim, não importa o que fizéssemos com a folha, ela permaneceria verde. Mas se incidirmos uma luz vermelha sobre ela, não há nenhum verde para ser refletido porque a luz vermelha não contém um elemento verde. De repente a folha parece muito escura, quase preta. Mas a folha em si não mudou. A única coisa que mudou foi a luz, que incide sobre a folha com a mesma imparcialidade com que faz com tudo ao seu alcance.

Não existe nenhuma fonte de luz fundamental e inerente que seja mais válida que qualquer outra, independentemente do que civilizações inteiras pensaram sobre o sol até hoje. Mas estamos acostumados com o sol nos iluminando todos os dias, e as luzes que temos em casa são projetadas para ter uma cor similar. E, portanto, nos sentimos mais confortáveis com a aparência do mundo quando ele está iluminado por uma fonte de luz esbranquiçada. A luz branca contém todas as cores do espectro visível, portanto os objetos que ela ilumina refletem o espectro mais amplo possível. É por isso que as coisas parecem mais "reais" para nós quando iluminadas por uma luz branca do que por uma luz de qualquer outra cor. Mas o fato de preferirmos a aparência das coisas quando iluminadas pela luz branca é apenas um hábito baseado na maneira como estamos acostumados a vê-las. Uma folha não é inerentemente verde. Ou vermelha. Ou qualquer coisa. Sua cor é relativa, e todas as suas características aparentemente inerentes dependem de outros fatores igualmente relativos. No caso da folha verde, se não há luz é impossível falar de sua cor, porque o fator do qual a cor depende para aparecer não está presente (fig. **3.2**).

3.2 Se o exemplo da "folha verde" foi confuso, tente isso. Na esquerda: uma folha verde. Na direita: que cor ela tem agora?

Um Estudo de Caso

Agora que já cobrimos o básico sobre RGB e CMYK, vamos analisar um exemplo prático do tipo de problema que eles podem lhe causar.

Há alguns anos, em uma gráfica em Cumbria, Inglaterra, um excelente designer (Charlie) foi encarregado de criar uma brochura para uma companhia especializada em projetar e construir submarinos não tripulados. Ao criar um design para eles, Charlie cometeu dois grandes erros.

Primeiro erro: Charlie decidiu utilizar dois tons de azul, disponíveis no Photoshop, para criar um degradê totalmente sangrado como plano de fundo para toda a brochura. A intenção era imitar uma imagem do fundo do oceano, onde o texto e as fotos dos submarinos poderiam nadar juntos.

Segundo erro: Charlie decidiu economizar dinheiro para todo mundo e apresentou a prova para o cliente na tela, ao invés de fazer provas Cromalin. Impressoras a jato de tinta não eram boas o suficiente para o trabalho naquela época e provas digitais ainda não estavam disponíveis.

Como estamos utilizando CMYK para imprimir esse livro, eu não posso mostrar, de fato, as duas cores RGB que Charlie escolheu – mas eu posso mostrar de onde ele as escolheu e como você pode vê-las por conta própria. Se entrar no Photoshop e clicar no ícone de cor de primeiro plano, perto do final da janela de Ferramentas, aparecerá a janela Seletor de Cores (*Colour Picker*).

A localização dos dois azuis está mostrada na captura de tela do Seletor de Cores, nas figs. **3.3** e **3.4**. Em ambos os casos, Charlie selecionou a área que queria clicando na barra vertical com as cores do arco-íris no meio da tela, e depois clicando no canto superior direito do quadrado grande de cores à esquerda. Isso permitiu que ele escolhesse o tom exato que queria. O valor numérico RGB das duas cores eram 0-R, 0-G, 255-B para o azul mais escuro, e 0-R, 255-G, 255-B para o azul mais claro.

Em seguida, Charlie preencheu todo o painel da brochura com um degradê linear com os dois tons, começando com o azul mais escuro embaixo e esmorecendo progressivamente até o azul mais claro no topo. Parecia ótimo, e ele seguiu adiante, posicionando o texto e as fotos.

Infelizmente, Charlie tinha escolhido dois tons de azul que não existem no espectro CMYK. Ao não fazer uma prova, Charlie deixou a *imagesetter* converter todas as cores RGB para CMYK na produção do filme. Então, a primeira vez que alguém viu o resultado foi quando o trabalho estava saindo de uma impressora Heidelberg quatro cores a três mil cópias por hora. Parecia horrível.

Ao não fazer uma prova, Charlie não economizou dinheiro nenhum – na verdade, aconteceu exatamente o contrário – e é claro que a perda foi da gráfica. O outro problema foi que era impossível entregar ao cliente aquilo que ele havia visto na tela

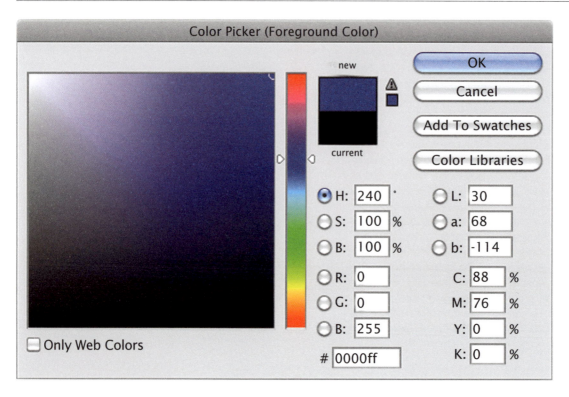

3.3 Janela Seletor de Cores do Photoshop mostrando os valores RGB para o primeiro tom de azul...

e agora queria muito – porque as cores não podiam ser criadas utilizando CMYK. No fim, a gráfica perdeu o trabalho, e Charlie quase perdeu seu emprego também.

É claro que, caso soubesse o que iria acontecer na transição de RGB para CMYK, Charlie poderia igualmente ter iniciado com as cores RGB, mas depois tê-las dessaturado um pouco (ver Capítulo 11), o que poderia facilmente ter lhe dado opções totalmente aceitáveis dentro do espectro CMYK.

Olhe as porcentagens CMYK mostradas no canto inferior direito da imagem do azul mais escuro, na fig **3.3**: 88% ciano, 76% magenta. Geralmente, não deveria haver problemas com essa impressão. Mas e se reespecificarmos a cor colocando essas exatas porcentagens na área CMYK, ao invés de apenas escolher uma cor que parece bonita? Ao fazermos isso, observe o que acontece com o pequeno círculo que está, no momento, no canto superior direito do grande quadrado de cores à esquerda.

Ao colocarmos as porcentagens, o círculo se move para uma posição inteiramente nova (fig. **3.5**). Além disso, a cor mostrada na área "essa é sua nova cor" (isto é, a metade superior do retângulo que aparece à esquerda do botão Cancelar; a metade inferior mostra a cor selecionada no momento em que você abriu a janela Seletor de Cores) está mostrando a cor indicada pela posição atual do pequeno círculo no quadrado grande. O pequeno triângulo que serve de sinal de aviso (que cos-

tumava estar entre o retângulo de Nova Cor e o botão Cancelar) também desapareceu. Esse era o aviso de "fora de *gamut*". Ele aparece apenas quando você escolhe uma cor que está fora do espectro CMYK.

O pequeno quadrado, que aparece abaixo do triângulo "fora de *gamut*", mostra a cor CMYK que está mais próxima da cor RGB que você escolheu. É claro que você ainda não pode confiar que está mostrando uma cor CMYK precisa, porque a imagem aparece na sua tela RGB. Além disso, é muito pequeno e, portanto, difícil de ver corretamente. Mas pode ser muitíssimo diferente da cor que você escolheu originalmente. Se você clicar nele, ele irá preencher a área de Nova Cor com o mesmo tom CMYK e depois sumir.

Portanto, é muito importante entender que a grande caixa colorida do lado esquerdo da janela é o Seletor de Cores RGB, e inclui uma vasta gama de cores que vai além das disponíveis utilizando apenas pigmentos CMYK.

Todos os principais programas gráficos permitem que você use cores RGB que estejam fora do espectro CMYK. Apenas recentemente (desde a versão 6.5) o Quark substituiu as amostras de vermelho, verde e azul do RGB, oferecidas no modo padrão, por versões CMYK, embora elas nunca, em hipótese alguma, devam ser usadas para documentos destinados à impressão. Incidentalmente, não há objetivo em ter versões CMYK do R, G e B na paleta de amostras tanto do Quark quan-

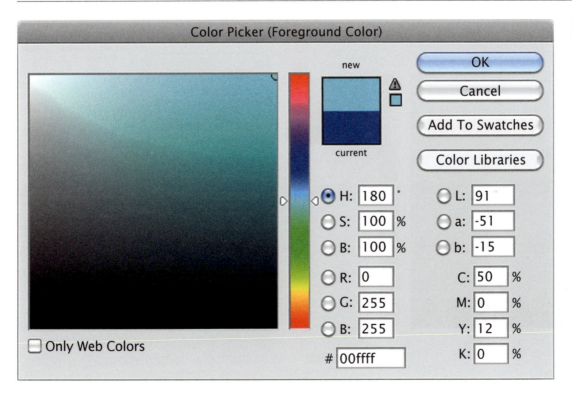

3.4 ... e para o segundo tom de azul.

to do InDesign. Se você quiser um azul, por exemplo, sempre irá criar a cor que você quer ao invés de usar a lúgubre versão oferecida pelo modo padrão. E, caso você use uma cor RGB, o problema só se tornará aparente quando já for tarde demais, a não ser que você faça uma prova digital antes da produção do filme ou da chapa. Mesmo assim, o processo será lento, já que mudanças terão que ser feitas, o que pode significar a perda de um prazo.

Existe um ditado antigo, porém preciso, na área de impressão: se você achar o problema no estágio de produção da arte, consertá-lo irá lhe custar, aproximadamente, o preço de um almoço; no estágio da produção do filme ou chapa, dez almoços; e se chegar na gráfica, cem. Mas, hoje em dia, o almoço está mais caro.

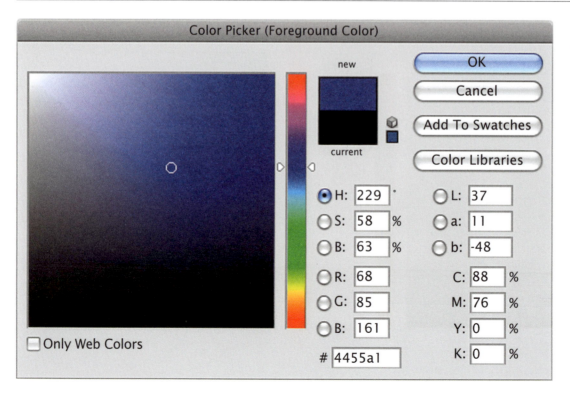

3.5 A janela Seletor de Cores pode ser traiçoeira quando se está escolhendo uma cor CMYK.

Como Escolher as Cores que Você Precisa?

É difícil. Existem alguns guias úteis por aí, mas, às vezes, usá-los é um tiro no escuro. Os recursos mais comuns na seleção de cores são, provavelmente, os livros da Pantone ou outros catálogos de amostras de fontes variadas.

Eu analiso especificamente as cores do Pantone Matching System (PMS) no Capítulo 10, então não falarei muito sobre elas aqui. No entanto, se você está usando o Pantone Process Guide, ou o Pantone Solid to Process Guide, ou qualquer outro livro de amostras, siga lendo.

O Pantone Process Guide é definitivamente o melhor para se utilizar na criação de matizes CMYK para um trabalho impresso.

Citando a Pantone: "O Pantone Process Guide apresenta mais de 3000 combinações de cores CMYK em material revestido. Organizados cromaticamente para uma seleção mais rápida, esses guias são a maneira ideal de visualizar, comunicar e controlar a aplicação de cores de processos para tipos, logos, bordas, planos de fundo e outros elementos gráficos".

Tudo que você precisa fazer é selecionar sua cor no livro, ler qual é a especificação do matiz CMYK, inserir esses valores para uma nova cor em seu software de design, e utilizá-la. E isso é tudo. Você não tem que se preocupar com a aparência da cor na tela, porque sabe que, quando for impressa, será tão similar à cor que você escolheu no livro que ninguém terá motivos para reclamar. E, como o guia de processo utiliza todas as quatro cores CMYK, ele é muito mais útil do que um simples livro de amostras, como você verá.

O Pantone Solid to Process Guide, citando a Pantone novamente, "mostra o que acontece quando você tenta reproduzir uma cor sólida do Pantone Matching System no processo de quadricromia. Embora muitas possam ser reproduzidas com sucesso, a maioria não pode, graças às limitações do processo de quadricromia quando comparado ao uso de tintas pré-misturadas. O guia em formato de leque mostra 1089 cores Pantone sólidas em material revestido, ao lado de sua combinação mais próxima no processo quatro cores. Os valores CMYK para cada cor são fornecidos".

Em outras palavras, não escolha uma cor PMS e espere que um matiz CMYK consiga reproduzi-la porque provavelmente não conseguirá.

Livros de amostras podem ser tanto uma bênção quanto uma maldição. Como são apresentados de diversas formas, podem ser muito úteis (como o Pantone Process Guide) ou praticamente inúteis (muitos dos outros). Alguns impressores fazem os seus próprios, baseados nos níveis em que eles gostam de operar os trabalhos CMYK na própria gráfica. Obviamente, são precisos apenas quando você envia seu trabalho para aquela gráfica em particular. Infelizmente, existem muitas e muitas gráficas por aí afora.

Tipicamente, cada uma das páginas (bem grandes) nesse tipo de livro de amostras se divide em pequenos quadrados de

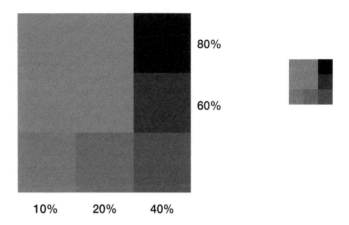

3.6 Em um típico livro de amostras, elas são sobrepostas com um bloco de preto. O quadrado maior é uma ampliação. O quadrado menor é uma melhor aproximação do tamanho real das amostras.

cor. A coluna do lado esquerdo é um tom claro de magenta – 5% ou 10%. Ao continuar através da página, cada coluna aumenta em densidade até a coluna da extrema direita, que é um sólido 100%. O mesmo acontece com o ciano, mas esse começará com um tom claro no topo da página, aumentando gradualmente para um sólido 100% na coluna de baixo. O resultado é um tom bem claro no quadrado superior esquerdo e uma cor bem densa no quadrado inferior direito. A primeira página não possui amarelo algum. Na página 2, todos os quadrados são impressos por cima com um amarelo de aproximadamente 5%. Na página 3, ele aumenta para 10%. Na página 4, é de 15% – e assim por diante, até que no final do livro a cobertura é de 100%. Então você tem todas as combinações de ciano, magenta e amarelo, com incrementos de 5% ou 10% até chegar a 100%. A propósito, tente não selecionar nenhum matiz cuja soma das densidades das três cores seja superior a 270%, ou você provavelmente irá se deparar com decalque e arrancamento (ver Capítulo 6).

Infelizmente, a maioria dos livros de amostras é montada sem a presença do preto, e isso pode gerar sérios problemas. Para uma descrição detalhada, ver "GCR em Ação" no Capítulo 6.

Quando o preto está presente em um livro de amostras, isso pode ocorrer de duas maneiras. A primeira é quando você recebe um envelope junto com o livro, contendo um pedaço de filme com quadrados que possuem diferentes tons de preto. A ideia é colocá-lo sobre uma das amostras de cor do livro para ver a combinação entre os dois. Desde o início a adição do filme turva a aparência das cores, e ele vai ficando mais turvo e amarelo com o tempo.

A segunda maneira é quando cada uma das (já bem pequenas) amostras do livro recebe uma borda ao longo de dois lados onde alguns (ainda menores) blocos de porcentagens de preto são impressos por cima (fig. **3.6**).

Um Pouco de Psicologia das Cores

Como você pode ver, o tamanho das áreas com o preto é tão pequena que é extremamente difícil distinguir como realmente é a cor.

Nenhum dos métodos acima realmente funciona se você deseja escolher cores que incluam preto. Nesse caso o mais indicado é utilizar o Pantone Process Guide.

O que você diria se eu lhe pedisse para escolher uma cor para usar como título em um anúncio – uma cor que não pudesse ser ignorada, que literalmente forçasse as pessoas a reparar nela? Existe uma grande possibilidade de você dizer "vermelho vibrante". Mas por quê? O que há de tão especial no vermelho? Por que todos os nossos sinais de parar, de perigo, equipamento de incêndio, e assim por diante, são pintados de vermelho? Apesar de, provavelmente, não conseguirmos explicar o motivo disso, de alguma maneira nós percebemos que um verde claro, por exemplo, não funcionaria da mesma maneira.

Aqui está um motivo possível e plausível.

Nossos olhos contêm dois tipos diferentes de células fotorreceptoras: cones e bastonetes. Os bastonetes captam apenas a intensidade da luz e não transmitem nenhuma informação sobre cor. Os cones captam apenas cor – mas eles são seletivos. Alguns captam vermelho, alguns verde e outros azul. E eles não estão presentes na mesma proporção.

Imagine como eram as coisas há 50.000 anos, quando nós éramos fisicamente parecidos ao que somos hoje, mas não tínhamos produzido nenhum avanço tecnológico além das ferramentas básicas. Imagine como deveria ser o ambiente natural daquele período. Não havia muitas coisas azuis além do céu e do oceano. As pessoas daquela época não faziam – e não podiam fazer – uso de nenhum dos dois. Não havia barcos nem aviões. Então o azul estava lá, mas não era muito importante em matéria de sobrevivência no dia a dia.

Verde, por outro lado, era importante. Se havia bastante verde significava que as coisas estavam crescendo, o que por sua vez significava que havia uma fonte de alimento disponível, ou por causa da própria coisa verde ou por causa dos animais que a comiam. Então ele era muito importante, mas não era um problema.

E o vermelho? Estranhamente, existem poucas coisas no ambiente que são vermelhas. O nascente e o poente, algumas flores e frutos – e como muitos frutos vermelhos são venenosos, a capacidade de reconhecer o vermelho era importante. Mas, geralmente, se havia bastante vermelho visível significava que alguém estava machucado ou que alguma coisa estava pegando fogo. Então vermelho não era apenas importante, mas também suscitava ação imediata de uma maneira que nenhuma outra cor faria. E por isso passou a significar "preste atenção, agora mesmo" e se tornou particularmente associada a urgência ou perigo.

A proporção de cones, do vermelho para o verde para o azul, é 40:20:1. Portanto, nós nos desenvolvemos para ver, reconhecer e responder ao vermelho melhor do que a qualquer outra cor.

Porém, se você quiser criar um título que não seja particularmente notável, tente um bonito azul cerúleo.

Tirando o Melhor do Seu Monitor

A primeira coisa que você deve se perguntar é se está pronto para gastar dinheiro calibrando o seu monitor, ou se você quer tentar algo gratuito e que pode funcionar muito bem. Para o método gratuito, siga lendo. Para gastar dinheiro, vide "Outros Métodos de Calibração", na página 45.

Para saber o quão próximo o seu computador está de dizer a verdade, você deve ter algumas imagens impressas, assim como os arquivos que foram usados para produzir o filme e/ou chapa de onde elas se originaram. Mas, antes de usar o método descrito a seguir, ou qualquer outro método de calibração, primeiro faça a seguinte checagem no seu monitor.

1. Monitores CRT são bem raros hoje em dia. Eles podem ser calibrados utilizando ou o método de "calibração reversa", ou uma das soluções software/hardware, ambas descritas nas páginas seguintes. Então, você está usando um monitor tela plana de boa qualidade? Se você estiver usando um monitor de baixa qualidade ou ligeiramente falho esse capítulo não irá lhe ajudar muito.

2. Certifique-se de que seu monitor está mostrando "Milhares de cores" (isto é, 16-bit) ou mais.

3. Você possui uma imagem de plano de fundo no seu desktop que fica visível enquanto você usa o Photoshop? Se esse for o caso, ela afetará seu julgamento das cores. O melhor, embora enfadonho, seria substituí-lo por um cinza neutro, criado usando valores equivalentes de R, G e B, de 128. Em uma escala de 256 tons, 128 representa o meio termo entre ligado e desligado. Se aplicado a todas as três cores ele resulta em um cinza 50%, um plano de fundo ideal contra o qual você poderá julgar cor e tonalidade.

4. Se o seu monitor tiver controles digitais que lhe permitam escolher o ponto branco, tente iniciar com ele posicionado em 6500K.

5. Os Macs têm um espaço de trabalho transparente que permite que você veja a imagem do desktop enquanto trabalha em aplicações como o Photoshop. Isso irá continuamente diluir sua percepção das cores da imagem em que trabalha. Qualquer coisa neutra, como um cinza meio-tom, seria melhor. Podemos colocar isso abrindo as preferências de sistema e escolhendo Mesa e Protetor de tela (*Desktop & Screen Saver*). Clique em Mesa e escolha Cores Sólidas na lista. Existem duas opções de cinza, e ambas funcionam bem. Os PCs não têm esse problema já que o Photoshop, o Illustrator e o InDesign usam todos um cinza neutro como plano de fundo padrão.

6. Muitos usuários irão considerar importantes todas as questões acima e ignorar completamente um dos pontos mais importantes: a iluminação no seu ambiente de trabalho. Você deve controlar isso sempre que possível, do contrário qualquer calibração que você fizer estará comprometida. Luzes podem ser ligadas e desligadas; o sol nasce e se põe; alguns dias estão nublados e outros claros. Todas essas variáveis afetam a aparência das coisas no seu campo de visão, incluindo a imagem no seu monitor. Se você realmente quer imprimir as coisas direito, almejará ter o mínimo possível de variáveis atrapalhando. Descubra o melhor tipo de iluminação para você trabalhar e tente mantê-lo constante. E nunca, em hipótese alguma, tente trabalhar com luz refletindo na tela. Não é ruim apenas para a análise das cores, é ruim também para os seus olhos.

7. Os monitores envelhecem, então você deve checar e recalibrar, se necessário, a cada dois ou três meses. Se você perceber que não consegue mais ajustá-lo da maneira que fazia, e de que precisa, então infelizmente é hora de conseguir um monitor novo.

Com sorte, você já tem, ou pode conseguir, algumas imagens que foram colocadas em arquivo Quark ou InDesign e impressas em uma offset. Não tem que ser as versões completas – pode-se usar uma cópia de menor resolução. O melhor tipo de imagem para se trabalhar são arquivos TIFF (*tagged image file format*) ou PSD (*Photoshop document*); não utilize um arquivo EPS (encapsulated PostScript) se você trabalha com Quark, já que eles não ficam bons na tela. O importante é que as cores não tenham sido ajustadas desde que o trabalho foi impresso. Você também precisará de uma cópia impressa representativa (da parte 'boa' da impressão).

Calibração Reversa

Com a cópia impressa em mãos, e a imagem aberta no Photoshop (melhor) ou InDesign (segundo melhor, seguido por Illustrator e depois Quark), ajuste as configurações do seu monitor até que ambas estejam o mais similar possível. Quanto mais imagens você puder usar para fazer isso, melhor. Quando estou em dúvida, abro por volta de dez pequenas imagens e trabalho com as configurações do monitor com todas na minha frente. É possível que você descubra que, embora grande parte do espectro colorímetro esteja razoavelmente preciso, uma área pode estar mais ou menos saturada do que você deseja. Se esse for o caso, você terá que estimar o quão mais clara ou escura é aquela cor, e depois tentar recalibrar o monitor.

Em qualquer método de calibração há geralmente uma margem de imprecisão, mas isso é inevitável. Simplesmente não é possível confiar no seu monitor para mostrar uma cor de maneira exata. Felizmente, o tipo de mistura em uma imagem de tom contínuo comum é menos suscetível a variações na aparência que uma área de cor plana, onde uma pequena diferença pode afetar o resultado final drasticamente. Felizmente, as áreas planas são as mais fáceis de arrumar. Portanto, apesar de não poder confiar completamente no que você vê no monitor, você pode ao menos calibrar as coisas ao ponto de confiar na informação meio-tom que ele está mostrando, e possivelmente muito mais que isso. Você não pode usá-la para julgar visualmente os pontos mais claros, ou as sombras, e especialmente a exatidão das cores – mas para aparência geral e realces ou sombreamento global do meio-tom, você pode abrir uma imagem na tela e saber que ela está extremamente próxima do que será o resultado impresso.

Eu já utilizei a calibração reversa para conseguir resultados extremamente precisos da gráfica em relação à cor, sem ter que confiar 100% no meu monitor. Para fazer o mesmo, você precisará de um bom livro de amostras e uma boa impressora a jato de tinta, ou alguma outra maneira de conseguir impressões coloridas do seu trabalho.

Se você não tem uma impressora a jato de tinta razoavelmente moderna – e por razoavelmente moderna eu quero dizer uma que possa produzir imagens de no mínimo 720 dpi de resolução e preferencialmente bem mais alta – então está lhe faltando um equipamento extremamente útil (veja o Capítulo 7 para mais sobre a resolução de impressoras a jato de tinta). Essas impressoras são impressionantemente baratas, especialmente em formato A4 (GBR) ou de carta (USA), e suas impressões em alta resolução são esplêndidas, especialmente quando estão no papel certo.

Os fabricantes de impressoras a jato de tinta costumam vendê-las a pouco mais do que o preço de custo, fazendo com que a compra pareça extremamente razoável. Mas daí eles ganham o seu dinheiro com a tinta. Eu tenho informações confiáveis de que, peso por peso, a tinta das impressoras a jato é mais cara que ouro.

A ideia é que você utilize a impressora a jato de tinta para gerar uma boa impressão, e depois use o livro de amostras e essa impressão para descobrir que especificações de cor você de fato precisa na imagem na tela.

Para esse exemplo, digamos que você compôs uma capa de livro. Está tudo ali no seu monitor, e aparenta estar ótimo. Contudo, quando você imprime não fica tão satisfeito. Então você deve ajustar a cor e continuar imprimindo até que você tenha uma impressão de capa que possa incluir com orgulho no seu portfólio. É essa que irá mostrar ao cliente como esboço do design final.

Para utilizar um livro de amostras como auxílio, você precisa de um que seja bom ao invés de um que mostre apenas cores feitas a partir de C, M e Y – caso de muitos livros produzidos por gráficas. Tente conseguir uma cópia do Pantone Process Colour Guide (vide Capítulo 10), que inclui matizes feitas de todas as cores CMYK.

Imprima outra cópia e recorte pequenos buracos nela, para que você possa colocá-la sobre as páginas do livro de amostras. Mova-a até que encontre o quadrado cuja cor mais se aproxima da impressão, e então ajuste as especificações no software até que elas estejam iguais às mostradas no livro.

Isso é fácil de fazer quando se está criando imagens no Adobe Illustrator ou no CorelDRAW, onde de todo jeito você tem que decidir que cor vai usar. É muito mais difícil fazê-lo usando Adobe Photoshop, onde muitas vezes você trabalha com imagens de tom contínuo. Mas, com prática, isso pode ser feito – especialmente se o seu design permite selecionar certas áreas e ajustá-las sem interferir no resto da imagem. Use o canal individual de configurações nas janelas Níveis e/ou Curvas após posicionar marcadores na imagem utilizando a ferramenta Seletor de Cores (*Colour Picker*). Então, a janela Info pode lhe fornecer informações do antes/depois enquanto você faz os ajustes. Se você já calibrou o seu monitor utilizando o método aqui descrito, conseguirá facilmente descobrir se sua imagem está indo pelo caminho errado.

Quanto às áreas que a calibração reversa não pode alcançar – os realces e as sombras – essas podem ser calibradas de maneira precisa usando o método descrito no próximo capítulo.

Outros Métodos de Calibração

Começando com o CS4, a Adobe parou de incluir o software de calibração Adobe Gamma para PCs, já que se tratava de um meio de calibrar monitores CRT. Portanto, eles se afastaram de um método "de ajuste visual" e deixaram em seu lugar... nada, apesar de, estranhamente, o Assistente do Calibrador de Tela (fig. **3.7**) ainda estar disponível para a plataforma Mac. Mas ele não é um produto Adobe e não foi desenvolvido para resolver problemas de calibração para produtos voltados para a impressão.

Se você estiver disposto a gastar dinheiro em calibração ao invés de utilizar o método de "calibração reversa" já descrito, e/ou se o seu monitor não possui nenhum meio para ajustar a luz ou os níveis de cor, tente uma das seguintes alternativas, que lidam com calibração de uma maneira adequada para todos os tipos de display, independentemente do tipo monitor.

i1Display 2 from [de] X-rite
http://www.xrite.com/product_overview.aspx?ID=788

basICColour print
http://www.basiccolor.de/english/Product%20Overview%20Qw-2007.pdf (página 8)

Spyder3Elite
http://www.datacolor.eu/en/products/monitor-calibration/spyder3elite/index/html

Todos eles oferecem excelentes soluções para alcançar uma calibração precisa, e esse último mencionado recebeu inúmeros prêmios de revistas, entre elas *Macworld*, *iDIGITAL*, *PCPhoto*, *Personal Computer World* e *DigitalPhoto*. Embora seja possível que, mesmo depois de usar um desses programas, você ainda tenha que ajustar manualmente as configurações do seu monitor para se aproximar dos resultados obtidos da gráfica, as chances de isso acontecer são bem menores.

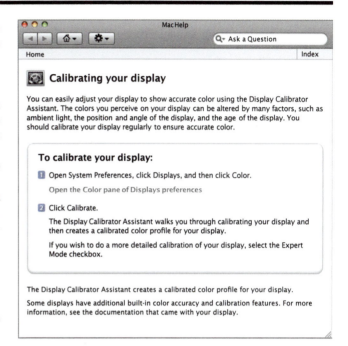

3.7 O Assistente de calibração de monitor está disponível na plataforma Mac e pode ser usado para ajudar a calibrar monitores.

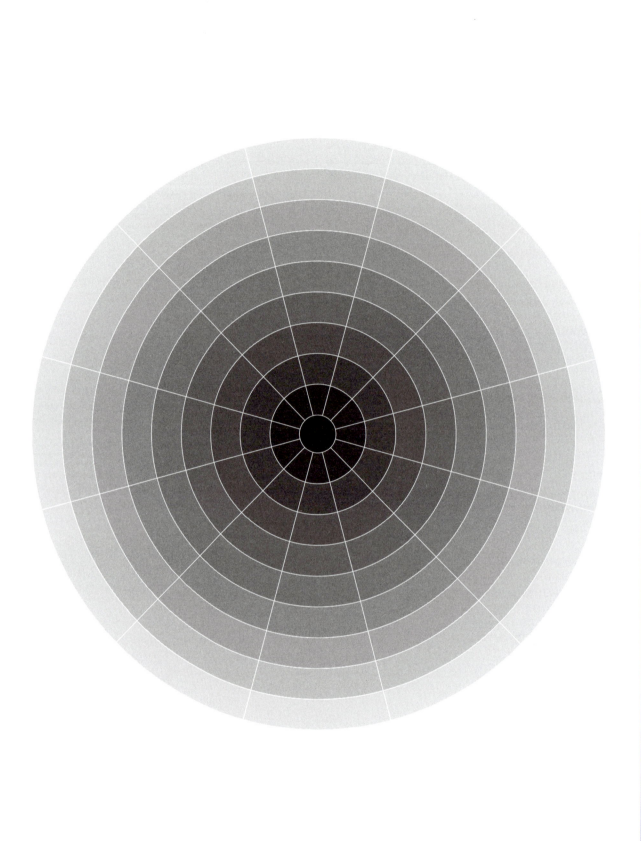

Tratando uma Imagem em Tons de Cinza (*Grayscale*)

4

Além dos problemas apresentados pela conversão de RGB para CMYK, o processo de impressão em si apresenta alguns problemas adicionais. "Ganho de ponto", a maldição dos designers em todo o mundo, é raramente compreendido e, portanto, geralmente não é levado em consideração. Adobe Photoshop, InDesign, Illustrator e Acrobat podem amenizar um pouco essa praga marcando o trabalho com um sistema de gerenciamento de cores (CMS – *color management system*), mas se o CMS correto não for utilizado o resultado será apenas o segundo melhor (ver Capítulo 6). Mas nem mesmo o Photoshop ajudará com a calibração de sombras e realces: essas são áreas com as quais você terá que lidar por conta própria.

Isso pode se tornar automatizado no futuro, mas ainda não é o caso. Ganho de ponto significa que o que você vê na tela não é o que será impresso na offset, mesmo em se tratando de uma foto em preto e branco. Pontos grandes ficam maiores e pontos pequenos, menores. E apenas você pode arrumá-los.

Página oposta: Pontos meio-tom são traiçoeiros. Realces (áreas claras) e as sombras requerem um tratamento cuidadoso para sobreviverem.

Lidando com Luzes e Sombras

Aqui está um método bem simples que resolve todas as preocupações relacionadas a posicionar as sombras e as luzes de uma imagem corretamente. Com um pouco de experiência, você conseguirá utilizar esse tipo de calibração em qualquer imagem sem depender de mais ninguém.

Mas primeiro, por que você deve se preocupar particularmente com as áreas claras e as sombras? A resposta se encontra na natureza do processo offset. Enquanto se está trabalhando em um arquivo digital, tudo está perfeito – em se tratando da transferência de dados. Você poderia copiar o arquivo de um sistema para outro quantas vezes quisesse e, se nada de errado acontecesse, terminaria com o mesmo arquivo com que iniciou. Mas, quando você entra para o "mundo real", a história é outra. Imagine fazer a cópia de uma fita de videocassete. Depois uma cópia da cópia. Depois uma cópia da cópia da cópia, e assim consecutivamente. Logo não haveria mais vídeo, apenas lixo. Cada vez que você faz uma transferência não digital, perde-se uma porcentagem da qualidade do original, e o problema vai aumentando a cada transferência subsequente. Quando você envia seu arquivo à gráfica, o processo que o conduz à impressora é provavelmente digital; portanto não há perda de dados. Porém, a transferência da imagem tintada da chapa para a blanqueta é um processo físico, que, portanto, envolve perda de dados. Mas a maior mudança de dados ocorre quando a blanqueta transfere a imagem para o papel. O motivo disso é que, além de ser uma transferência física, o papel tende a permitir que a tinta seja absorvida e se espalhe pelas fibras que o compõem. Obviamente, em alguns papéis – papel-jornal, por exemplo – essa absorção é grande, enquanto em outros, como papel revestido, ela quase não ocorre.

O resultado disso é geralmente chamado de "ganho de ponto". Mais precisamente, ganho de ponto se refere realmente ao aumento na densidade de uma área com pontos a 50% de uma área do filme observando-se a densidade resultante quando ele é finalmente impresso no papel. Entretanto, em termos de efeitos na imagem, não são apenas os meios-tons que se modificam; nas áreas sombreadas os pontos grandes ficam maiores, e nas áreas claras os pequenos ficam menores.

O efeito disso na aparência dos realces e das áreas sombreadas é extremamente prejudicial. Se você começou com uma imagem onde o espectro tonal varia do preto até o branco, depois de impresso o tom existente em muitos dos realces e sombras simplesmente não existirá mais. As áreas claras ficarão estouradas e as sombras, preenchidas com preto. Tipicamente, isso significa que sua imagem agora tem buracos no céu e buracos no chão.

Pode ser algo óbvio ou pode ser bem sutil. Pode ser bem difícil, olhando o resultado, descobrir exatamente por que parece errado. Mas instintivamente, você sabe que algo não está exatamente certo com a imagem, e sua tendência natural é largá-la e partir para outra coisa – o próximo artigo, foto, o que

seja. Mentalmente, você vira as costas para ela, o que será um desastre em termos de marketing caso a imagem faça parte de uma propaganda, cujo objetivo é vender algo.

Lembre-se, você só precisa ser convincente – e buracos no céu e no chão não são convincentes.

Você ainda não precisa se preocupar com os meios-tons. Caso tenha calibrado seu fluxo de trabalho usando o método descrito no capítulo anterior, os meios-tons podem ser arrumados ao longo do caminho, conforme vai lidando com os realces e as sombras.

O que você tem que fazer é espremer levemente todo o espectro tonal e, com isso, achatar o contraste artificialmente. Ao achatar deliberadamente o contraste na imagem, você torna os pontos menores levemente maiores e os pontos maiores levemente menores. Durante o processo de impressão todos sofrerão o ganho de ponto, e ficarão respectivamente menores e maiores, mas sem causar alterações. O tamanho do ajuste que você terá que fazer dependerá basicamente do tipo de papel em que você deseja imprimir. É um papel revestido de alta qualidade ou um papel-jornal? A tinta ficará no lugar ou irá se espalhar pelas fibras do papel assim que tocá-lo? Se estiver imprimindo em um papel revestido, dê uma margem de segurança de 3% a 5% em cada extremidade. Para papel não revestido geralmente se usa entre 8% e 12%. Para papel-jornal, a margem de segurança começa em 12% mas pode chegar até 20%. Esses são valores aproximados de ganho de ponto para impressão em offset plana. Valores de rotativa podem ser consideravelmente maiores.

Criando uma Tira de Teste para Ganho de Ponto

O ganho de ponto também depende da qualidade da máquina impressora e da pessoa que a opera. Tente perguntar aos impressores em que momento – isto é, a que porcentagem – os pontos de sombra irão se preencher e os pontos claros estourar, dado o papel que você escolheu e a impressora que eles pretendem utilizar. Se tiver sorte, os impressores já terão uma boa ideia do que irá acontecer, e podem até ter realizado alguns testes por conta própria.

Se esse não for o caso, e você pretende usar essa gráfica para muitos de seus trabalhos, sugira que pode ser vantajoso para eles fazer alguns testes de calibração. Será preciso lhes fornecer uma tira de teste para ganho de ponto, que você pode facilmente fazer como um simples arquivo AI (Adobe Illustrator), TIFF ou EPS. Para tanto, desenhe uma série de 21 quadrados pequenos, algo como o exemplo mostrado (fig. **4.1**). Você pode criá-los em vários aplicativos, mas se usar (por exemplo) o Illustrator, será possível desativar qualquer tipo de gerenciamento de cores para que os valores dos matizes não sejam alterados. Para fazer isso, escolha Editar > Assinalar Perfil > Não gerenciar cores neste documento (*Edit > Assign Profile > Don't Colour Manage this Document*). Em seguida você pode abrir o resultado no Photoshop e checar se as porcentagens de cinza não se alteraram. Se aparecerem opções para gerenciamento de cores ao abrir o arquivo, cheque as notas ao final do Capítulo 6 para ajudá-lo a decidir o que fazer. (Não deixe de vê-las – elas podem ser muito importantes!) Preencha o quadrado do meio com um cinza 50%. Para os dez quadrados à esquerda, preencha o primeiro com um tom a 1%, o segundo com um tom a 2%, e assim por diante até chegar a 10%. Para os quadrados à direita, comece com 90% e vá até 99%.

Peça à gráfica que posicione a tira fora da área útil de um trabalho que será impresso no mesmo tipo de papel que você pretende usar (ou algo bem similar, se isso não for possível) e na mesma impressora. Se pretende usar bastante essa gráfica, sugira que ela faça isso na maior variedade de papéis e de impressoras possível. Logo você terá uma ideia precisa do que acontecerá em diferentes impressoras utilizando uma vasta seleção de papéis. Peça que os impressores chequem o valor 50% de cada amostra com um densitômetro. A diferença entre o tom 50% original e o valor mostrado pelo densitômetro equivale ao fator de ganho de ponto, que então pode ser compensado utilizando as configurações do gerenciamento de cores (ver Capítulo 6).

Em um meio-tom bem impresso, a densidade nunca se torna completamente preenchida ou estourada. Deve haver um salpicado bem leve de pontos brancos nas áreas mais escuras, e de pontos pretos nos realces. Então, se houver uma porcentagem de clareamento variando de média para alta em um desses quadrados, você deve ajustar para o próximo valor mais alto nos realces e o próximo valor mais baixo nas sombras. Se, por exemplo, muitos dos pontos claros 4% não se mantiveram,

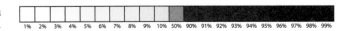

4.1 Uma tira de calibração, quando impressa, lhe dirá onde os pontos de realce ou de sombra irão desaparecer, além de lhe dar um fator de ganho de ponto para um matiz 50%.

mas apenas alguns dos pontos 5% sumiram, você terá que ajustar o espectro tonal para permitir uma perda de 4% naquela ponta da escala. Portanto o matiz mais claro na imagem após a calibração será de 5%. Se, do outro lado do espectro, muitos pontos brancos ainda aparecem no quadrado 93%, mas o quadrado 94% está quase que completamente preenchido com preto, você terá que ajustar para uma perda de 7% nessa ponta, e portanto os pixels mais escuros na sua imagem serão de 93%.

Isso resolverá perfeitamente o problema de áreas claras e sombras.

Um Exemplo Prático de Tratamento de Imagem de Tons de Cinza

Abra a imagem que você quer calibrar no Adobe Photoshop (a fig. **4.2** mostra o meu exemplo).

A primeira coisa a fazer é abrir a janela Níveis (*Levels*) (Imagem > Ajustes > Níveis) para fazer um ajuste básico no espectro tonal para que ele se estenda do preto ao branco (vide fig. **4.3**).

O histograma de entrada (*Input*), no centro da janela, mostra a pilha de pixels – isto é, que tons de cinza estão presentes na imagem e a quantidade relativa de cada um. Pense que ele é feito de 256 colunas verticais, cada uma para um tom, começando com preto na extrema esquerda e finalizando com branco na extrema direita, e que cada coluna é preenchida proporcionalmente de acordo com o número de pixels existentes daquela cor.

Um intervalo em qualquer um dos lados indica que o espectro tonal não se estende até o preto e/ou o branco, então a primeira coisa a fazer na maioria das imagens é esticar a pilha de pixels para que isso aconteça.

Para restaurar o ponto preto, arraste a pequena seta situada na ponta esquerda do histograma para que ela toque a pilha de pixels da ponta esquerda. Histogramas costumam terminar em pequenos rastros que indicam a presença de apenas alguns poucos pixels daquele tom. Mantê-los pode ser uma boa ideia, ou não. A única maneira de saber é dando um zoom nas áreas mais escuras ou mais claras e reparar no que acontece quando você move a seta para cima e para baixo no rastro. Se não fizer muita diferença, provavelmente não há problema em retirar o rastro, posicionando a seta onde a pilha começa a crescer. Em seguida, faça o mesmo com a seta branca na direita do histograma, como mostrado na fig. **4.4**. Aqui, retirar o rastro significa deletar informações sutis das áreas claras da imagem. Algumas vezes será preferível mantê-las, mas geralmente não são muito importantes.

Você provavelmente notou que eu não mencionei, até agora, nenhum ajuste envolvendo a seta do meio. Isso acontece porque, em quase todos os casos, ela só deve ser movida

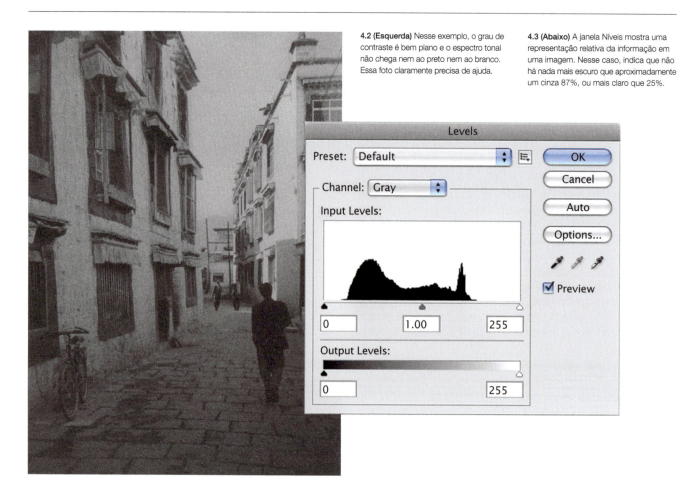

4.2 (Esquerda) Nesse exemplo, o grau de contraste é bem plano e o espectro tonal não chega nem ao preto nem ao branco. Essa foto claramente precisa de ajuda.

4.3 (Abaixo) A janela Níveis mostra uma representação relativa da informação em uma imagem. Nesse caso, indica que não há nada mais escuro que aproximadamente um cinza 87%, ou mais claro que 25%.

após os pontos pretos e brancos estarem posicionados. Então, se os meios-tons parecerem muito escuros, mova a seta ligeiramente para a esquerda. Isso coloca uma parte maior da pilha de pixels à sua direita, isto é, no lado mais claro do espectro. Para escurecer os meios-tons, mova-a para a direita. Ao invés de movê-la lentamente, eu geralmente dou uma boa deslocada para um lado ou para outro – exagerando no ajuste – e depois vou voltando lentamente para o meio. Com esse procedimento é muito mais provável conseguir um melhor ajuste. Agora a imagem está como mostrada na fig. **4.5**.

Clique em OK e então reabra a janela Níveis. A pilha agora se estenderá por toda a área do histograma, mas provavelmente haverá linhas verticais cinza através dela. Elas representam tons que não existem na imagem: nós iniciamos o processo com um número finito, e ainda temos um número finito, que foi redistribuído, causando intervalos. Felizmente, os intervalos são igualmente espaçados ao longo da pilha de pixels, então isso não é um problema. A maioria das imagens

no modo tons de cinza (*grayscale*) continuam parecendo convincentes mesmo quando feitas com um número baixo como 75 tons. Por exemplo, a fig. 4.20 mostra duas seções aparentemente idênticas da imagem. Uma delas mostra o mesmo número de tons que a imagem original, distribuídos uniformemente entre 5% e 95%. Ao lado está uma cópia onde o número de tons de cinza está restrito a 75 – também distribuídos uniformemente entre 5% e 95%. Você sabe dizer qual é a versão restrita?

Agora feche a janela Níveis novamente. Como é quase impossível identificar com precisão as partes mais escuras e mais claras de uma imagem, nós precisamos da ajuda do Photoshop. Antes de iniciar esse processo, abra a janela Informações (fig. **4.6**) e confirme que ela está mostrando informações em tons de cinza (valores K) no quarto superior esquerdo. Caso não esteja, clique no botão Opções, selecione Opções de Painel e coloque a primeira leitura de cor em Cores Reais (*Actual Colour*). Então, abra a janela Limiar (*Threshold*) escolhendo

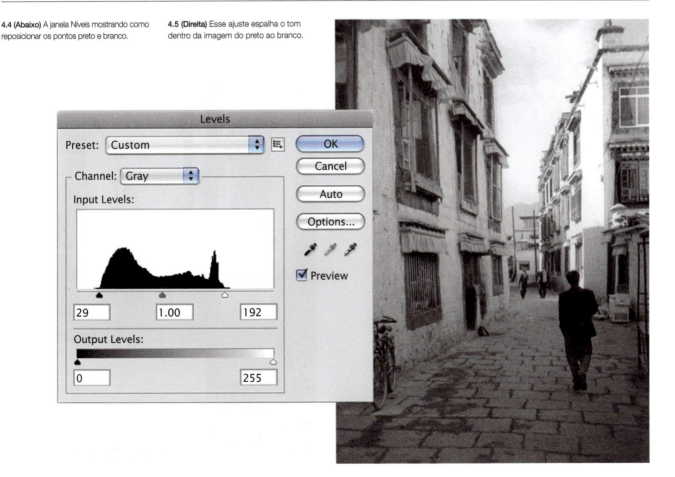

4.4 (Abaixo) A janela Níveis mostrando como reposicionar os pontos preto e branco.

4.5 (Direita) Esse ajuste espalha o tom dentro da imagem do preto ao branco.

Imagem > Ajustes > Limiar (fig. **4.7**). A imagem mudará imediatamente, se tornando preta e branca (fig. **4.8**).

O mesmo formato de histograma irá aparecer, mas com apenas uma seta de ajuste. A posição mediana da seta (o limiar) indica que todas as áreas mostradas em preto na imagem estão à esquerda da seta, e portanto são mais escuras que um cinza 50%, enquanto as áreas mostradas em branco estão à direita da seta e portanto são mais claras que 50%. A posição padrão da seta quando você abre a janela Limiar é a 128, que é o ponto mediano de uma imagem em tons de cinza de 256 tons.

Mova a seta em direção ao canto esquerdo da pilha de pixels (fig. **4.9**). Gradualmente, as áreas pretas na imagem encolhem (fig. **4.10**). Quanto mais você move a seta, menos restam áreas que sejam mais escuras que o nível limiar. Quando se está próximo à extremidade esquerda da pilha de pixels, apenas as áreas mais escuras da imagem ainda são mostradas.

Observe bem – para que você possa lembrar onde elas estão – e em seguida clique em Cancelar.

Escolha a ferramenta Classificador de Cores (*Colour Sampler*), que é a segunda ferramenta na barra da ferramenta Conta-gotas (*Eyedropper*) (fig. **4.11**). Clicando na imagem com essa ferramenta, posicionam-se até quatro marcadores. Esses aparecem na janela Informações, informando a porcentagem exata de cinza do pixel diretamente abaixo de cada um. E, melhor ainda, fornecem informações "antes" e "depois" em tempo real enquanto você faz ajustes na imagem, mostrando como as porcentagens estão mudando. A ideia é posicionar um marcador no pixel mais escuro que puder encontrar e outro no mais claro, e então ajustar a imagem até que ambos estejam mostrando a porcentagem que você deseja.

Agora que você sabe aproximadamente onde posicionar seu primeiro marcador, dê um zoom e mova o cursor em torno daquela área, e, enquanto faz isso, observe os números mu-

4.6 A janela Informações, mostrando os valores K no canto superior esquerdo.

4.7 (Sobreposto) A janela Limiar em sua posição padrão de 128.
4.8 As mudanças resultantes na aparência da imagem. Qualquer coisa mais clara que cinza 50% é mostrado em branco, enquanto os valores mais escuros são mostrados como preto.

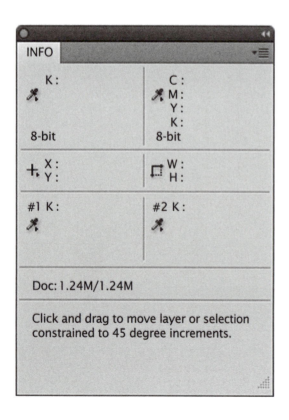

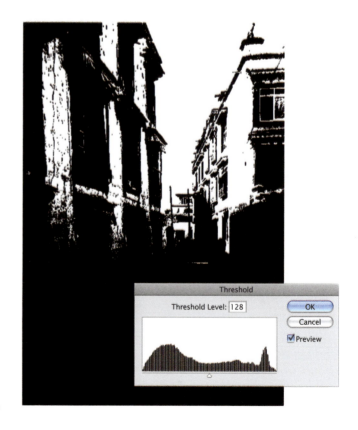

dando na área K da janela Info. Encontre o pixel mais escuro que puder e clique nele. Você verá a área para o marcador 1 aparecer na janela Info, mostrando exatamente o tom de cinza que foi clicado.

A propósito, marcadores podem ser arrastados para novas posições, ou deletados segurando o botão Alt e clicando neles. Uma vez que eu os posicionei de maneira precisa, eu geralmente os deixo na posição, caso tenha que calibrar a imagem para outro processo no futuro. Eles não interferem na impressão e apenas podem ser vistos quando a imagem está aberta no Photoshop.

Em seguida, repita o processo, mas mova a seta Limiar para a direita (fig. **4.12**). Dessa vez, as últimas áreas visíveis indicam os pixels mais claros da imagem (**4.13**). Como antes, clique em Cancel e posicione o segundo marcador sobre o pixel mais claro que puder encontrar. Agora ambos os marcadores devem estar visíveis (**4.14**), e a janela Info deve estar parecida com a fig. **4.15**.

Agora vamos à calibração de fato. Para criar um "intervalo" de 5% em qualquer um dos lados da escala, nós precisamos puxar a informação na imagem para mais perto de um preto e branco sólido, para deixar o ponto mais escuro em 95% e o mais claro em 5%.

Se você não tivesse feito os ajustes iniciais de Níveis, a pilha de pixels pararia antes do fim dos lados da escala. Nesse caso, os ajustes podem ser feitos simplesmente puxando as setas preta e/ou branca (situadas logo abaixo do histograma, em ambos os lados) em direção à pilha de pixels.

Porém, se você fez o ajuste descrito anteriormente, a informação se estenderá para ambos os lados da escala. Também, por ter feito o ajuste, você terá criado um contraste levemente maior entre cada par de tons, e isso torna mais fácil encontrar e clicar no pixel mais escuro/claro. Para fazer o ajuste necessário, você deve arrastar as setas situadas em ambos os lados da seta Níveis de saída (*Output Levels*) (ou seja, a área abaixo do histograma preenchida com um matiz cinza graduado) até que

---

4.9 (Sobreposto) A seta Limiar é puxada para a esquerda da pilha de pixels.
4.10 Apenas as áreas mais escuras da imagem ainda ficam aparentes.

4.11 A ferramenta Classificador de Cores.

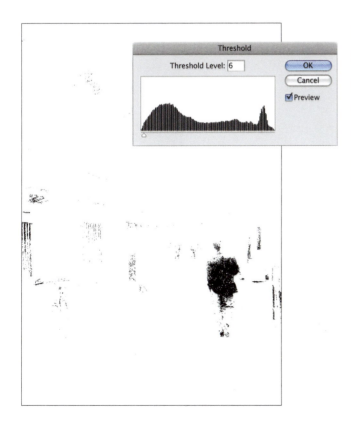

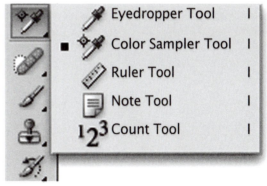

a janela Informações mostre que a porcentagem correta de ajuste foi feita em ambos os lados da escala. Essas setas podem ser utilizadas para "esmagar" o histograma inteiro de um ou dois lados sem cortar nada das informações de pixel. Como alternativa, você pode fazer o ajuste usando os boxes numéricos em Níveis de saída. O histograma representa 256 tons de cinza; portanto, 1% de mudança equivale a 2,56 tons. Cinco por cento de mudança seriam 12,8 tons, mas como nós apenas podemos fazer o ajuste usando números inteiros, o mais perto que podemos chegar é 13. Portanto você alteraria o 0 para 13 e o 255 para 242. Nesse exemplo, as janelas Informações e Níveis agora se parecem com as figs. **4.16** e **4.17**.

Se você clicar em OK para aceitar essas mudanças, a calibração da imagem – pelo menos no que se refere a sombras e realces – estará completa. A janela Níveis irá mostrar agora um intervalo representando 5% em ambos os lados do histograma (fig. **4.18**), e a imagem impressa terá a aparência mostrada na fig. **4.19**.

E é basicamente isso.

Os intervalos brancos que aparecem entre as linhas pretas verticais no histograma de Níveis são exatamente isso: tons que não são representados na sua imagem. A não ser que esses intervalos sejam muito amplos, é muito improvável que isso seja um problema, já que é possível se virar com menos tons de cinza do que você pensa, e ainda assim ser convincente.

Por exemplo, a fig. **4.20** mostra duas seções aparentemente idênticas da imagem. Uma delas mostra o mesmo número de tons que a imagem original, distribuídos uniformemente entre 5% e 95%. Ao lado está uma cópia onde o número de tons de cinza está restrito a 75 – também distribuídos uniformemente entre 5% e 95%. Você sabe dizer qual é qual?

Lembre-se – cada imagem é diferente e você não deve fazer o mesmo ajuste cego para tudo. Uma imagem pode, por exemplo, incluir realces especulares tal como reflexos em um

---

4.12 (Sobreposto) A seta Limiar é puxada para a direita da pilha de pixels.
4.13 Apenas as áreas mais claras da imagem ainda ficam aparentes.

4.14 A imagem, mostrando ambos os marcadores posicionados.
4.15 (Sobreposto) A janela Informações mostrando as informações "antes" e "depois" dos marcadores anteriormente a qualquer ajuste de calibração.

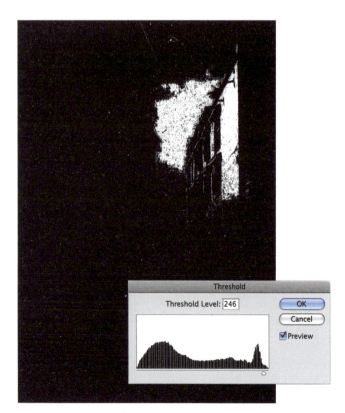

para-choque cromado, ou luzes em uma cena noturna. Esses devem ser completamente brancos, e não parecerão corretos se você os preencher com um ponto claro 5%. Da mesma maneira, uma fotografia de uma cena nublada dificilmente irá conter tons de sombra muito densos. Parecerão muito escuros se você os colocar com um valor de 95% preto.

4.16 e 4.17 (Abaixo) A janela Informações se atualiza conforme as mudanças são feitas nas setas preta e branca no campo Níveis de saída. Nesse exemplo, o novo valor das sombras é 95% e o valor dos realces é 5%. **4.18 (Fundo)** A nova gama de valores tonais na imagem calibrada. Os intervalos brancos verticais representam os tons de cinza que não estão mais presentes.

4.19 (Esquerda) A imagem final após a calibração.
4.20 (Direita) A imagem da extrema direita possui 75 tons.

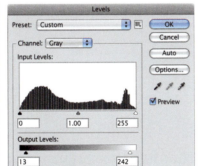
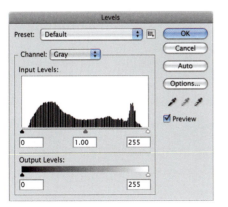

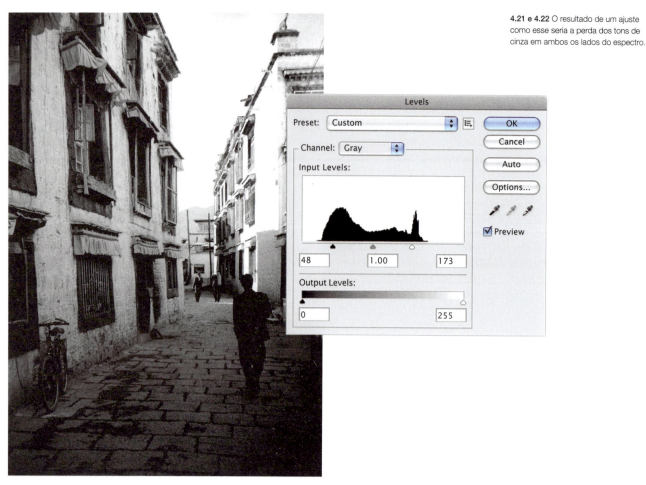

4.21 e 4.22 O resultado de um ajuste como esse seria a perda dos tons de cinza em ambos os lados do espectro.

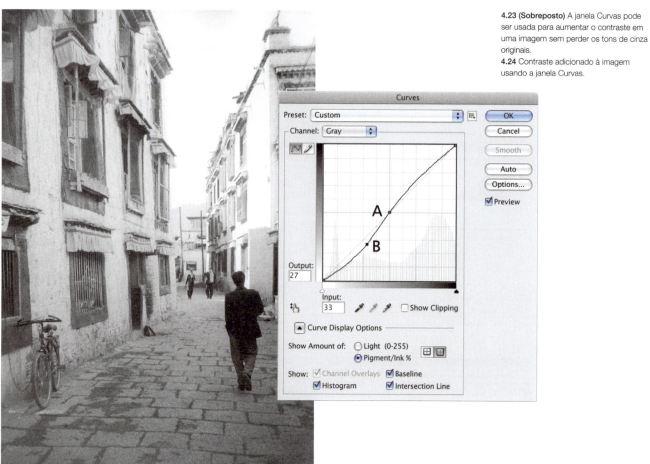

4.23 (Sobreposto) A janela Curvas pode ser usada para aumentar o contraste em uma imagem sem perder os tons de cinza originais.
4.24 Contraste adicionado à imagem usando a janela Curvas.

Adicionando Contraste

Se você decidir que, apesar de sua calibração dos realces e sombras, a imagem ainda precisa de algo a mais, adicionar mais contraste pode ser a solução. Tente evitar usar Imagem > Ajustes > Brilho e Contraste. Na verdade, é melhor que você esqueça completamente essa ferramenta, já que ela tem uma tendência de transformar cinza claro em branco e cinza escuro em preto. Isso não é, ao contrário do que você pode pensar, o que se faz quando se posteriza uma imagem. Posterização é quando você restringe a imagem a mostrar apenas um número específico de tons de cinza. Isso é diferente – e muito efetivo, apesar do risco do uso exagerado. Os ajustes de brilho e contraste farão isso apenas nas extremidades do espectro tonal – o que produz mais contraste, mas ao custo dos tons mostrados naquelas áreas. Uma vez que você retirou as informações daquelas áreas, é possível que nunca mais consiga recuperá-las.

Aqui está um exemplo para mostrar o que quero dizer.

Peguemos a imagem calibrada e utilizemos a janela Níveis (*Levels*) para aplicar o mesmo tipo de ajuste que Brilho e Contraste podem lhe dar.

Como se pode ver na fig. **4.21**, eu puxei as setas preta e branca para dentro, colocando-as embaixo das informações de pixel. Isso significa que as partes do histograma fora do espaço das setas não comportam mais tons de cinza. Ao invés disso, tudo à direita da seta branca é agora branco, e tudo à esquerda da seta preta é agora preto. O resultado na imagem (fig. **4.22**) seria um nível muito maior de contraste – mas isso ocorre em detrimento de todos aqueles tons de cinza que foram deixados de fora. Se eu tivesse movido a seta 50% para a esquerda, teria adicionado brilho também.

Se quiser adicionar contraste de uma maneira inteligente o que você precisa é da janela Curvas, encontrada em Imagem > Ajustes > Curvas. Uma vez aberta, isso é o que você faz.

Clique no ponto central da linha diagonal. Isso coloca uma "âncora" (A), com a qual você pode puxar a linha em direção aos cantos superior esquerdo ou inferior direito da janela, em uma curva convexa ou côncava. Isso é como mudar a seta mediana na janela Níveis: puxe para um lado e os meios tons se tornam mais escuros. Puxe para o outro e eles ficam mais claros. Se você precisa clarear ou escurecer os meios-tons, vá em frente e puxe – mas caso contrário tudo que você precisa é de um ponto âncora na linha. Se decidir que não quer um ponto âncora em particular, apenas clique nele e arraste-o para fora do quadrado. Clique novamente na metade do caminho entre o seu ponto central e o canto inferior esquerdo da linha (B), e puxe levemente para baixo e para a direita. Isso leva toda a linha a formar uma ligeira curva em S ao girar em torno do ponto âncora (fig. **4.23**).

Ao fazer isso, você puxa todos os tons mais claros que 50% para uma nova configuração que os torna mais claros no espectro médio superior; ao mesmo tempo, você empurra os tons mais escuros que 50%, tornando-os mais escuros no espectro médio inferior. O efeito geral resultante é a adição de brilho e contraste para a imagem sem perder nenhum dos tons claros e de sombra do original. Entretanto, se você puxar com muita força achatará a gama tonal em um ou ambos os lados do espectro, e é nesse momento que as informações são perdidas.

O resultado de se adicionar contraste dessa maneira pode ser visto na fig. 4.24, se opondo ao mostrado na fig. 4.21.

Portanto, agora você pode ajustar os meios tons por meio da calibração reversa do seu monitor (vide Capítulo 3), e confiar neles; e calibrar os realces e as sombras da imagem, e confiar nelas. Então você está bem encaminhado para nunca mais acordar às 3 da manhã preocupado com a aparência das suas imagens em tons de cinza!

58

Bitmaps e Profundidade de Pixel

5

Você provavelmente já sabe o que é um bitmap... ou será que sabe mesmo? Um JPEG é um bitmap? E um TIFF? E caso sejam, e aquele outro formato de "uma cor" que você pode encontrar no Adobe Photoshop, isto é, "bitmap"? O que de fato significa a palavra "bitmap"? O que é profundidade de pixel e por que isso deveria lhe interessar? É algo importante ou apenas informação de plano de fundo que não interessa?

Profundidade de pixel é um assunto importante que determina não apenas quantas cores uma imagem pode conter, mas também muitas das aplicações que ela pode ter. Por exemplo, é uma parte importante do que torna uma imagem adequada apenas para web ou para impressão. Além disso, o conhecimento sobre profundidade de pixel pode às vezes permitir que você resolva problemas com uma imagem que, de outro modo, não seria possível.

Página oposta: Usar a profundidade de bits para restringir o número de cores em uma imagem pode resultar em coisas muito criativas.

Por que Existem 256 Tons em uma Imagem no Modo Tons de Cinza?

5.1 Uma imagem de cor total (*full-color*) (acima), e a mesma imagem posterizada para apenas quatro cores utilizando a janela Posterizar.

No capítulo anterior, o número 256 foi mencionado em relação ao número máximo de tons que (a maioria! vide nota abaixo) imagens em tons de cinza no Photoshop podem mostrar. Então por que 256 e não 100? A densidade de matizes não é medida como porcentagem? Embora em geral isso seja verdade, a maneira com que imagens gráficas digitais são produzidas ampliou um pouco as possibilidades.

Por exemplo, agora nós usamos uma abordagem completamente diferente na construção de imagens. Anteriormente, a presença de uma retícula, posicionada entre o filme e a imagem nela projetada, resultava na produção de um meio-tom convencional: um *grid* de pontos redondos de diferentes tamanhos, mas todos da mesma cor. À distância, não é possível ver os pontos. Ao invés disso, nós vemos a mistura visual dos pontos mais o papel aparecendo entre eles como diversos tons (vide capítulo 1). Pura ilusão, mas funciona.

No computador, a ilusão é diferente. Imagens são mostradas como massas sólidas de pixels, cada uma um pequeno quadrado, e não há nenhum espaço entre eles. Em uma única imagem eles são todos do mesmo tamanho e podem mostrar várias cores diferentes. Exatamente quantas cores eles podem mostrar depende de sua profundidade de bits, isto é, a quantidade de espaço digital que eles ocupam no seu computador.

Para tornar a questão ainda mais confusa, o seu monitor mostra esses pixels em uma retícula de resolução própria, tipicamente de 96 pixels por polegada linear. Isso significa que a tão citada resolução de "72 dpi" para imagens destinadas à Internet já está ultrapassada; se você salvar uma imagem em qualquer tamanho para um website nessa resolução, o resultado mostrado será menor do que o que você pensou, e seus pixels serão redistribuídos a 96 por polegada ao invés dos 72 imaginados.

A imagem mais simples que nós podemos mostrar chama-se "bitmap" no Photoshop e é feita de apenas duas cores. Na verdade, a palavra *bitmapped* pode se referir a qualquer imagem feita de pixels, e esse é um daqueles casos em que a terminologia comum pode facilmente resultar em confusão. Por exemplo, nós geralmente pensamos em um ponto como redondo, mas quando falamos de pixels – que são, é claro, quadrados – nós nos referimos à sua densidade em termos de "pontos por polegada". Então, quando estamos falando de pontos redondos que cobrem filmes, chapas, blanquetas e finalmente papel, raramente nos referimos a eles como pontos. Geralmente nós os tratamos coletivamente como uma "lineatura" ou linhas de retícula, em referência ao número de linhas de pontos que há por polegada. Não é surpreendente que haja confusão por aí afora. Nem vamos pensar no tipo de ponto que você obtém numa impressora a jato de tinta – por enquanto.

Voltando ao nosso simples bitmap, embora as duas cores possam ser duas cores quaisquer, no seu nível mais básico os pixels estão ou em um estado completamente "ligado", e nesse caso são brancos, ou completamente "desligado", e nesse caso são pretos. Esses pixels são chamados de "1-bit de profundidade", e portanto podem mostrar apenas esses dois estados, onde cada um cria a cor apropriada.

O próximo nível é 8 bits. Não existe nenhum motivo por que não possamos ter 2 bits, 3 bits, 4 bits e assim por diante – mas para quê? Por exemplo, se tivéssemos uma imagem de 2 bits, ela poderia mostrar 2 x 2 estados: em outras palavras, quatro tons de cinza. Então nós teríamos 0%, 33%, 67% e 100%, o que não é particularmente útil. Ao invés disso, o próximo passo lógico é uma imagem que pode mostrar tons suficientes entre preto e branco para produzir uma imagem realmente boa; por isso o 8 bits (que na verdade produz mais tons do que o necessário).

Cada um dos 8 bits contribui com dois estados para a equação. É um multiplicador, então há 2 x 2 x 2 x 2 x 2 x 2 x 2 x 2 estados potenciais disponíveis para a exibição de cor de cada pixel – e é por isso que há 256 tons em uma imagem no modo tons de cinza com 8 bits de profundidade no Photoshop. Também é possível especificar 16 – ou até 32 bits de profundidade, resultando em ainda mais tons – mas em quase todos os casos isso não é necessário e até mesmo 256 tons é mais do que precisamos.

 NB Se quisermos mostrar menos tons, podemos usar o comando Posterizar e escolher qualquer número entre 2 e 256. Um exemplo com todas as cores e a mesma imagem posterizada para apenas 4 cores são mostrados na figura 5.1, juntamente com a janela Posterizar.

Profundidade de Pixel em Imagens Coloridas

O próximo passo em complexidade de imagem é cor. Existem diversos formatos de imagem colorida (fig. **5.2**), e o número de cores que elas podem mostrar depende ou de quantos canais elas contêm ou se elas são cores indexadas, isto é, GIF (*graphics interchange format*; formato para intercâmbio de gráficos).

Imagens GIF não têm lugar na indústria da impressão e são apenas para visualização na tela, como no caso de websites. As cores indexadas podem mostrar até 256 cores, que provêm de qualquer lugar no espectro RGB, ao invés de serem tons do mesmo matiz. Se as cores estão intercaladas (*dithered*), isto é, pixels de uma cor estão espalhados por sobre um aglomerado de outra cor, elas se fundem visualmente para criar a aparência de uma cor que não está de fato presente como uma das 256. Por causa dessa capacidade, na tela elas podem parecer imagens de "cor total" (*full color*) de tom contínuo muito convincentes. Tão convincentes que, de fato, você não pode definir se a imagem é de formato GIF, JPEG, TIFF ou EPS apenas olhando para a tela, ou se ela está seriamente comprometida em termos de qualidade potencial de impressão.

Se você tiver que usar uma imagem GIF, ela deve ser convertida para um formato aceitável antes de ser impressa, e mesmo assim ela provavelmente não será muito boa por estar limitada a 256 cores. No entanto, ocasionalmente existem meios para melhorá-la (vide Capítulo 7 para algumas sugestões de como transformar uma imagem GIF ou JPEG de baixa qualidade em algo que imprimirá uma imagem colorida convincente).

Em uma imagem colorida RGB de 24 bits (que é o formato mais comum produzido por *scanners desktop* e câmeras digitais) existem três "canais" separados, cada um contendo uma imagem de 8 bits. (Um canal é uma parte da imagem que contém toda a informação referente às cores componentes.) Quando eles são exibidos simultaneamente, a cor que cada um contém se torna transparente, permitindo que todas as combinações de cores sobrepostas sejam vistas. (Elas também podem ser vistas individualmente, mas nesse caso é mais útil vê-las como imagens em tons de cinza, especialmente se você estiver considerando mudar uma imagem RGB para o modo Tons de cinza – ver "Opções úteis do modo Tons de cinza" no Capítulo 11.) Portanto os três canais juntos têm o potencial de mostrar todas as combinações de cores resultantes. Isso significa que cada pixel pode mostrar uma mistura combinando qualquer um dos 256 tons de vermelho, com qualquer um dos 256 tons de verde, com qualquer um dos 256 tons de azul – em outras palavras, qualquer uma das 16.777.216 cores.

Agora imagine o que a adesão de mais um canal faz com esse número, já que uma imagem CMYK recebe um mapa em tons de cinza adicional. Assim, nossos 16.7 milhões são multiplicados novamente por 256, gerando uma gama potencial de 4.294.967.200 cores. Isso é claramente mais cores do que nós

podemos distinguir. Até mesmo o pintor mais talentoso que passa muito tempo considerando as cores poderá no máximo distinguir 20-30.000 delas. Contudo, apesar de nossos computadores oferecerem mais cores do que nós podemos distinguir, isso não é um problema – pense nisso simplesmente como uma vantagem da qual não podemos usufruir.

Uma vez me tentaram vender um scanner baseado na sua capacidade de produzir imagens CMYK de 48 bits – ótimo, com certeza, mas inútil. Isso significa 12 bits por canal. Mesmo em uma imagem RGB, uma profundidade de canal de 12 bits permitiria que cada pixel em um único canal mostrasse qualquer uma das 2 x 2 x 2 x 2 x 2 x 2 x 2 x 2 x 2 x 2 x 2 x 2, ou 4.096 cores. Multiplique esse número por ele mesmo três vezes (porque trata-se de uma imagem em três canais) e você tem quase 69 bilhões de cores, o que não faz sentido algum. Em CMYK é ainda pior: 281 trilhões.

A informação importante sobre qualquer scanner está contida na resposta para a seguinte pergunta: qual a resolução do seu escaneamento óptico? A que resolução ele pode escanear antes de começar a interpolar a resolução da imagem, isto é, espalhar a mesma informação sobre um número progressivamente maior de pixels? A resolução óptica é o que lhe permitirá capturar detalhes que de outro modo ficarão para trás, então ela é extremamente importante – muito mais importante do que ter uma quantidade abundante de cores que você nem consegue diferenciar. Uma resolução óptica decente começa por volta de 1.200 dpi para arte "refletida", onde a luz reflete no objeto e retorna ao sensor, e 2400 ou (bem melhor) 3600 dpi para transparências, onde a luz atravessa o objeto e chega ao sensor. O motivo para essa diferenciação é que a arte refletida, como um impresso, é geralmente muito maior do que uma transparência, que pode chegar a ser um slide de 35 mm. Hoje em dia, mesmo um scanner bem barato é capaz de produzir uma imagem RGB de arte refletida que pode ser transformada em uma imagem CMYK decente.

Dado que o espectro colorímetro em RGB é maior que em CMYK, talvez seja surpreendente que uma imagem CMYK possa comportar um número maior de cores do que a mesma imagem em RGB. Isso ocorre porque se confunde o espectro de cores entre esses dois espaços de cores com as limitações matemáticas impostas em imagens digitais de ambos os tipos.

O fator-chave aqui é que o número de cores em potencial disponível em cada formato depende apenas dos números de canais de cor na imagem e da profundidade de bits desses canais. Se compararmos uma imagem CMYK com quatro canais de 8 bits com uma imagem RGB com apenas 3 canais de 8 bits, claramente a imagem CMYK deve ter o potencial de mostrar mais cores. Esse potencial é uma limitação puramente física imposta pela maneira com que o software lida com as coisas. Não tem nenhuma relação com quantas cores de fato existem no sistema – o que, para confundir a questão ainda

5.2 Essa imagem foi dividida em diferentes profundidades e formatos de bits. Da esquerda para a direita: bitmap (1 bit de profundidade), tons de cinza (8 bits de profundidade), duotone (16 bits de profundidade, isto é, dois canais de 8 bits) e CMYK (36 bits de profundidade).

mais, é infinito em ambos os casos: mas apenas porque, na teoria, não há limite para o número de tons em que você pode dividir uma cor. Na prática, o espectro é maior em RGB. RGB contém quase todas as cores CMYK, mas CMYK não chega nem perto de conter todas as cores RGB. Se contivesse, não haveria nada para discutir – e menos problemas!

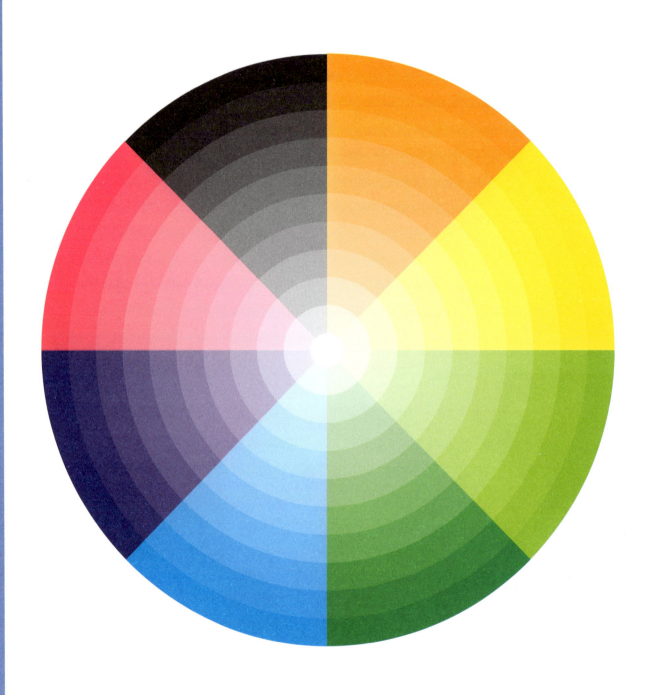

Tratamento de Imagens Coloridas

Se estiver trabalhando com fotos derivadas de fontes variadas perceberá que elas têm características muito diferentes: algumas podem aparentar serem quentes e outras muito mais frias. A luz natural produz tonalidades de cor diferentes dependendo da hora do dia em que a foto foi tirada, e ambientes internos muitas vezes combinam a luz natural e a artificial. A luz artificial pode ser fluorescente (fria) ou incandescente (quente). Todas essas variáveis são problemas em potencial para o designer, já que adicionam tonalidades de cor que não são desejadas.

É tentador pedir à gráfica que cuide de tudo isso, mas essa é uma maneira bem cara de arrumar algo que você poderia facilmente fazer. Adquirindo experiência você nunca mais terá que pedir a alguém para fazer o seu trabalho – porque você pode fazê-lo melhor. E você tem o melhor incentivo: ninguém nunca estará tão preocupado com o seu trabalho quanto você.

Desde que salve o seu trabalho com um novo nome você não tem que se preocupar com danos ao material original. Adicione a isso o "histórico" (a múltipla capacidade de desfazer do Adobe Photoshop), e temos um processo infalível: você sempre poderá voltar ao começo se achar que seus ajustes não estão bons o suficiente. Então, mergulhe nessa com confiança. Quem sabe – essa poderá se tornar a parte do seu trabalho de que você mais gosta.

Página oposta: Muito vermelho e pouco azul. Como arrumar? O que fazer?

Começando

Nós já vimos dois dos métodos mais importantes de calibração: a calibração reversa para os meios-tons (vide Capítulo 3) e a calibração de tons de cinza para as sombras e realces (vide Capítulo 4).

Quando tiver que tratar uma imagem colorida, pode surgir a tentação de deixar que outra pessoa o faça. Não fuja. Se você consegue calibrar tons de cinza então definitivamente consegue calibrar cor, especialmente se tiver um bom monitor e um livro de amostras. Se precisar do livro, converse com algumas gráficas. Se perceberem que você é um designer ocupado que procura um impressor confiável eles serão muito atenciosos. Boas gráficas atualizam suas referências Pantone com certa regularidade, e podem ter algumas edições um pouco mais velhas sobrando. Elas provavelmente não estarão tão desgastadas e as edições novas são um tanto quanto caras (vide Capítulo 10).

O mais importante para uma boa calibração de cor é ter confiança. Eu conheço designers gráficos que, depois de anos falando o quanto eles gostariam de fazer seus próprios trabalhos com cores, continuam recorrendo a bureau ou gráficas porque não sentem confiança em sua própria capacidade.

Lembre-se, dificilmente você terá que encarar um trabalho complexo de imediato. Assumindo que você não saiba calibrar nada e que, ao final, queira calibrar tudo, vamos dar um passo de cada vez. Comece devagar – escolha uma imagem manuseável e que não esteja cheia de problemas, para começar. Ninguém irá perceber se você fez um bom trabalho. Isso pode parecer estranho já que você normalmente iria querer que alguém notasse que você fez um bom trabalho, mas não nesse caso. Se perceberem o que você fez será ou porque está maravilhoso ou péssimo. Se for começar com uma imagem pequena em uma página que possua outras imagens maiores e mais importantes, é improvável que alguém aprecie a qualidade do tratamento da imagem minúscula em que você trabalhou. Se ninguém notar nada, você ganhou – foi convincente. Mais adiante você poderá querer que notem mas, por enquanto, se contente com o anonimato.

Também não imagine que sua gráfica esteja cheia de pessoas com capacidade absurda para tratar imagens. Existe grande chance de eles estarem utilizando o mesmo equipamento e fazendo as mesmas coisas que você. E a probabilidade maior é que estejam muito menos preocupados em fazer um bom trabalho que você. Então, uma vez que tenha aprendido, você fará o trabalho melhor que eles.

Substituição de Componentes Cinza (GCR)

Felizmente, quando se trata de imagens coloridas, o Adobe Photoshop é extremamente útil. A má noticia é que os modos em que ele é útil são um tanto quanto complexos (vide Configurações de Cor do Photoshop, na página 72) e difíceis até mesmo para usuários experientes compreenderem. Porém, a grande vantagem desse método de tratamento de imagens é que ele produzirá bons resultados sem que você tenha que se aventurar pelas áreas mais difíceis e enigmáticas das configurações de cor do Photoshop.

Primeiramente, é necessário organizar a área de trabalho corretamente. Como eu disse anteriormente, em uma tela de PC, todos os pacotes de software possuem um plano de fundo opaco de um cinza neutro suave. Usuários de Mac têm planos de fundo transparentes em quase todos os seus softwares para que a imagem utilizada no desktop esteja visível o tempo todo. Para fazer o tratamento de imagens, as imagens necessitam de uma área circundante que seja cinza neutro. No PC, os valores padrão (*default*) para o plano de fundo no Photoshop são em torno de um cinza 50%, isto é, os valores RGB estão todos em 128, o ponto médio entre 0 e 256. Porém, se você abrir uma imagem e puxar o canto inferior direito mais para a direita você irá estender a janela da imagem. Há duas vantagens em fazer isso: a primeira é que você pode fazer isso tanto em um Mac quanto em um PC, criando assim um espaço cinza em torno da imagem que seja suficiente para ver as cores mais nitidamente; e segunda, as ferramentas estão ativas nessa área cinza. Elas não podem alterar nada, já que não existe imagem ali, mas elas podem ser clicadas e arrastadas para a imagem, tornando mais fácil o trabalho próximo dos cantos da imagem. A densidade desse cinza é próximo de um matiz 25%, ou seja, valores 192 em RGB.

Quando você trata imagens em tons de cinza, uma das suas principais preocupações é evitar que as sombras preencham a imagem. Com as coloridas você não tem que se preocupar com isso, já que a densidade das sombras é dada por quatro cores ao invés de apenas uma. Mesmo em áreas muito escuras é improvável que todas as quatro cores – ou mesmo três delas – estejam presentes em uma densidade superior a 80%. Apesar disso, você consegue boas sombras fortes na maioria das imagens, mas sem que elas invadam. O motivo disso é que o Photoshop (geralmente) lhe protege de um problema chamado "somatória máxima de tinta", que a maioria dos outros softwares permite acontecer. Isso é simplesmente o número produzido pela soma das porcentagens em que cada uma das quatro cores está presente em um determinado pixel. Na prática, se sua densidade combinada alcança um valor próximo de 250%, você está perigosamente próximo do que é chamado de "densidade máxima de tinta" – que, quando alcançada, significa que a tinta não irá aderir ao papel durante o processo de impressão por causa do excesso. Isso resulta em um fenômeno conhecido como arrancamento, e produz um som horroroso, como um grupo de pessoas simultaneamente desgrudando suas mãos de

GCR em Ação

um verniz semisseco. Para evitar esse tipo de problema em softwares como o Quark e o Indesign, vide "Criando e utilizando um preto rico", no Capítulo 9.

O Photoshop aplica o GCR (*grey component replacement*; substituição de componentes cinza) como parte de um CMS (*colour management system*; sistema de gerenciamento de cores) quando ciano, magenta e amarelo estão todos presentes em um único pixel em quantidades relativamente altas. Ele os remove em uma proporção predeterminada e os substitui por preto. Isso pode ser feito pois, naquela proporção, C, M e Y combinados produzem um tom neutro de cinza. Quanto maior a densidade de C, M e Y, maior a frequência de substituição. Além de diminuir as quantidades necessárias de tinta, isso ajuda a garantir que nenhum pixel alcance a densidade máxima de tinta.

Alguns anos atrás eu era o gerente de produção de uma gráfica de médio porte nos EUA. Um de nossos clientes enviava regularmente trabalhos em cor muito caros e de alta qualidade – exatamente o tipo de coisa que geralmente amamos fazer. Contudo, esses trabalhos costumavam nos trazer muitos problemas, e por muito tempo nós não conseguíamos entender por quê.

Os impressores os odiavam. Assim que eles chegavam às impressoras tudo parecia dar errado. As cores mudavam constantemente, portanto os níveis de tinta tinham que ser ajustados o tempo todo para compensar. O resultado era muito trabalho manual de controle de qualidade posteriormente, na encadernação. Geralmente tínhamos que comprar mais papel para esses trabalhos para que tivéssemos uma quantidade suficiente de boas cópias para suprir a demanda. E, considerando o tempo adicional que gastávamos com esses trabalhos, tínhamos que adicionar 15% ao preço.

Por fim se descobriu que os problemas estavam sendo causados pelos designers que criavam os arquivos digitais. Eles estavam utilizando livros de amostra para escolher cores intensas e densas que utilizavam apenas C, M e Y. Nenhuma continha qualquer traço de preto. Essas especificações de cor eram então aplicadas a grandes áreas sólidas do trabalho, como plano de fundo para todo o resto.

Como já mencionado, C, M e Y são desenvolvidos para serem transparentes, enquanto o preto é feito para ser opaco. Quando você imprime uma cor transparente em uma folha de papel branco, o branco do papel se torna parte da cor que você vê. Quando você imprime preto, o branco não aparece, e portanto não faz parte da cor que vemos.

Se, por exemplo, você imprimisse um magenta a 70% com uma carga perfeitamente equilibrada de tinta, todas as folhas que fossem impressas seriam iguais. Se a carga fosse menor, o matiz também seria atenuado, simplesmente porque a tinta é transparente. Com menos tinta, mais do papel pode ser visto. Similarmente, se o fluxo aumenta, o matiz se intensifica.

Operar uma impressora é um pouco como dirigir um carro. Você não pode ajustar o volante uma vez e torcer para que continue seguindo a estrada. Você deve fazer ajustes constantes – um pouco para a esquerda, um pouco para a direita – para chegar onde você quer ir. Na impressora, o operador deve aumentar a carga de tinta um pouco, depois diminuir, depois aumentar – e assim por diante – para manter um equilíbrio entre a carga de tinta que recai sobre a chapa e a quantidade que o papel retira ao ser impresso. Então, pequenas variações ocorrem o tempo todo.

Quando se tem três tintas transparentes combinadas para gerar uma cor, todas em porcentagens consideravelmente altas, até as menores variações resultarão em uma alteração na cor. Isso significa que o operador irá gastar o dia inteiro correndo entre as unidades, tentando ajustar cada uma delas para compensar. Não surpreende que não seja muito divertido.

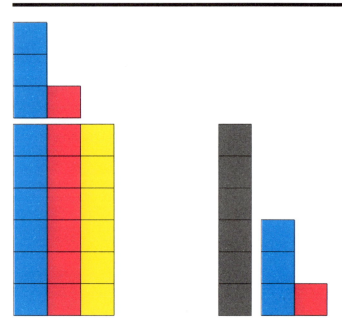

6.1 O matiz mostrado na esquerda, 90% C + 70% M + 60%Y, pode ser simplificado – aproximadamente – removendo todas as três cores ao nível de 60% e substituindo-as por um preto a 60% junto com o 30% C e 10% M restantes, como é mostrado na direita.

e um pouco mais de ciano. Então adicione a mesma quantidade de preto que você retirou de magenta e amarelo. Você terá que ajustar um pouco mais para que elas fiquem idênticas, mas isso sempre pode ser feito. O incrível é que o Photoshop faz isso automaticamente em imagens, pixel por pixel.

O resultado de toda essa pesquisa foi que pudemos substituir os matizes dos designers pelos nossos, e o impressor pode passar o dia andando ao invés de correndo. A encadernação também ficou feliz pois não houve mais a necessidade de um controle manual de qualidade folha por folha durante o trabalho. Mas o mais feliz de todos ficou o cliente, quando foi informado que no futuro o preço dos seus trabalhos diminuiria em 15%.

Como exemplo, imaginemos um matiz feito de ciano 90%, magenta 70% e amarelo 60%. Não apenas seria difícil de imprimir, mas também utilizaria bastante tinta. Isso definitivamente é algo a se considerar, já que as outras tintas são muito mais caras que o preto.

Contudo, a maior parte da cor pode ser removida da mistura e substituída por preto.

Imagine traçar uma linha horizontal no ponto de porcentagem mais alta em que todas as tintas estão presentes (nesse caso seria 60%) e remover tudo que está abaixo, deixando um ciano 30%, magenta 10% e nada de amarelo. Se a tinta que foi removida (60% de C, M e Y) for substituída por um preto a 60%, a cor resultante é praticamente a mesma (fig. **6.1**). Essa é a teoria. Na prática, a cor seria não apenas um pouco clara demais, mas também seria muito quente, já que ciano não é tão forte como amarelo e magenta. Se o preto e o ciano forem ligeiramente aumentados, a cor será perfeita.

O que fizemos, é claro, foi aplicar a teoria por trás do GCR para remover a maior parte das tintas transparentes presentes no matiz. Como resultado, imprimir será muito mais fácil pois o "grosso" da cor é agora o preto – que, sendo opaco, é mais estável mesmo quando há variação na carga de tinta. E também é muito mais barato.

É fácil testar isso por conta própria no Photoshop. Crie uma cor CMYK para o primeiro plano utilizando somente C, M e Y, e então remova porcentagens iguais de magenta, amarelo

Realces e Meios-tons

Infelizmente, os realces ainda precisam de atenção. Como nas imagens em tons de cinza, você pode usar Imagem > Ajustes > Limiar (*Threshold*) para achar as áreas mais claras, e então colocar um marcador utilizando a ferramenta Classificador de Cores (*Colour Sampler*) (vide capítulo 4). Se todas as quatro cores estiverem presentes a menos de 5%, e você estiver imprimindo em um papel revestido de qualidade média (você deve ajustar esse número se estiver utilizando um papel diferente), provavelmente nenhuma delas aparecerá no papel impresso. Nesse caso, você terá que ajustar os níveis de realces para assegurar que ao menos uma das cores esteja presente.

Quanto aos meios-tons, você pode usar a calibração reversa (vide capítulo 3), que funciona muito bem, especialmente para imagens em tons de cinza. Converse com sua gráfica, ou quem quer que esteja fazendo escaneamento colorido para você, e consiga uma seleção das imagens digitais junto com os resultados impressos. Certifique-se de que as imagens que eles lhe deram não sofreram nenhuma modificação antes de serem incluídas no programa de leiaute de página e impressas. Abra-as no Photoshop (e mande o Photoshop usar o Perfil incorporado, se ele perguntar) e dê uma boa olhada, comparando a imagem na tela com o material impresso. Você conseguirá dizer imediatamente se o seu monitor está ou não lhe mostrando algo próximo da verdade. Se não estiver, tente ajustar o brilho, o contraste e a cor. Se o seu monitor não tiver uma opção individual de configurações de cor, utilize Adobe Gamma (para achá-lo para PC ou Mac, vide Capítulo 3). No entanto, se houver configurações individuais de canais de cor no seu monitor, melhor ainda. Faça com que as imagens se pareçam o máximo possível.

Uma vez que souber que pode confiar relativamente na imagem mostrada na tela, você facilmente conseguirá ver quais ajustes são necessários em qualquer imagem que abrir. Se o seu monitor não for capaz de ir até onde você queria, ao menos terá uma ideia da relação entre qual imagem na tela resultará em qual resultado impresso.

Um aviso: é muito fácil exagerar nas mudanças de cor, então tome cuidado. Se sua imagem tiver uma porcentagem de pontos muito grande ou muito pequena de qualquer uma das cores, ela irá se destacar como sendo muito azul, ou muito verde ou qualquer coisa – especialmente se houver outras imagens próximas a ela na mesma página que estiverem mais próximas de um espectro balanceado. Esses desbalanceamentos são conhecidos como invasão de cor / *colour casts* (predominância ou desequilíbrio de cor). Para evitar que passem despercebidos – e você ficaria surpreso em saber como isso é fácil de acontecer – eu geralmente mantenho algumas imagens pequenas que eu sei que estão bem balanceadas claramente visíveis na tela quando estou trabalhando com ajustes de cor, apenas para comparação.

Se não houver invasão de cor na imagem, e assumindo que a essa altura você já cuidou dos realces, a única coisa que

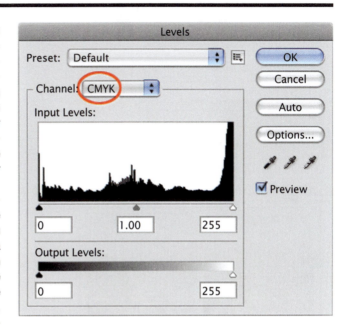

6.2 Nesse exemplo, qualquer ajuste feito utilizando as setas abaixo do histograma afetará todos os canais CMYK simultaneamente.

resta arrumar são os meios-tons. Você pode ajustá-los utilizando o canal composto (isto é, o que está identificado como "CMYK") na janela Níveis (*Levels*) (fig. **6.2**). Pegue a seta central abaixo do histograma e puxe-a para a esquerda ou direita. Isso afetará todos os canais de cor ao mesmo tempo, fazendo um ajuste balanceado tanto para o mais claro quanto para o mais escuro, mas sem adicionar nenhuma coloração específica.

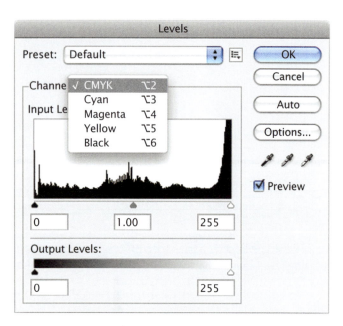

6.3 Selecionando um canal de cor individual para ajuste usando a janela Níveis.

6.4 A janela Variações permite o ajuste de qualquer componente dos modos de cor RGB ou CMYK.

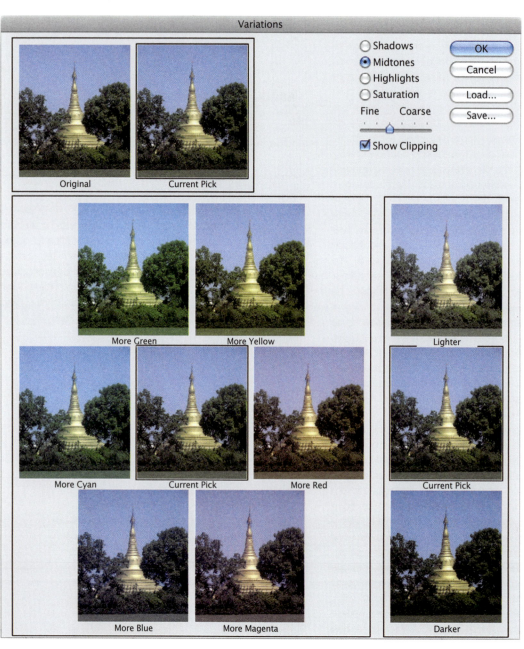

Lidando com o Balanceamento de Cor

Existem dois tipos de invasão de cor. Um é causado pelo excesso de uma cor específica, e pode ser facilmente percebido. Esse é a "tonalidade a mais de cor". O outro é causado pela falta de uma cor em particular, e é muito mais difícil de notar. Esse é a "tonalidade a menos de cor". Nossa incapacidade de tomar uma decisão correta em relação a esse tipo de imagem decorre de todas as outras coisas na nossa visão periférica turvando nossa visão. Reflexos na tela do monitor também costumam ser vilões. Também não adiantará ver a imagem sozinha, sem nada no caminho. O que você precisa são bons pontos de comparação.

Se estiver trabalhando com uma tonalidade a mais de cor você talvez consiga fazer um ajuste simples em apenas um dos canais de cor. Aqui, a modo de cor é importante. Por exemplo, se a tonalidade a mais for verde, para ajustá-la em modo CMYK seria necessário ajustar tanto o componente ciano quanto o amarelo. Como só é possível trabalhar individualmente com eles na janela Níveis, seria difícil acertar de primeira. Porém, se você mudar para o modo RGB, talvez consiga arrumar as coisas com apenas um ajuste no canal verde.

Ao contrário, se um ajuste no amarelo for necessário, trabalhar a imagem no modo RGB seria bem difícil. Você faria melhor em utilizar o modo CMYK.

Se quiser ajustar um canal em particular sem mudar os outros, vá até Níveis e clique na seta à direita do nome do canal no topo da janela (fig. **6.3**). Você pode então escolher aquele no qual pretende trabalhar. Mover setas ou fazer ajustes numericamente passará a afetar apenas o canal escolhido. Você também pode utilizar esse método para fazer ajustes individuais nos canais na janela Curvas.

Uma ferramenta muito útil para determinar o balanceamento de cores é a janela Variações (fig. **6.4**). Se você nunca utilizou Variações antes, é assim que se faz:

Abra a imagem que quer ajustar, e então escolha Imagem > Ajustes > Variações.

A janela Variações lhe mostra a imagem original no canto superior esquerdo. Ao lado existe outra chamada Seleção Atual (*Current Pick*). Isso é duplicado no centro do conjunto abaixo e também no centro das três imagens no canto direito.

O conjunto lhe dá cópias das imagens com um adicional de R, G ou B, assim como de C, M ou Y, e as três na direita lhe permitem escolher se quer clareá-las ou escurecê-las.

A ideia é que, quando você clica em uma dessas variações, ela se torna sua seleção atual. Você pode clicar em quantas opções quiser. Finalmente, clicando em OK você aceita as mudanças feitas e atualiza sua imagem na janela principal do Photoshop.

A vantagem de utilizar Variações está na sua capacidade de lhe mostrar mudanças causadas pela adição de quantidades preestabelecidas de cores individuais dos sistemas RGB ou CMYK. Mas o que faz com que ele seja realmente útil é que ele mostra simultaneamente como todos esses ajustes iriam parecer. Então, ele lhe dá os pontos de comparação que você precisa para descobrir o que há de errado. Você pode comparar como a imagem original se parece em relação a todas as outras e ter uma boa noção da aparência relativa.

Apesar de a janela Variações ser uma excelente ferramenta, o tamanho das miniaturas é bem pequeno e nem sempre é tão fácil ver exatamente qual será o resultado. Por exemplo, eu ainda me surpreendo ocasionalmente quando, pensando que fiz um bom ajuste, clico em OK e descubro que minha imagem está agora muito quente. E, apesar de frequentemente escurecer imagens dessa maneira, eu não utilizo essa ferramenta para clareá-las. Fazê-lo tende a ser prejudicial; a janela Níveis é uma opção muito mais segura.

 Toda vez que você entra na janela Variações, é importante lembrar-se de clicar na imagem chamada de Original, no canto superior esquerdo da tela, antes de começar a tomar decisões. Isso apaga as configurações feitas da última vez que esteve lá, que o Photoshop guarda e aplica automaticamente ao conjunto.

Configurações de Cores do Photoshop

Você pode estar se perguntando por que as configurações de cores do Photoshop estão explicadas aqui ao invés de antes dos capítulos que lidam com tons de cinza e calibração de cor. O motivo é muito simples. Muitos vão utilizar as informações apresentadas nesses capítulos e perceber que estão se virando muito melhor que antes, mas mesmo assim não vão querer mexer com as zonas de configuração de cores do Photoshop ou InDesign, que são muito mais intimidantes. É uma área que poucas pessoas entendem, e se você não a compreende não pode usá-la de maneira efetiva. A maioria das pessoas prefere deixá-la de lado e confiar que os padrões (*defaults*) do Photoshop não irão complicar sua vida. Infelizmente, não se pode acreditar que esse será o caso, e, portanto, ter ao menos uma ideia geral do que essa área pode fazer por você vale a pena, especialmente se isso o levar a tomar decisões conscientes sobre os ajustes nas configurações de cor.

Na explicação a seguir, um "espaço de cor CMYK" é a gama total de cores que pode ser gerada utilizando todas as combinações e matizes possíveis de um grupo específico de pigmentos CMYK, enquanto um "espaço de cor RGB" contém todas as combinações RGB.

Em se tratando de cor, algumas especificações foram desenvolvidas por um grupo chamado de Consórcio Internacional de Cor (ICC – *International Colour Consortium*). Geralmente, programas gráficos como o Photoshop utilizam essas convenções para determinar seu próprio sistema de gerenciamento de cor. Eles são chamados de sistemas de gerenciamento de cores (CMS – *colour management systems*). A ideia é dar consistência às suas imagens não importa onde elas sejam exibidas, durante todo o processo de trabalho – desde a tela do monitor até um website finalizado, e até mesmo para páginas impressas. Entretanto, existem muitos "espaços" CMYK diferentes nas gráficas (causado pelo uso de tintas diferentes, por exemplo), neste caso, os resultados são imprevisíveis.

Da mesma maneira, apesar de todos os monitores e scanners capturarem e mostrarem imagens utilizando RGB, nem todos dividem o mesmo espaço RGB – além de que a maioria dos monitores são fracos em termos de reproduzir verde e ciano. Então existem muitas variáveis, e fazer uso das configurações de cor do Photoshop é uma maneira de superar as dificuldades que podem surgir para manter a consistência.

Uma configuração CMS aplica um perfil de cor à imagem, que anexa uma marcação contendo a descrição de como as cores inclusas nela mapeiam um espaço de cor em particular. Se você não escolher um perfil, sua imagem é desmarcada e, no lugar, ela seleciona o perfil atual da área de trabalho do Photoshop como um CMS padrão (*default*). Isso então passa a determinar como seu computador irá mostrar e editar as cores. Se escolher um perfil, ele será aplicado quando, por exemplo, você mudar o modo de cor de uma imagem de RGB para CMYK. Existe também a opção de escolher entre aplicar ou não suas configurações atuais a uma imagem que está marcada com outro perfil, quando ela for aberta.

6.5 O ícone Bridge na barra de menu do Photoshop.

Se você já tem uma imagem aberta na tela, mudar as configurações do perfil irá afetar apenas a aparência momentânea. A marcação com o perfil atual só pode ser feita durante o processo de abrir a imagem, e então a marcação fica guardada quando você salva a imagem.

Como as configurações se estabilizaram durante as últimas versões do Photoshop, eu não incluí notas sobre versões anteriores ao modelo CS atual. Quanto a esse, não faz diferença se você está usando um Mac ou um PC.

Para entrar na área de configuração CMS, abra o Adobe Bridge. Isso pode ser feito rapidamente clicando no ícone Bridge na barra de menu do Illustrator, Indesign e Photoshop (fig. **6.5**). O motivo para fazer isso no Bridge é que as marcações podem ser colocadas nos três programas ao mesmo tempo, de maneira sincronizada.

No Bridge, escolha Editar > Configurações de Cores do Creative Suite. Quando a janela Configurações de Cores de Suite abrir, ele provavelmente mostrará que o CMS atual, e padrão, é o perfil Finalidade Geral da América do Norte 2. Isso é ótimo se você vive nos EUA e envia o seu trabalho para ser impresso em papel revestido em uma impressora rotativa. Para o resto de nós, ele não é tão bom. No lugar, suba a lista e escolha o perfil Pré-impressão na Europa 3 (fig. **6.6**). Clique no botão Aplicar para fechar a janela e retorne ao Photoshop.

 Se você abrir novamente a janela, a área superior mostrará que suas configurações agora estão sincronizadas em todo o conjunto para cor consistente. Se as configurações forem mudadas em qualquer um dos aplicativos, essa área dirá que as configurações de cor estão dessincronizadas.

Se estiver usando um Mac, escolha Photoshop > Configurações de Cores. Em um PC, vá em Editar > Configurações de Cores. Em ambos os casos, a janela Configurações de Cores irá mostrar agora que o perfil Pré-impressão na Europa 3 está configurado (fig. **6.7**), e o espaço de trabalho CMYK terá mudado para Coated FOGRA39. Anteriormente, ele teria dito US Web Coated (SWOP) v2.

E por que isso teria sido um problema? A resposta está em uma área temível para o designer gráfico: ganho de ponto. No capítulo 4, isso foi discutido em termos de controlar o tamanho dos pontos de luz e sombra, mas aqui estamos lidando com o problema central: como controlamos o que acontece com os pontos médios no tom da imagem, isto é, o ponto 50%? Isso é importante pois, se formos capazes de controlá-lo, nós passamos a controlar a aparência geral de toda a imagem – com exceção dos pontos de luz e sombra, com os quais já lidamos. A diferença sofrida pelo valor 50% (e é sempre um aumento na densidade) durante o processo de impressão é, de fato, a quantidade de ganho de ponto que é compensada pelo CMS escolhido na janela Configurações de Cores. A má notícia é que na rotativa o ganho de ponto é quase o dobro da impressora plana: 20% em vez de 10%. Se você não sabe como isso afetará o seu trabalho, continue lendo.

Um ponto 50% passando por uma impressora rotativa, inalterado, sai como um ponto 70%. Isso significa que os meios-tons saem escuros e turvos, e a imagem fica terrível.

Se um perfil CMS para impressora rotativa for configurado, os pontos 50% são reduzidos para pontos 30% (mas sem alterar a aparência da imagem na tela) para que durante o processo de impressão o ganho de ponto os transforme de volta em pontos 50%, e a imagem fique ótima.

Mas se você estiver imprimindo em uma impressora plana e utilizando um CMS que faça a compensação para uma rotativa, o ponto 50% será reduzido para 30% mas apenas 10% será recuperado na impressão. Portanto, imprimirá como um ponto 40%, o que faz com que os meios-tons pareçam apagados e pálidos.

Percebe o problema? A maior parte dos designers gráficos nem sabe sobre isso, e muito menos se arrisca a mudar algo. Como um amigo meu comentou, "A área CMS é um clássico exemplo de colocar as ferramentas de um gênio na mão de idiotas: qualquer um pode mudar um CMS, mas poucos sabem como fazê-lo".

Então, a maioria de nós envia os trabalhos para a gráfica com o perfil errado. Ao impressor restam duas opções ruins:

6.6 A janela Configurações de Cores do Creative Suite, com o perfil Pré-impressão na Europa 3 selecionado.

6.7 A janela Configurações de Cores do Photoshop, mostrando as configurações para o perfil Pré-impressão na Europa 3.

retirar o perfil de cor embutido e tentar arrumar na impressora, ou apenas tentar arrumar o problema na impressora. Nenhum desses é o melhor método.

O segredo para configurar o perfil CMS correto é conversar com seus impressores. Eles devem ser capazes de lhe dizer qual CMS escolher para obter os melhores resultados em suas gráficas, em suas impressoras. Se você mudar algo sem conversar com eles, corre o risco de eles assumirem que o perfil padrão US web (EUA rotativa) faz parte de seu sistema de trabalho, e ajustarem a carga de tinta de acordo. No entanto, como esse não é o caso, eles provavelmente gastarão muito papel.

Se souber exatamente qual será o ganho de ponto, você pode ajustar muito mais as configurações no Photoshop, e um pouco mais no Illustrator e Indesign. Por exemplo, nos três programas, se estiver imprimindo em papel não revestido, abra a janela Configurações de Cores, clique na lista de opções em CMYK (fig. **6.8**) e escolha Uncoated FOGRA29. A seção superior da janela lhe dirá que suas configurações estão, agora, dessincronizadas, mas elas estão dessincronizadas de uma maneira boa. Aqui também se podem selecionar os valores de ganho de ponto para cinza e cores especiais, o que é especialmente útil se você utilizou a tira de testes para ganho de ponto discutida no Capítulo 4.

Se quiser personalizar as configurações do Photoshop ainda mais, clique na lista de opções em CMYK e escolha Personalizado, no topo. Isso abre a janela CMYK Personalizado (fig. **6.9**), onde "SWOP (revestido)" provavelmente ainda aparece no topo. Para mudá-lo, clique no campo Cores das tintas e escolha ou Eurostandard (revestido, *coated*) ou Eurostandard (não revestido, *uncoated*), dependendo do papel em que irá imprimir. Aqui, o nível de ganho de ponto pode ser de uma porcentagem específica, ao invés dos incrementos de 10% da janela anterior. Na seção inferior, coloque o Tipo de Separação em GCR, o Limite de Tinta Preta em 100%, o Limite Total das Tintas em 300% e a Intensidade de UCA em 0%. Deixe Composição de Preto em médio.

Voltando à janela Configurações de Cores, eu geralmente deixo o CMS converter as imagens no espaço de trabalho de todas as três áreas, mas daí seleciono *todas* as caixas Perguntar. Isso significa que quando você abrir uma imagem para a qual outro perfil – ou até mesmo perfil nenhum – foi selecionado, o Photoshop irá perguntar primeiro antes de convertê-los para os seus perfis de trabalho. Ao selecionar as três caixas de Perguntar, você garante que terá outra chance de mudar de ideia antes que a conversão ocorra, mesmo quando estiver colando áreas entre imagens de perfis diferentes.

Se não conseguir ver as Opções de conversão na janela Configurações de Cores, clique em Mais Opções. Escolha o Adobe (ACE) como mecanismo de conversão. Para objetivo escolha uma das opções, Colorimétrico Relativo ou Perceptual. A ferramenta Adobe ACE é melhor para converter de RGB

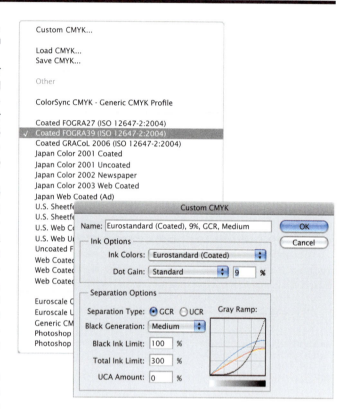

6.8 Lista mostrando alternativas CMYK na janela Configurações de Cores do Photoshop.
6.9 A janela CMYK Personalizado.

para CMYK, já o Objetivo comprime o espaço RGB para o *gamut* desejado tentando manter o equilíbrio do original. O Adobe recomenda usar Colorimétrico Relativo, porém eu geralmente utilizo Perceptual. Dê uma olhada na descrição de ambos, e então escolha o que achar melhor. Ambos são muito bons!

Quando estiver satisfeito e achar que tudo está correto para o trabalho atual, clique em Salvar e dê às suas configurações personalizadas um nome e uma descrição. A descrição irá aparecer na caixa ao pé da janela toda vez que aquela configuração for escolhida.

 Passando o mousse por cima de qualquer uma das configurações irá abrir uma descrição na parte inferior da janela para ajudá-lo a entender a diferença entre elas. No entanto, algumas vezes a terminologia é confusa! Lembre-se, quando estiver em dúvida, pergunte à sua gráfica. Eles provavelmente ficarão muito felizes em ajudar, já que são muito pouco consultados sobre essas opções.

Você também poderá encontrar suas configurações recém-salvas, com a descrição, como uma nova opção CMS na janela Configurações de Cores do Creative Suite (Editar > Con-

Configurações da Tira de Testes de Calibração

figurações de Cores do Creative Suite) no Adobe Bridge. Ao selecioná-lo, ele é aplicado em todo o conjunto Adobe, além de ser uma opção disponível ao fazer um PDF de alta resolução no InDesign. Você pode então criar e salvar todos os tipos de perfis CMS, que podem ser aplicados a qualquer trabalho feito no futuro.

Eu confio que o uso das informações dadas acima ajudará a melhorar a qualidade da imagem produzida, mas se você tiver qualquer dúvida séria não pense que tudo estará um lixo se você deixar inalterado. Não precisa entrar em pânico: não há problema em ir devagar. Se estiver razoavelmente contente com seus resultados impressos, então seu trabalho não está de fato errado, e talvez nem precise ser arrumado. Não pense que tem que mudar as suas configurações, por enquanto. Converse com seu impressor, que talvez lhe ajude a tomar as decisões; se isso não funcionar, você também pode tentar uma ligação para a assistência técnica da Adobe. Existe a chance de continuar se sentindo receoso, já que se trata de coisas de que você provavelmente não ouviu falar muito, mesmo que tenha acabado de completar um curso de três anos em design. Se quiser fazer mudanças básicas, mas sem ir muito rápido, então, se você vive no Reino Unido, apenas escolha um dos padrões *defaults* europeus para suas configurações CMYK e não mude mais nada. Similarmente, se vive nos EUA, escolha uma opção para papel revestido ou não revestido para a impressora rotativa ou plana e deixe por isso mesmo. O céu não irá cair sobre sua cabeça, e ao ganhar experiência, você deve chegar ao ponto em que estará confiante o suficiente para explorar um pouco mais.

No Capítulo 4 eu sugeri a criação de uma tira de testes de calibração para ajudá-lo a compreender os realces, sombras e níveis de ganho de ponto. Se decidir fazer uma dessas no Illustrator ou CorelDRAW e depois abri-la no Photoshop para ver se os valores dos matizes estão corretos, você deve estar atento para o fato de que algumas das escolhas oferecidas ao abri-la podem afetar os valores dos matizes mostrados. Essas notas servem para ajudá-lo a decidir o que fazer.

O Photoshop sempre checa se a imagem que você está tentando abrir já tem algum perfil de cor aplicado. Se não tem, ou se o perfil é diferente daquele que você está usando, aparecerão uma ou mais janelas de mensagens antes do arquivo abrir. Dependendo da escolha que você fizer, os valores dos matizes irão mudar ou ficar como estão.

Geralmente, para imagens que você pretende trabalhar no Photoshop, isso não é um problema. Se estiver utilizando um CMS específico no Photoshop, e posteriormente aplicou a calibração reversa às configurações do monitor, então a combinação de ambos cuidará do ganho de ponto de maneira satisfatória. Mas, no caso de uma tira de testes de calibração, é importante que nenhum dos valores dos matizes se altere, e portanto não se pode permitir que o CMS atrapalhe.

Primeiro, não permita que o programa em que você criou a tira anexe um perfil de cor a ela. Se for utilizar o Adobe Illustrator, vá em Editar > Atribuir Perfil e aperte o botão "Não gerenciar cores deste documento". Se estiver utilizando CorelDRAW, quando exportar esse arquivo como TIFF, certifique-se de que a caixa Utilizar Perfil de Cor não está selecionada (para mais sobre o formato de arquivo TIFF, vide Capítulo 7). Então, quando abrir o arquivo no Photoshop, escolha a opção "Deixe como está".

Se, por exemplo, você tivesse escolhido Ganho de Ponto 10%, os valores das cores impressas teriam sofrido grandes mudanças. Os valores na tira de testes entre 0-10% teriam se tornado 0-6%. O tom 50% se tornaria 34%, e os tons 91-100% virariam 76-100%. Pode-se perceber a partir desses dados o quanto um CMS pode mudar as coisas, e por que é tão importante impedir que ele faça qualquer ajuste na sua tira de testes.

Contudo, se escolher a opção "Deixe como está" e então salvar novamente o arquivo como uma imagem TIFF, quando abri-lo novamente você verá outra janela com uma caixa dizendo que "O documento tem um perfil de cor incorporado que não corresponde à área de trabalho cinza atual". Das três escolhas que ele irá então oferecer, "Utilizar um perfil incorporado (em vez da área de trabalho)" resultará em nenhuma mudança para os matizes originais; "Converter as cores do documento para a área de trabalho" resulta nas mesmas mudanças descritas anteriormente; e "Descartar o perfil incorporado (não efetuar gerenciamento de cores)" também mantém os matizes inalterados.

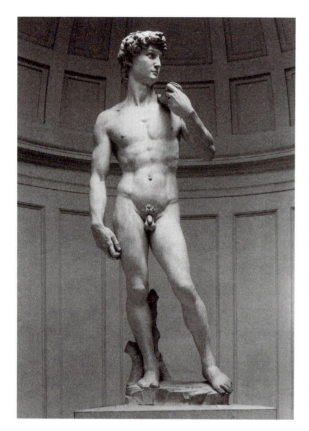
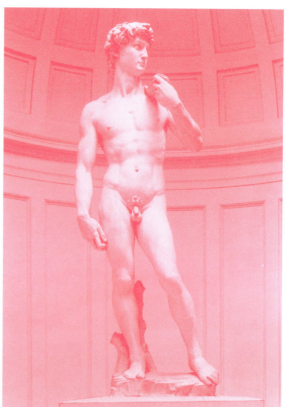
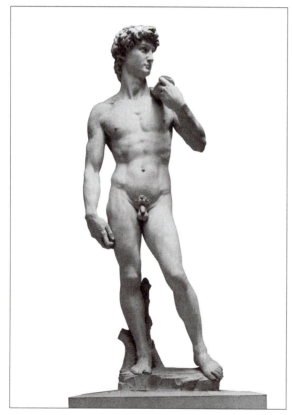

Formatos de Imagem Bons e Ruins... e Outros!

Como designer gráfico, é importante que você entenda qual é o tipo de imagem mais apropriado para cada finalidade. Não é possível usar uma imagem TIFF para um website, por exemplo, nem aconselhável usar uma imagem GIF para impressão.

Há também uma variedade de tipos de imagem que não são mais indicados para um leiaute feito no InDesign. Dispensar seu uso significa também se livrar de alguns problemas em potencial que há anos vêm afligindo a indústria do design. Arquivos EPS, por exemplo, por muito tempo considerados "o melhor formato de imagem para o Mac" (sem nenhum motivo razoável), são hoje completamente desnecessários, assim como arquivos DCS ou duotones. Hoje, os mesmos resultados podem ser alcançados de uma maneira melhor, mais estável e, consequentemente, menos estressante. E há também um "caso especial": arquivos JPEG. Eles podem ser usados tanto para impressão quanto para a web. No entanto, para usá-los corretamente, você precisa conhecê-los bem para evitar possíveis problemas.

Página oposta: Qual é o melhor formato de imagem para uma máscara vetorial? Que tal um duotone? E se for uma impressão CMYK? Esse capítulo tem as respostas...

Bons Formatos de Imagem

Nesse capítulo analisaremos os diferentes tipos de imagem disponíveis aos designers gráficos para descobrir quais são adequados para se usar e quais devem ser evitados. Vamos começar com os bons.

Em se tratando de impressão offset, apenas três formatos de imagem devem ser considerados para uso em um leiaute de página: arquivos TIFF, vários tipos de arquivos EPS e arquivos PSD. E só. Esqueça o JPEG (quase sempre – imagens JPEG podem ser usadas *ocasionalmente*, mas se enquadram numa categoria de "caso especial", daí a inclusão de "e outros!" no título do capítulo). Se você planeja usar arquivos JPEG, por favor leia cuidadosamente a seção sobre o assunto, já que normalmente ele não é um formato adequado para impressão (a menos que esteja usando sua impressora de jato de tinta de mesa ou algo semelhante). Esqueça também os formatos GIF, PNG e BMP. Isso não significa que esses formatos não possam ser usados em alguma etapa do trabalho, apenas que não são apropriados para se enviar à gráfica.

Você também pode usar arquivos PDF, mas como contêm leiautes inteiros ao invés de imagens individuais, também representam um caso especial – novamente, vide abaixo.

TIFF (*Tagged Image File Format*; Formato de Arquivo de Imagem Marcada)

Arquivos TIFF (abreviado para "TIF" num PC) podem ser simples bitmaps (imagens bicolores em que cada pixel pode ser apenas uma das cores), imagens em tons de cinza, RGB ou CMYK. O importante nesses arquivos é que cada pixel pode ser o que quiser dentro da gama específica da imagem e do perfil de cor aplicado. Como imagens não comprimidas, tendem a ser relativamente grandes; um TIFF CMYK tamanho A4 sem margens (sangria completa) de 300 dpi pode ocupar de 30 a 40 MB. No Photoshop há uma opção de compactação de imagem sem perda de qualidade para arquivos TIFF chamada LZW (Lemple-Zif-Welch). Embora economize espaço em disco, ele pode às vezes causar problemas para a gráfica, portanto evite usar arquivos TIFF num leiaute de página que tenha a opção de compactação anexada. Abra os arquivos e salve-os novamente, desligando o botão LZW durante o processo (fig. 7.1). Eu geralmente evito essa opção, pois já salvei várias vezes um arquivo em TIFF usando LZW e acabei com uma imagem corrompida que nem abria mais.

Embora seja possível salvar uma imagem de múltiplas camadas no formato TIFF, eu quase sempre salvo esse tipo de imagem no formato Photoshop (PSD), e apenas imagens "achatadas" (isto é, de camada única) como arquivos TIFF. Uma exceção a essa regra é quando sobreponho texto na imagem no Photoshop. Nesse caso, ao manter um texto editável em sua própria camada, ele é preservado como informa-

7.1 A janela Opções do formato TIFF, mostrando os métodos de compressão disponíveis.

ção vetorial. Isso significa que, quando o resultado é inserido num leiaute de página, o texto pode ser impresso com a resolução máxima de uma impressora PostScript, sem ficar restrito à resolução da imagem. Isso é particularmente útil quando o texto em questão é pequeno. No entanto, se for maior do que 40 pt eu geralmente achato a camada de texto no plano de fundo, já que nesse tamanho a aparência ainda é muito boa, embora o texto passe a ser formado por pixels ao invés de informação vetorial.

Fora isso, os arquivos TIFF são geralmente simples. Nem ao menos necessitam de uma impressora PostScript para serem impressos. Os dados são simplesmente processados, pixel por pixel, até que o processo esteja concluído. Não me lembro de ter tido algum problema com um simples arquivo TIFF. Os problemas são sempre causados por outros motivos.

EPS (*Encapsulated PostScript*; PostScript encapsulado)

Embora os arquivos EPS possam ser úteis, não concordo com quem considera EPS o melhor formato de imagem para tudo. Eles têm seus méritos, mas também apresentam algumas desvantagens, especialmente para usuários de Quark.

Há dois tipos básicos de arquivos EPS: vetor ou bitmap. Os arquivos EPS em bitmap são como arquivos TIFF: dependem de resolução, isto é, têm uma resolução fixa baseada no número de bits por polegada. A quantidade de detalhes que podem exibir é limitado aos detalhes capturados durante sua criação, seja por scanner, câmera digital ou Photoshop. Aumentar a resolução posteriormente simplesmente espalha os dados originais sobre um número maior de pixels. Isso pode suavizar as bordas pixelizadas, mas não acrescenta nenhum detalhe além do que já havia originalmente.

No entanto, se você desenhou um objeto no Adobe Illustrator e o salvou como um arquivo EPS, ou desenhou a mesma coisa no CorelDRAW e o exportou como arquivo de Adobe Illustrator ou EPS, nesse caso você terá uma imagem vetorial e não um bitmap. Isso significa que não depende de resolução e pode ser infinitamente alterado para qualquer tamanho. Mesmo que a imagem tenha sido desenhada numa seção minúscula da página, pode ser ampliada para caber na lateral de um ônibus, e sem perder o contraste e a nitidez da imagem em tamanho original. E o melhor, ambos os formatos aceitam um plano de fundo transparente, portanto podem ser importados para um leiaute de página e inseridos por cima de um plano de fundo sem problema algum.

Arquivos EPS desse tipo são também bastante pequenos, e pode ser um choque descobrir que o logotipo que você criou, e que em breve será impresso com três metros de altura na lateral de um caminhão de supermercado, tem apenas 18 kb.

Outras coisas importantes sobre arquivos EPS

Arquivos EPS, conforme já mencionei, têm suas desvantagens.

Em geral, a verdadeira imagem EPS só pode ser vista quando impressa. O que se vê em Quark ou InDesign é na verdade uma "prévia" ou cabeçalho de imagem. Trata-se de um arquivo TIFF de resolução (mais) baixa, criado quando o arquivo EPS é salvo (fig **7.2**). Fica posicionado por cima do código PostScript, para que se possa ao menos saber a posição da imagem e qual sua aparência aproximada. Eu digo "aproximada" porque a profundidade máxima de um cabeçalho de imagem é geralmente 8 bits, portanto só pode mostrar 256 cores – assim como um arquivo GIF. Isso significa que a qualidade da imagem com a qual se trabalha deixa muito a desejar, especialmente no Quark, onde fica granulada e/ou com baixa resolução. No InDesign fica um pouco melhor, e a aparência é praticamente igual à de um arquivo TIFF. A verdadeira imagem de alta qualidade que está escondida só aparece quando ela é rasterizada (processamento de imagem rasterizada – quando a informação vetorial do arquivo EPS é transformada em pontos de meio-tom) com uma impressora PostScript.

Pessoalmente, prefiro trabalhar com imagens de alta resolução na tela, seja qual for o programa, pois ajuda o fluxo de criação. Se tenho que lidar constantemente com uma imagem de baixa qualidade na tela quando estou criando, o trabalho não flui tão bem.

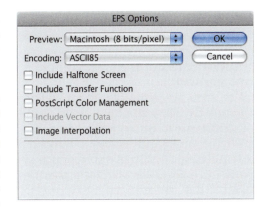

7.2 A janela Opções do formato EPS, que determina a imagem de visualização prévia em um leiaute.

Imagens vetoriais

Em geral, é possível copiar e colar arquivos do Illustrator diretamente no InDesign como objetos vetoriais editáveis. De fato, como a ferramenta Caneta no InDesign é exatamente a mesma do Illustrator, o objeto importado não aparece na janela Vínculos (*Links*), pois o InDesign o considera um objeto "nativo". Assim, ele pode ser editado na página do InDesign. Objetos mais complexos talvez precisem ser salvos no formato ".ai" (Adobe Illustrator) e inseridos da mesma maneira que outras imagens. Nesse caso, não é possível continuar editando no InDesign.

Não há necessidade de adicionar demarcadores de corte a arquivos salvos no formato .ai. É mais fácil simplesmente abri-los no Illustrator (ou importá-los para o CorelDRAW), remover qualquer plano de fundo indesejado e salvá-los novamente no mesmo formato. Imagens vetoriais salvas no formato PostScript encapsulado (.EPS) podem, no entanto, apresentar alguns problemas. Embora possam ser importadas para o Illustrator ou CorelDRAW, não é possível fazer mais nada com elas em qualquer um dos dois programas além de alterar o seu tamanho na página. Nesse caso, a única alternativa para lidar com áreas de fundo indesejadas é abrir as imagens no Photoshop. Isso as torna imediatamente dependentes de resolução, o que infelizmente neutraliza sua maior vantagem, isto é, redimensionamento infinito. De fato, quando se tenta abrir uma imagem EPS, o Photoshop imediatamente pede o tamanho e resolução em que se deseja abri-la. Ao inserir as especificações e clicar em OK, a informação EPS é rasterizada em pixels na resolução solicitada. Se a imagem vetorizada contém contornos finos constituídos de matizes coloridos, eles também serão rasterizados em pontos e provavelmente ficarão indistintos.

Demarcadores de corte (*Clipping paths*)

Um demarcador de corte é um contorno vetorizado desenhado em uma imagem que age como uma máscara. Quando a imagem é inserida num leiaute de página, apenas as partes circundadas pelo contorno aparecem.

Demarcadores de corte são geralmente criados no Photoshop ou no programa de leiaute de página usado para a montagem final de um documento. Se um demarcador de corte tem nós demais (isto é, pontos que prendem o caminho a um formato específico), o código PostScript envolvido pode sobrecarregar a impressora a ponto de travá-la. Porém, para mim a maior desvantagem é que demarcadores vetoriais (*vector paths*) ignoram pixels e os atravessam, criando uma borda que *não* é suavizada (*anti-aliased*), podendo dar a impressão de que foi recortada com uma tesoura e colada.

A suavização de serrilhado (*Anti-aliasing*) é um leve desfoque no contorno de um elemento que lhe dá uma borda ligeiramente suave, permitindo que ele se misture melhor com o resto da imagem. No Photoshop é aplicado automaticamente ao se copiar e colar seleções. Também é aplicado a itens como texto de menu na tela do computador, criando uma aparência mais suave, apesar da resolução comparativamente baixa.

O local mais fácil de se criar uma demarcador de corte é no Photoshop, já que uma seleção feita nesse programa pode ser transformada em um demarcador. Isso pode economizar bastante tempo, já que é geralmente mais fácil criar a seleção da área desejada do que desenhar um caminho em torno dela. O caminho pode então ser salvo como um demarcador de corte.

A fig. **7.3** mostra uma figura dançante sobre um fundo artificial. Inserir a figura em uma página do InDesign, sem o fundo, requer as seguintes operações.

Usando uma combinação das ferramentas Varinha Mágica (*Magic Wand*) e Laço Livre (*Freehand Lasso*), crie um formato

7.3 A imagem original antes da geração do demarcador vetorial.

7.4 Para seleções precisas em planos de fundo difíceis, eu geralmente uso uma combinação das ferramentas Varinha Mágica e Laço Livre.

de seleção em torno da figura (fig **7.4.**). Para transformar a seleção em um demarcador, há agora duas opções.

Primeiro, clique no botão Opções no canto superior direito da janela Demarcadores (*Paths*) (fig. **7.5**) no Photoshop e selecione Criar Demarcador de Trabalho (*Make Work Path*). Isso lhe permite configurar um fator de tolerância. A tolerância mais restrita disponível é 0,5 pixel; isso criará um demarcador o mais próximo possível de sua seleção original, mas que provavelmente terá centenas de pontos de âncora definindo o formato. Uma configuração de 0,8 tornará o demarcador mais suave, embora ainda razoavelmente próximo do formato selecionado. Valores progressivamente maiores suavizam ainda mais o demarcador resultante, até o valor máximo de 10, em que ele estará bastante afrouxado.

Segundo, clicando no botão "Criar demarcação de tarefa a partir da seleção" (*Make work path from selection*) ao pé da janela Demarcadores, o Photoshop lembrará o fator de tolerância utilizado na última vez em que foi criado um demarcador de trabalho e o aplicará sem lhe dar mais opções.

Ambas as opções criam um demarcador de trabalho na janela Demarcadores (*Paths*) (fig. **7.6**) e a seleção é convertida em um demarcador vetorial (fig. **7.7**). Essa será a base para o Demarcador de Corte.

 Cada ponto em que o caminho muda repentinamente de direção envolve um nódulo que o ancora no lugar. Portanto, se você escolher 0.5 como seu fator de tolerância, poderá criar um objeto complexo demais para imprimir. Uma configuração de 0.8 ou 1.0 torna o caminho mais suave sem comprometer o formato geral de sua seleção, e é geralmente uma opção melhor. Entretanto, é aconselhável aproximar a imagem para verificar se o caminho requer ser mais editado ou não.

Clique no botão Opções novamente e escolha Salvar Demarcador (fig. **7.8**). O programa irá sugerir os nomes

7.5 O botão Opções na janela Paths. A janela Criar Demarcador de Trabalho, onde você pode selecionar uma Tolerância (um fator de precisão) para o caminho que será gerado em seguida, baseado em sua seleção.

7.6 (Sobreposto) O novo demarcador de trabalho na janelas Demarcadores.
7.7 O demarcador de trabalho substitui a seleção na imagem.

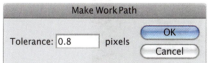

"Demarcador 1", "Demarcador 2" e assim por diante, mas você pode dar o nome que quiser. Essa ação modifica o nome do demarcador na janela Demarcador (fig. **7.9**). Após salvar o demarcador, clique no botão Opções novamente e escolha Demarcador de Corte (*Clipping Path*), que até então estava indisponível. O programa perguntará em qual demarcador deseja aplicar a propriedade (fig. **7.10**). Se sua imagem contém vários demarcadores, você pode selecionar da lista. Deixe a janela "Achatamento: pixels de dispositivo" (*Flatness: device pixels*) em branco, pois assim a imagem inteira será impressa na resolução mais alta possível da impressora selecionada.

Salve a imagem e insira-a num leiaute de página para ver o resultado (fig. **7.11**).

Demarcadores de corte funcionam em diversos formatos de arquivo, incluindo EPS, TIFF e PSD (ver abaixo).

7.8 (Sobreposto) Em seguida, o demarcador de trabalho deve ser salvo com um nome, ao qual se podem aplicar atributos de corte.
7.9 O demarcador de trabalho foi salvo como "Path 1".

7.10 Selecione o demarcador aos qual será aplicado o atributo de corte.
7.11 O resultado final exibido em um leiaute do InDesign.

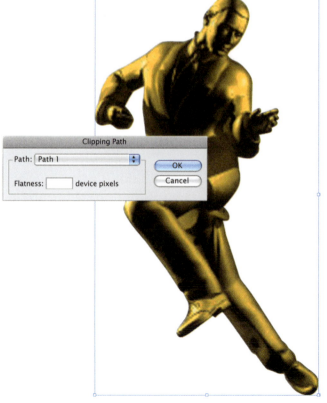

Duotones, arquivos DCS e PDF

Há outros três tipos de arquivos EPS que merecem ser mencionados: duotones, que são imagens de duas cores, geralmente compostas por preto e uma cor Pantone (vide capítulo 10 para cores Pantone); arquivos DCS (*desktop colour separation*); e arquivos PDF.

Duotones

Infelizmente, o tratamento de imagens duotone costuma ser fraco ou inexistente, resultando em uma aparência turva nos meios-tons. Em geral, isso ocorre porque ambos os canais de cor na imagem foram deixados com a mesma difusão de ênfases.

Antes de converter uma imagem em um duotone, é preciso primeiro convertê-la para tons de cinza. No exemplo ilustrado na fig. **7.12**, eu usei Imagem > Ajustes > Preto e branco para fazer a conversão (fig. **7.13**). Em seguida, escolhi Imagem > Modo > Duotônico.

Na janela Opções de Duotônico (fig. **7.14**), clique na seta de opções ao lado do campo Tipo e escolha Duotônico. Também é possível criar imagens de uma, três ou quatro cores usando uma paleta customizada.

Como a primeira cor de um duotone é geralmente preto, essa cor já está selecionada, embora seja possível mudá-la clicando na amostra. Para escolher a segunda cor, clique no quadrado branco diretamente abaixo da amostra do preto. Isso abre a janela Biblioteca de cores (fig. **7.15**), onde você terá que selecionar o tipo de biblioteca clicando na lista de seleções (fig. **7.16**) no canto superior esquerdo. Se você escolher Pantone Solid Coated (a escala com amostras de cores sólidas para papel revestido), o que é mais provável, e já sabe que cor deseja, simplesmente digite o número correspondente e estará selecionada. Caso contrário, você pode escolher da lista.

É bem provável que a segunda cor na imagem estará bem escura e pesada (fig. **7.17**). No entanto, o problema pode ser

---

7.12 A imagem original, antes da conversão para duotone.

7.13 A imagem colorida é primeiramente convertida para tons de cinza.
7.14 A janela Opções de Duotônicos, onde se podem criar imagens contendo de uma a quatro cores, nenhuma das quais precisa ser CMYK.

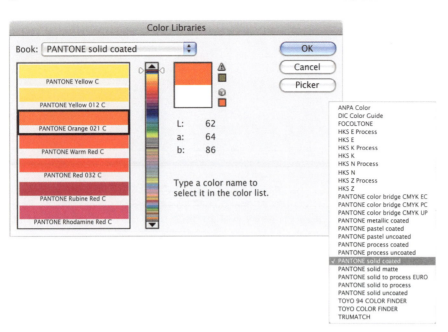

7.15 A janela Biblioteca de Cores, que inclui a biblioteca Pantone Solid Coated e várias outras.

7.16 (Sobreposto) A lista de bibliotecas exibe coleções de cores não CMYK usadas em todo o mundo, incluindo a série Pantone, habitualmente usada nos EUA e na Europa, e a série Toyo, habitualmente usada na Ásia.

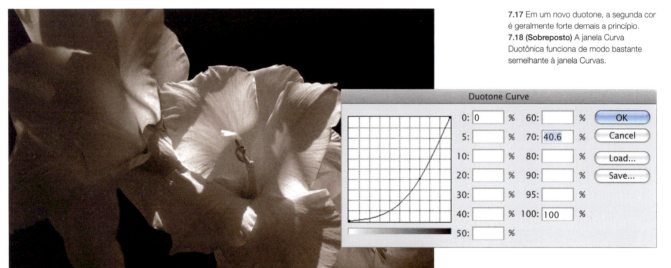

7.17 Em um novo duotone, a segunda cor é geralmente forte demais a princípio.

7.18 (Sobreposto) A janela Curva Duotônica funciona de modo bastante semelhante à janela Curvas.

7.19 O resultado final é muito mais sutil.

resolvido "ajustando" a região de meio-tom da cor mais clara para que fique mais viva. É um processo bastante similar a fazer ajustes usando Curvas. Clique no quadrado com a linha diagonal atravessada diretamente à esquerda da amostra de sua cor Pantone para abrir a janela Curva Duotônica (fig. **7.18**). Para clarear a segunda cor, puxe a curva até atingir o formato mostrado. Ao soltar o botão do mouse, a imagem será atualizada e o resultado deve ser uma imagem bem mais sutil (fig. **7.19**). Caso seja necessário, o canal do preto também pode ser ajustado da mesma maneira.

Imagens no formato duotone devem ser salvas como arquivos Photoshop EPS ou PSD. O formato EPS, nesse caso uma imagem de dois canais, requer a escolha de um tipo de imagem para visualização prévia. Para maiores detalhes, veja a seção EPS acima. Para o formato PDS a visualização prévia não é necessária.

Duotones contendo cores (Pantone) especiais (*spot*) que foram inseridos em um leiaute de página são incluídos como parte da composição quando o arquivo PDF é criado. Se você tem dúvidas quanto à inclusão das cores especiais no arquivo, abra-o em Adobe Acrobat Pro. Escolha Avançado > Produção de Impressão > Visualização de Saída, onde as cores Pantone usadas devem estar listadas embaixo das cores padrões de processo. Outra opção é colocar o arquivo PDF em um novo documento Quark ou InDesign. As cores Pantone usadas serão imediatamente acrescentadas às amostras de cores.

Se você deseja usar um duotone como parte de uma impressão CMYK, não o deixe no formato EPS de duas cores ou estará acrescentando a cor Pantone ao trabalho como uma quinta cor – e, consequentemente, aumentando significativamente os custos. Ao invés disso, converta a imagem duotone para o formato CMYK e salve-a como um arquivo TIFF.

DCS (*desktop colour separations*; separação de cores no desktop)

Desktop colour separations – DCS é outro tipo de formato de arquivo EPS. Há duas versões: DCS1 e DCS2.

Imagens DCS1 são compostas por cinco arquivos separados: os quatro elementos individuais da separação de cores mais uma de visualização da composição. Eu nunca uso arquivos DCS1. Prefiro converter tais arquivos para o formato TIFF (ou ocasionalmente EPS) antes de utilizá-los.

O formato DCS2 aceita canais de cores especiais além da separação de quatro cores e da visualização prévia, e pode ser salvo num formato de arquivos múltiplos ou como uma imagem composta individual.

Antigamente, a única alternativa para se adicionar uma cor especial (Pantone) a uma imagem CMYK era usar o formato DCS2. Hoje em dia, porém, é possível usar um arquivo PSD ou Photoshop PDF sem restringir o resultado na tela a uma prévia de 256 cores no leiaute de página. Para mais detalhes sobre o uso de cores Pantone e o formato DCS2, vide "Cenário típico 3" no capítulo 10.

PDF (*Portable Document Format*; Formato de Documento Portátil)

Qualquer trabalho salvo como um arquivo PDF pode ser inserido no InDesign ou no QuarkXPress. Afinal, um arquivo PDF é uma imagem capturada no formato PostScript, e portanto bastante similar a arquivos EPS e DCS. E, assim como arquivos EPS e DCS, em geral não há muito que se possa fazer em termos de edição depois que o arquivo foi criado e salvo. Se o arquivo original do qual foi criado continha erros, eles geralmente aparecem na impressão, já que a gráfica dificilmente irá checá-lo cuidadosamente. Isso significa que um arquivo PDF pode conter cores RGB, imagens altamente comprimidas, nenhum trapping, e as fontes podem ter sido incorporadas ou não.

Uma imagem de cor especial pode ser salva como um arquivo Photoshop PDF, bem como nos formatos DCS2 ou PSD. Quando inserida em um leiaute de página no InDesign, por exemplo, geralmente a cor especial em si não é visível, mesmo que a cor relevante seja imediatamente adicionada à janela Amostras (*Swatches*). Porém, quando o leiaute é exportado como PDF, a cor especial pode ser vista como uma adição sobreposta clicando em Avançado > Produção de Impressão > Visualização de Saída.

Mais vantajoso é o fato de que arquivos PDF, assim como arquivos EPS, podem conter tanto imagens vetoriais quanto bitmap. Isso os torna muito versáteis e úteis, especialmente quando se quer mandar à gráfica um arquivo de alta resolução que não requer mais nenhuma alteração antes da produção do filme ou chapa. Vide capítulo 12 para maiores informações sobre como criar arquivos PDF.

É possível abrir um arquivo PDF de página única, ou uma página de um arquivo PDF com várias páginas, no Photoshop. No entanto, é aberto como um arquivo EPS; além disso, o trabalho inteiro será convertido para um bitmap, incluindo todo o texto *e* a informação vetorial. Múltiplas páginas de um documento PDF podem ser abertas em um arquivo InDesign onde a informação vetorial será mantida, sendo até possível reexportá-lo como um segundo arquivo PDF.

Arquivos PSD

Um arquivo PSD é um formato de camadas múltiplas usado para gerar a aparência da imagem final, seja para impressão ou uso na web. As camadas são criadas, os objetos são inseridos nelas, e várias operações são realizadas para produzir a imagem composta desejada a partir de todas as camadas visíveis. Quando pronta, pode ser salva nesse formato de camadas múltiplas como um arquivo PSD (para arquivar e possivelmente utilizar no futuro) e também achatada numa única camada antes de ser salva como TIFF, JPEG ou qualquer outro arquivo desses.

Também é possível abrir arquivos PSD CMYK de alta resolução em leiautes de página e ligar e desligar camadas para produzir a aparência desejada. Assim, se uma das camadas contém uma imagem que possui uma borda suave elíptica de 20 pixels de largura em um plano de fundo transparente, ela pode ser usada como a imagem em edição se as outras camadas forem desligadas. Isso representa uma enorme vantagem para o designer, já que anteriormente esse tipo de aparência exigia a construção de uma imagem composta maior, incorporando tanto a camada suavizada quanto os elementos do plano de fundo sobre o qual estava posicionada. Só então era possível importar tudo para o leiaute de página. Para realizar novos ajustes em qualquer um dos elementos era preciso deletá-lo do leiaute de página, reabri-lo no Photoshop, realizar as mudanças, salvá-lo novamente e reimportá-lo.

No exemplo, a camada de fundo na imagem original (fig. **7.20**) foi convertida numa camada "normal". Isso foi feito clicando duas vezes na camada e uma vez em OK, o que permite a geração de áreas transparentes. Em seguida, foi feita uma seleção retangular (fig. **7.21**). Essa seleção recebeu uma borda suavizada no Photoshop, com o uso da janela Refinar Bordas (fig. **7.22**).

7.20 O arquivo original.

7.21 Uma seção retangular é recortada.

No InDesign, as camadas de arquivo PSD podem ser selecionadas quando a imagem é aberta ou mais tarde. Para ativar a seleção de camadas na abertura da imagem, a caixa Mostrar Opções de Importação deve ser selecionada na janela que se abre após a escolha de Arquivo > Inserir. Isso abre a janela Opções de Importação onde as camadas podem ser ligadas e desligadas para gerar a visualização correta. Se o arquivo já foi aberto, selecione-o e escolha Objeto > Opções de camada do objeto (fig. **7.23**), que também permite que as camadas sejam ligadas e desligadas. O arquivo pode então ser posicionado em um leiaute de página (fig **7.24**).

Para mim, os arquivos PSD são hoje os melhores de todos em termos de possibilidades de impressão. Além de trabalhar com várias camadas no leiaute de página, é possível também salvar duotones, demarcadores de corte e até canais de cor especial nesse formato. No caso de duotones e canais de cor especial, assim que a imagem é posicionada num leiaute de página as cores Pantone relevantes aparecem na janela Amostras (*Swatches*). Imagens de máscaras vetoriais têm a mesma aparência que teriam num arquivo EPS, só que você não estará visualizando uma imagem de 256 cores: um arquivo PDS lhe permite ver a imagem real.

 Ao salvar um duotone em formato PSD, é preciso ajustar a intensidade da cor Pantone, pois provavelmente ficará forte demais. Veja as notas sobre calibragem na seção Duotone acima.

7.22 Uma borda suavizada é acrescentada à seleção com o uso da janela Refinar Bordas.

7.23 (Sobreposto) A janela Opções de camada do objeto no InDesign, onde se podem ligar e desligar camadas de um arquivo PSD para gerar uma visualização específica.
7.24 O resultado final, inserido em um leiaute de InDesign.

Formatos de Imagem Ruins

A maioria dos formatos de imagem "ruins" produz uma impressão razoável num sistema desktop, mas mesmo assim não devem ser incluídos em arquivos enviados para impressão offset. O motivo principal é que impressoras desktop não-PostScript, tanto a laser quanto a jato de tinta, são feitas para lidar com imagens RGB, e *não* CMYK. No entanto, sistemas PostScript de maior qualidade (como *imagesetters*) são feitos para lidar com CMYK mas não RGB. Imagens em tons de cinza imprimem bem em ambos os sistemas.

Muitos dos programas de visualização que usamos para abrir imagens em nossos computadores exibem uma representação na tela razoavelmente boa de uma imagem RGB, enquanto imagens CMYK geralmente ficam bem estranhas. Por isso é extremamente importante não só verificar se você está usando o tipo correto de imagem, mas também certificar-se de enviá-la no formato CMYK para a gráfica. A única exceção é quando um arquivo JPEG RGB é acrescentado a, por exemplo, um leiaute de página do InDesign que está sendo convertido em PDF CMYK para impressão. Nesse caso, todos os dados RGB são substituídos pelo perfil CMYK, e conforme as imagens resultantes se tornam parte do arquivo PDF, deixam de ser JPEG. Esse método pode resultar em mudanças de cor indesejadas durante a conversão do modo da imagem, e deve ser usado apenas na ausência de uma alternativa razoável.

PNG (*portable network graphics*)

PNG é um formato de imagem comprimido usado para imagens inseridas em websites. Pode ter o mesmo leque de cores de um arquivo JPEG RGB, e também pode sustentar 256 níveis de transparência. Portanto, contém o leque potencial mais amplo de todos os formatos de imagem para a web. Infelizmente, isso significa que é também o maior formato de imagem e só deve ser usado quando, graças a seus atributos, é a única opção possível.

GIF (*graphics interchange format*)

GIF é um ótimo formato para websites, especialmente para imagens que podem ser compostas por um número pequeno de cores e/ou áreas grandes de cor plana – mapas, por exemplo, ou textos de títulos de cor única com aplicação de sombra. Não use o formato GIF para imagens com várias gradações de cor, tal como imagens de tons contínuos. Esse é o tipo de imagem mais comum em fotos, e embora possa ser salvo facilmente no formato GIF, o arquivo será muito maior do que se fosse salvo como JPEG.

Arquivos GIF são um formato de cor indexada, o que significa que podem exibir no máximo 256 cores, e nada mais. No entanto, podem ser *quaisquer* 256 cores. Por exemplo, ao salvar uma imagem com milhares de cores diferentes em um formato GIF, as 256 cores mais comuns do original constituirão a paleta inteira. Se forem necessárias cores adicionais para obter uma representação mais próxima do original, o arquivo GIF pode entrelaçá-las. Isso significa que uma cor é espalhada em meio aos pixels de outra, criando a ilusão de uma fusão de ambas quando vistas à distância. Intercalação (*Dithering*) é um método de criação de cores adicionais que ocupa muita memória, e geralmente resulta em um arquivo consideravelmente grande.

Para ver as cores que seu arquivo GIF contém, escolha Arquivo > Salvar para a Web e Dispositivos no Photoshop. Na janela Otimizado, escolha GIF como o tipo de arquivo e programe a Tabela de Cores para 256, o número máximo de cores possível; porém, *pode-se* usar um mínimo de 2. Além disso, uma cor pode ser designada como transparente. Você pode selecionar cores e deletá-las, uma por vez, para ver até que ponto a imagem se degrada além do desejado. Assim, é possível reduzir o número de cores da imagem a um mínimo. Se você conseguir o efeito desejado com 8, 16, 32 ou até mesmo 64 cores, sua imagem será substancialmente menor, em termos de tamanho de arquivo, do que se tivesse sido salva no formato JPEG.

Às vezes é possível converter um arquivo GIF em um arquivo TIFF razoavelmente bom que pode ser usado para uma impressão em quatro cores. A imagem precisa ser suficientemente grande para uma conversão bem-sucedida para TIFF, ou terá que ser usada em um tamanho consideravelmente menor do que o tamanho original. O resultado tende a ter uma aparência granulada devido à limitação do número de cores imposta pelo formato GIF. Na dúvida, converta uma cópia para um arquivo TIFF RGB e tente imprimi-la numa impressora a jato de tinta de alta resolução (isto é, uma que imprime a uma resolução de no mínimo 720 dpi) para ter uma ideia do resultado impresso.

... e a Categoria "Outros"

JPEG (*joint photographic experts group*)

Arquivos JPEG (abreviado para JPG no PC, que só aceita o máximo de três letras para extensão de arquivo), assim como arquivos TIFF, podem utilizar um leque de até 16.7 milhões de cores no formato RGB e 4,5 bilhões em CMYK. Porém, ao contrário do arquivo TIFF, o JPEG é um formato de perda. Isso significa que, seja qual for o nível de qualidade em que for salvo o arquivo, haverá perda irrecuperável de informações. A cada vez que a imagem é salva, há uma pequena perda. Para imagens de alta qualidade, isso não constitui um grande problema, mas em um nível de qualidade baixa, é terrível.

Ao salvar um arquivo como JPEG, você tem a opção de selecionar, no Photoshop, qualquer um dos treze níveis de qualidade (de 0 a 12, sendo 0 o mais baixo). Para ver como um formato de compressão de perda pode afetar uma imagem, experimente fazer o seguinte.

Recorte uma pequena seção de uma imagem. Tente selecionar algo que inclua tanto detalhes "nítidos" quanto detalhes suaves – a linha de horizonte de uma edificação é ideal, como na fig. **7.25**. Faça uma cópia e em seguida salve uma em um nível de qualidade alto (10 ou mais) e a outra no nível de qualidade "0".

Uma vez salva a imagem com qualidade "0", será preciso fechá-la e reabri-la para ver as mudanças. Mesmo assim, as diferenças talvez não sejam perceptíveis até que se amplie a visualização da imagem. Então, as diferenças ficam óbvias.

Salvar um arquivo em JPEG – em qualquer nível de qualidade – divide a imagem em quadrados, cada um medindo 8 pixels por lado. Um algoritmo (um padrão, basicamente) é aplicado a cada um desses quadrados. Quanto maior o nível de qualidade, mais complexo o algoritmo. Se o arquivo é salvo no nível 10 ou acima e depois salvo novamente como um arquivo TIFF para impressão, poucos conseguem identificar, a partir da imagem final impressa, que se tratava originalmente de um arquivo JPEG, principalmente sem a imagem original para comparação. Ao nível 12 é quase impossível distingui-lo de um arquivo TIFF (fig. **7.26**). Ao nível 0 a situação é totalmente diferente. O "padrão" nesse nível é tão simples que restam apenas detalhes vagos nos quadrados. Ademais, devido a essa simplicidade, quadrados rosados, esverdeados e azulados podem aparecer lado a lado, como se cada quadrado fosse uma mini-imagem independente, sem relação alguma com o contexto geral. Quando um quadrado inclui tanto uma área detalhada quanto uma área plana, a turbulência do detalhe afeta o padrão inteiro, distorcendo a área plana. O resultado é chamado de *artifacting*, e dá a sensação de que todos os objetos da imagem estão emanando calor.

Não há nenhum bom motivo para salvar uma imagem como um arquivo JPEG de nível de qualidade médio ou abaixo. Se você precisar de um arquivo menor, use a otimização (ver página seguinte). Fora isso, salve no nível de qualidade mais alto possível.

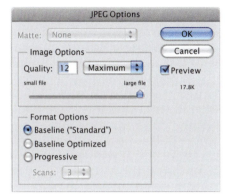

7.25 (Esquerda) Acima, a imagem foi salva no nível de qualidade JPEG 10 de uma escala de 0 a 10. Embaixo, a mesma imagem salva no nível 0. Ambas foram ampliadas para visualização dos pixels.

7.26 Uma imagem JPEG salva no nível de qualidade 12 é visualmente tão boa quanto uma imagem TIFF.

A propósito, ao salvar um arquivo em JPEG, só escolha uma das configurações "progressivas" se for para exibição na web. Isso permite que a imagem carregue na tela rapidamente com resolução baixa, atualizando-se gradativamente até surgir a imagem completa depois de duas, três ou quatro etapas adicionais. Portanto, sua única finalidade é exibir alguma coisa na tela para tentar prender a atenção dos internautas, evitando que fiquem entediados e mudem de website. A configuração progressiva não tem nenhuma finalidade para a impressão.

Eu incluí o arquivo JPEG na categoria "outros" porque *ocasionalmente* pode ser adicionado a um arquivo InDesign que será impresso como PDF. Nesse caso, *pode até estar presente no formato RGB* – contanto que, na criação do PDF, o sistema de gerenciamento de cores utilizado converta todos os objetos no documento para um perfil CMYK (vide a seção Adobe Acrobat no capítulo 12). Embora isso *possa* ser feito, *não deve* ser feito a menos que não haja outra alternativa possível: a conversão de uma imagem RGB em CMYK quase sempre resulta em mudanças de cor indesejadas.

Não vou detalhar os usos de outros formatos de imagem porque esse livro trata basicamente de questões relacionadas à impressão comercial. Eu incluí formatos de imagem para web porque são muito comuns, e também porque geralmente causam problemas quando incluídos no processo de trabalho da impressão comercial. Na dúvida, aproxime a imagem e examine cuidadosamente a qualidade dos detalhes antes de decidir por usar um desses formatos. No entanto, tenha certeza de convertê-lo antes para TIFF ou PSD ou um dos formatos EPS – e verifique se é RGB ou CMYK.

Imagens da Web: Otimização e Resolução

Não é uma ideia muito boa simplesmente baixar o que se quer da internet e usar, pois você pode acabar sendo processado. Certifique-se de obter primeiro a permissão do detentor dos direitos autorais, ou esse erro pode lhe custar caro.

Supondo que você tenha obtido permissão, aproveite para solicitar uma cópia melhor da imagem que quer usar. Caso contrário, o material raramente será apropriado para impressão. Há várias razões para isso: imagens da web são sempre RGB ou "de cor indexada" (o formato GIF); são sempre salvas como arquivos JPEG, GIF ou PNG; e sua resolução é geralmente descrita como 72 dpi, baixa demais para ser usada, a menos que você encolha a imagem para um tamanho fisicamente menor a fim de aumentar a resolução. Além disso, se for um arquivo JPEG, seu tamanho foi provavelmente reduzido por meio de uma configuração de baixa qualidade, e não por otimização.

É um erro comum achar que a descrição "72 dpi" é baseada na resolução das telas de computador. Na verdade, faz tempo que as telas de PC têm um resolução de 96 dpi, e as do Mac, que eram 72 dpi, também já se atualizaram. No entanto, as engrenagens da indústria gráfica giram lentamente, e é provável que a denominação "72 dpi" para resolução na web ainda persista por vários anos. Isso significa que, para uma imagem ser exibida com 10 cm (4 pol) de largura em um site, ela terá que ter 378 pixels de largura e não 283, que era o número necessário para uma imagem de 10 cm (4 pol) a 72 dpi. Caso contrário, a imagem ficará menor do que se pretendia em *qualquer* PC e na maioria dos Macs.

Otimização

Como a otimização ainda não é uma prática comum, é possível que, com um pouco de sorte, a imagem que você quer usar tenha uma qualidade bastante alta. Caso contrário, uma imagem otimizada é um ponto de partida melhor do que tentar reduzir o tamanho do arquivo simplesmente salvando-o no formato JPEG a um nível de qualidade baixo. Quando isso ocorre, a imagem fica seriamente comprometida. A otimização, por outro lado, reduz bem mais o tamanho do arquivo, mas – estranhamente – deixa a aparência da imagem bem mais próxima do original.

Pense da seguinte maneira: sua imagem tem uma superfície, que você vê, e uma profundidade, que você não é capaz de ver. Se você salvá-la em níveis de qualidade cada vez mais baixos, estará removendo detalhes da superfície e substituindo-as por *artifacting*. Já na otimização, as profundidades não vistas são aparadas sem que a superfície sofra grandes alterações.

Como exemplo, vamos pegar a imagem usada anteriormente para demonstrar os efeitos da compressão JPEG. A

7.27 A imagem otimizada é a da direita.

imagem salva no nível de qualidade 10 era claramente superior à imagem salva no nível 0; no entanto, em termos de tamanho de arquivo, a imagem de nível 10 tinha 13 kb, enquanto a imagem de nível 0 tinha apenas 11 kb. Não é uma diferença enorme – certamente não uma diferença útil. A imagem otimizada, porém, tinha 3 kb, e não era visivelmente diferente. Eu a salvei novamente como um arquivo TIFF para impressão, e aqui está, ao lado do original (fig. **7.27**). Ambas foram ampliadas para facilitar a identificação de possíveis diferenças. Você consegue distingui-las?

É óbvio que, no caso de uma imagem da web, é bem melhor poder usar uma imagem que foi cuidadosamente otimizada do que uma danificada por ter sido salva em um nível baixo de qualidade.

Como otimizar uma imagem

Não há necessidade de otimizar uma imagem se você pretende inseri-la depois em um leiaute de página para ser impressa. Porém, é extremamente útil quando se precisa salvar uma imagem para um website, ou enviar a alguém por e-mail uma prova virtual de boa qualidade.

Depois de salvar a imagem de alta resolução como um arquivo TIFF ou EPS no Photoshop, mas com a imagem ainda aberta na tela, escolha Arquivo > Salvar para a Web e Dispositivos. Na janela que abrir, clique na aba 2-up no alto. Isso abre a imagem original na esquerda e uma cópia na direita. Embaixo da imagem aparecem informações do atual formato e tamanho do arquivo. Confie apenas no tamanho indicado embaixo da imagem da direita, já que a outra tende a refletir como a imagem *ficaria* se fosse salva como um arquivo TIFF, um informação pouco útil. A cópia também exibe o tempo de *download* a várias velocidades de *modem*.

Na seção Predefinição do lado direito, você pode escolher JPEG, GIF, PNG-8 ou PNG-24 como o formato de arquivo.

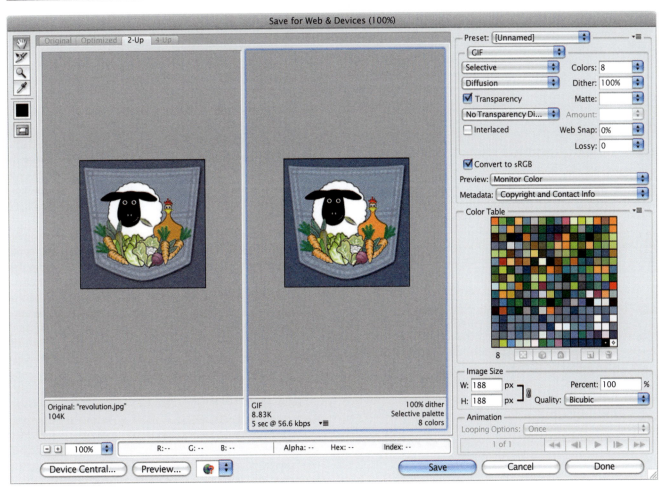

7.28 A janela Otimizado mostrando configurações para uma imagem GIF de 8 cores.

Se você estiver otimizando um logotipo ou uma imagem com poucas cores (tal como um título com um sombra, experimente GIF (fig. **7.28**). É um formato particularmente útil para qualquer imagem boa com 256 cores ou menos. Ademais, é possível designar uma das cores como transparente, o que permite deletar o plano de fundo.

Se sua imagem tem um tom contínuo, isto é, tal como uma fotografia (que precisa de mais de 256 cores para ficar boa), escolha JPEG. A configuração de qualidade padrão é 60, o que significa que você não verá nenhuma, ou *quase* nenhuma, diferença entre a prévia otimizada e o original. Se precisar de um arquivo menor, você pode tentar reduzir essa configuração, mas fique de olho na qualidade da imagem ao fazê-lo. Enquanto faz ajustes na configuração de qualidade, o tamanho e tempo de *download* do arquivo são recalculados e as informações embaixo da cópia são atualizadas. Ao mesmo tempo, o resultado das novas configurações é aplicado à cópia, permitindo uma comparação com o original não modificado ao lado. Quando estiver satisfeito com o tamanho do arquivo e a aparência da cópia, escolha Salvar. O programa pedirá agora um nome e uma localização para o novo arquivo.

Arquivos JPEG não podem ter áreas transparentes, e insistem em ser retângulos opacos. Um arquivo PNG-24, porém, pode conter o espectro inteiro de 16,7 milhões de cores disponíveis para um arquivo JPEG RGB, *além* de níveis múltiplos de transparência. (Um arquivo PNG-8 só pode exibir um nível de transparência e 256 cores – praticamente um arquivo GIF.) Portanto, uma imagem PNG-24 pode ter uma borda suavizada num plano de fundo previamente colorido no Dreamweaver, por exemplo. A desvantagem é que, com um maior número de opções, o tamanho do arquivo é maior.

Resolução

Antes de discutir os problemas relacionados com a resolução de imagens na web, seria interessante detalhar brevemente os diferentes tipos de terminologia de resolução encontrados por designers.

Vamos começar com a tela do computador. Se for um Mac mais antigo, tem uma resolução de 72 dpi, se for um Mac mais novo ou um PC, tem uma resolução de 96 dpi. Esse "dpi" se refere apenas à resolução de visualização, e é por isso que imagens inseridas em sites são geralmente descritas como tendo um tamanho específico a uma resolução de 72 dpi, isto é, o menor denominador comum entre as duas possibilidades.

Se você montou um leiaute de página contendo imagens de 300 dpi – isto é, imagens de 300 pixels por polegada – e texto vetorial, sua tela não pode exibir nada melhor do que 96 dpi (ou possivelmente 72 dpi numa tela de Mac mais antiga), embora seja obviamente possível visualizar a página em diferentes níveis de ampliação através do controle de zoom.

Se você imprimir a página em uma impressora a laser, provavelmente terá uma impressão de 600 dpi. Isso significa que as partículas de toner utilizadas pela máquina medem aproximadamente 1/600 de diâmetro. Esse número não tem nada a ver com a resolução dos elementos inseridos na página. Ele simplesmente limita o nível de detalhe possível para impressão.

Da mesma maneira, impressoras a jato de tinta geralmente imprimem a resoluções de 1440 dpi ou mais. Novamente, isso se refere ao tamanho das gotículas de tinta borrifadas para criar a impressão, e não tem nada a ver com a resolução digital das imagens e texto que estão sendo impressos.

Finalmente, a *imagesetter* que produz os filmes para impressão em offset podem ter uma resolução de 2400 dpi ou mais. Isso permite a geração de tamanhos de ponto variáveis nos meios-tons produzidos a partir das imagens de 300 dpi do leiaute de página. A resolução desses meios-tons é descrita ou como lpi (linhas por polegada) ou como "lineatura", que se refere ao número de linhas de pontos de meio-tom por polegada linear. O mesmo ocorre nas platesetters que gravam a chapas utilizadas em impressoras offset.

Se isso soa confuso, você não está sozinho. Resolução é uma área confusa para a maioria dos designers gráficos e leva um tempo para processar todas as informações.

Imagens da web são normalmente salvas a 72 dpi (embora a maioria dos monitores seja hoje 96 dpi), mas para impressão comercial é necessário que tenham 300 dpi *no tamanho em que serão impressas* (para mais informações sobre isso e valores ideais de escaneamento ver capítulo 8).

Se você baixou uma imagem com 72 dpi e 100 mm (4 pol) de largura, e quer imprimi-la com 50 mm (2 pol) de largura, é fácil pensar que você já tem aproximadamente metade da resolução necessária, já que 72 dpi em uma largura de 100 mm (4 pol) requer o mesmo número de pixels (288) de 144 dpi em uma largura de 50 mm (2 pol), e 144 é aproximadamente metade de 300. (Designers gráficos geralmente consideram que imagens digitais necessitam de uma resolução de no mínimo 300 dpi para impressão em offset. Não é um número exatamente preciso, mas serve por ora. Ver capítulo 8 para mais detalhes.) Na verdade, essa é uma visão otimista. Como exemplo, consideremos uma imagem que mede exatamente uma polegada por uma polegada. Se sua resolução é 72 dpi, quão próximo estamos do que realmente precisamos para imprimi-la nesse tamanho em offset?

Antes de examinarmos os números envolvidos nessa pergunta, eu gostaria de mencionar um recurso extremamente importante da janela Tamanho da Imagem no Photoshop (fig. **7.29**). Suas configurações padrão mostram largura e altura em termos de pixels na região superior, abaixo do qual aparecem medidas de largura e altura na unidade atualmente selecionada em Preferências. Abaixo disso vem o campo de resolução. Nesse momento, as medidas de largura e altura de ambos os campos estão vinculadas porque a caixa Restringir Proporções está selecionada. No entanto, a resolução não está vinculada a largura e altura.

Para saber o tamanho físico real de uma imagem de, digamos, 72 dpi, desselecione a caixa Restaurar Resolução da Imagem no canto inferior esquerdo da janela. Ao fazê-lo, a seção superior da janela fica travada, o que significa que o número de pixels da imagem não pode ser alterado, e o campo de resolução fica vinculado aos campos de largura e altura na seção do meio. Assim, se qualquer um deles for alterado, os outros dois serão alterados também. Se você destacar o "72" no campo de resolução e digitar "300" no seu lugar, a largura e altura mudarão para mostrar qual o tamanho físico da imagem naquela resolução (fig. **7.30**).

72 dpi significa 72 pixels para cada polegada vertical e horizontal da dimensão da imagem. Isso dá um total de 72 x 72, ou 5.184 pixels por polegada quadrada. A 300 dpi, são 300 x 300. Isso dá 90.000, 17.361 vezes mais pixels. Isso significa que sua imagem original contém pouco menos de 1/17 do detalhe que teria se você tivesse começado com um escaneamento de resolução ideal. Não é à toa que poucas imagens da web merecem atenção quando se trata de impressão em offset.

No entanto, e se sua imagem pudesse ser ampliada de maneira convincente para, digamos, 150 dpi? Em outras palavras, um método mais eficiente do que simplesmente espalhar a informação original por uma grande quantidade de pixels?

Já consegui transformar imagens que, à primeira vista, pareciam impossíveis de serem trabalhadas, em imagens que não só imprimiram sem pixelização ou invasão de cor, como ficaram muito convincentes. Não é sempre que dá certo, mas um só sucesso já faz valer a pena. Vire a página para saber mais.

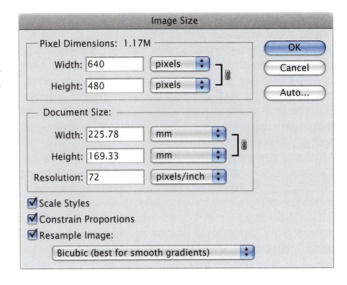

7.29 A janela Tamanho da Imagem em seu estado padrão, isto é, a resolução não está vinculada a largura e altura, que por sua vez estão vinculadas.

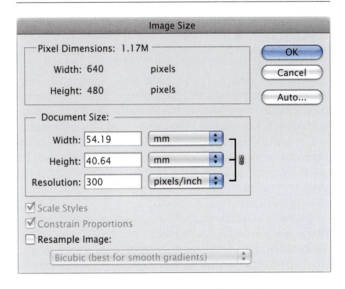

7.30 A janela Tamanho da Imagem com a caixa Restaurar Resolução da Imagem desselecionada; largura, altura e resolução estão todas vinculadas entre si.

Genuine Fractals

Há vários programas disponíveis que são mais eficientes em ampliar imagens do que o Photoshop. Portanto, se você necessita constantemente desse tipo de serviço, deve considerar seriamente a possibilidade de obter um. No exemplo a seguir eu usei o Genuine Fractals (produzido pela empresa de software onOne), que funciona como um plug-in do Photoshop e está disponível tanto para a plataforma Mac quanto para PC. O Genuine Fractals lhe permite salvar uma imagem sem perda ou com um mínimo de perda.

Como sua imagem da web já sofreu o máximo de perda aceitável, vamos supor que você queira salvá-la num formato sem perda. Ao reabri-la você pode especificar uma resolução e tamanho consideravelmente maiores do que o original e obter um resultado final bem melhor do que simplesmente optando por Imagem > Tamanho da Imagem no Photoshop e aumentando a contagem de pixels. O Genuine Fractals consegue manter os detalhes bem mais nítidos à medida que aumenta a imagem, dando a impressão de haver detalhe onde antes não existia. Por exemplo, se há um objeto com uma borda curva em algum lugar da imagem, simplesmente aumentando a contagem de pixels produz uma curva maior, de aparência mais suave. O Genuine Fractals aumenta a contagem de pixels mantendo ao mesmo tempo a nitidez da curva. Isso resulta em uma imagem mais limpa e nítida, além de maior – talvez até suficientemente grande para imprimir.

A fig. **7.31** ao lado mostra: à esquerda, a imagem da web original de 72 dpi; no centro, uma cópia com as mesmas dimensões, mas com a resolução aumentada para 300 dpi usando Imagem > Tamanho da Imagem no Photoshop (esse método é chamado de "interpolação" e significa que a informação original foi simplesmente espalhada sobre um número maior de pixels); e na direita, outra cópia também com as mesmas dimensões, mas salva usando Genuine Fractals e em seguida reaberta a 300 dpi.

Vemos um recorte de cada uma delas, na mesma ordem em que aparecem em 7.31, mas bem mais ampliadas (fig. **7.32**). Veja como as bordas estão mais definidas na imagem da direita. Note também como essa imagem é mais suave e nítida comparada à granulosidade da imagem interpolada ao centro.

É óbvio que falta de resolução não é o único empecilho num arquivo JPEG obtido da web. Quase sempre haverá grave distorção devido ao baixo nível de qualidade em que o arquivo foi salvo. Praticamente a única maneira de melhorar isso é usando a ferramenta Carimbo (*Clone Stamp*) no Photoshop. As áreas mais problemáticas são aquelas como, por exemplo, imagens do céu, onde os detalhes do horizonte influenciam os blocos de pixels de 8 x 8 que se sobrepõem às áreas de céu mais suaves e claras acima deles. Tal interferência chega a ser amenizada durante o processo de interpolação, mas agora é hora de lidar com ela de modo mais definitivo.

Pode parecer melhor lidar com essas áreas antes de ampliá-las. No entanto, embora essas áreas estejam maiores depois do redimensionamento realizado com o método acima, em geral é preferível fazer ajustes com a ferramenta de clonagem *após* a ampliação, e não com a imagem a 72 dpi. A resolução mais alta permite mais espaço para ajustes, e uma imagem mais suave para clonar tons de melhor qualidade.

A chave para uma clonagem bem-sucedida é redefinir continuamente seu ponto de origem. Isso é extremamente importante. Se não o fizer, você verá padrões de repetição aqui e ali, ou áreas que parecem erradas simplesmente porque seus detalhes não combinam com a área ao redor.

Usando imagens GIF

Isso pode ser bem difícil pois, conforme mencionado no capítulo 5, o formato GIF só permite a presença de 256 cores diferentes na imagem. Portanto, para criar a ilusão de uma imagem com uma paleta mais ampla, o arquivo GIF tem que espalhar os pixels de uma das cores existentes em meio aos pixels de outra. Assim, é grande a probabilidade de nossos olhos pensarem que estão vendo todos os tons entre as duas cores, quando na verdade eles não existem.

Há casos em que a imagem GIF foi otimizada para conter menos do que 256 cores, e isso obviamente tende a piorar as coisas. Só resta nesse caso converter a imagem de volta para o modo RGB ou CMYK, e depois aumentar o tamanho da imagem em até 10%. Isso permite a criação de novos pixels que podem "escolher" sua cor da gama inteira disponível no espaço de cor que você selecionou.

Infelizmente, devido às dimensões físicas reduzidas da maioria das imagens GIF encontradas na web, é improvável que você fique satisfeito com o resultado impresso. A única luz nesse horizonte específico é a maior probabilidade de imagens complexas (por exemplo, fotografias ao invés de imagens gráficas criadas) terem sido salvas como JPEG ao invés de GIF, e isso lhe dá maior chance de obter algo que possa usar.

Formatos de Imagem Bons e Ruins... e Outros!

7.31 (Fileira Superior) A imagem original (esquerda) e cópias ampliadas com Photoshop (centro) e Genuine Fractals (direita).

7.32 (Fileira Inferior) As mesmas três imagens, ampliadas para visualização de detalhes.

Resolução e Escaneamento

Muitos designers já sabem qual resolução deve-se usar na hora de imprimir, mas não sabem por quê. Igualmente, muitos sabem qual a melhor resolução para se salvar uma imagem que será colocada em um website, mas não fazem ideia de que a terminologia ainda utilizada é redundante pois a tecnologia já evoluiu – e como resultado, as imagens mudarão de tamanho. E existem também outros tipos de resolução: nós conhecemos "pontos por polegada", mas e "linhas por polegada"? Será que esses dois conceitos estão conectados e, caso estejam, de que maneira?

Outro valor de resolução surge de repente quando consideramos ou a nossa impressora de desktop ou a platesetter que produz as chapas para impressão industrial: subitamente temos uma vasta combinação de números, cada um relacionado a algum tipo de resolução: 72, 150, 300 1440, 3600. Todos eles têm um importante papel a desempenhar.

Resolução pode ser uma área um tanto quanto confusa, a não ser que você tenha uma ideia geral do que está ocorrendo. Então, poderá entender como todos esses números se relacionam, apesar de eles se aplicarem a componentes diversos do processo de impressão e design, e você conseguirá decidir exatamente o que é necessário para certa imagem, e até mesmo para certo tipo de papel. E o melhor de tudo é que assuntos ligados a resolução nunca mais irão confundi-lo.

Página oposta: Certificar-se de que tem a resolução certa para o tipo de destino que sua imagem terá é fundamentalmente importante.

O que 300 Tem de Tão Especial?

Grande parte dos designers com quem conversei sobre resolução aprenderam que devem escanear tudo a 300 dpi, mas eles não sabem exatamente por quê. Na verdade, existe uma fórmula que pode ser aplicada a qualquer projeto e que mostra que 300 dpi não é, em realidade, o número mágico para tudo, o tempo todo.

Existem dois fatores envolvidos na determinação de quanto o detalhe original uma imagem consegue reter. Um deles é dpi, que determina quantos pixels existem por polegada de imagem. O outro é o tamanho real da imagem, da maneira como ela irá aparecer no papel. Se tiver apenas uma dessas informações então, com o perdão do trocadilho, você não está visualizando toda a situação.

Por exemplo, muitas vezes me pedem para enviar imagens aqui e acolá, e dizem que precisam delas a "aproximadamente 10 x 12 polegadas". Como expliquei no capítulo 7, o tamanho de um arquivo de uma imagem 10 x 12 pol a 72 dpi é muito diferente de um arquivo de uma imagem com 10 x 12 pol a 300 dpi. A não ser que também me digam a resolução, além do tamanho, eu não tenho como saber exatamente o que está sendo pedido. Algumas vezes a pessoa que recebe a imagem não possui um Photoshop disponível, então se eu enviar algo que é dezessete vezes maior do que o necessário – e provavelmente no modo de cor errado também – ela não terá como lidar com a situação. E como eu não gosto de enviar imagens sem a calibração apropriada, é de grande valia saber qual processo será utilizado na impressão final.

Se o processo de impressão for offset, temos que observar mais atentamente para saber realmente qual tem que ser o valor dpi. Que tipo de papel está sendo utilizado? Se o papel não for revestido então a lineatura dos meios-tons provavelmente não tem que ser maior que 133 lpi (Nota: isso é lpi – *lines per inch*; linhas por polegada – e não dpi), caso contrário haverá perda de detalhes quando os pontos se misturarem. Mas se estiver imprimindo em um papel revestido você geralmente pode ir direto para 150 lpi. Algumas capas de revista chegam até 175 ou mesmo 200 lpi, mas isso é menos comum. Quanto menores os pontos maior a dificuldade para imprimi-los, e o impressor precisa parar mais vezes o processo para limpar tudo. Então, valores superiores a 150 lpi são utilizados apenas se forem considerados necessários para a qualidade do resultado. Em termos de efetividade visual, a maioria de nós nem consegue ver os pontos a 150 lpi.

O princípio básico é dobrar o valor da lineatura que vai ter ao final e usar esse valor como o dpi que você precisa para a imagem. É daí que vem o número mágico de 300 dpi – é o dobro da lineatura de um meio-tom que será impresso em um papel revestido. Se tiver a imagem nessa resolução, então – desde que o tamanho físico seja grande o suficiente – você não terá problemas nem com papéis revestidos e nem com não revestidos, já que o valor real da lineatura de uma imagem é aplicado pela *imagesetter* que grava o fotolito. Então não importa se sua imagem está em uma resolução um pouco acima da que precisa. Significa apenas que você tem um pouco mais de detalhe disponível na imagem digital do que consegue reproduzir. Não será um problema. O problema é quando tem uma imagem em uma resolução muito baixa, e portanto capta menos detalhes do que poderia imprimir.

Uma vez decidida a resolução correta, você tem que lidar com o tamanho. É muito provável que, de início, você não saiba de que tamanho quer a imagem. Isso acontece o tempo todo comigo. E se eu colocar muitas imagens CMYK em alta resolução no leiaute de página as coisas começam a ficar lentas. Se o projeto for um livro, pode significar que eu tenha que esperar a tela reaparecer toda vez que mude alguma coisa, o que é um problema muito grave quando existe um prazo. Felizmente, existe uma solução.

Criando um Fluxo de Trabalho Eficiente

A primeira coisa a se fazer é processar e salvar todas as imagens necessárias para o trabalho em alta resolução (300 dpi está ótimo) e no modo CMYK. Isso significa que elas devem estar do tamanho, ou maiores, do que você irá precisar. Uma vez que tiver iniciado o processo de leiaute não será tão fácil fazer ajustes nelas, então tenha certeza de que todo o trabalho foi feito. Salve-as em uma mesma pasta: eu geralmente chamo de "hi-res CMYK" (CMYK em alta resolução). Crie uma pasta vazia adjacente chamada de "lo-res RGB" (RGB em baixa resolução).

No Photoshop, abra uma das imagens e escolha Janela > Ações (fig. 8.1). Clique no botão Opções (no canto direito superior da janela) e escolha Nova Ação. Na janela Nova Ação que se abre, chame-a de "300 CMYK para 72 RGB" e clique em Gravar (fig. 8.2). Agora tudo que fizer na imagem aberta será salvo, então tome cuidado!

Escolha Imagem > Tamanho da Imagem e, na janela, certifique-se de que a resolução não está ligada à altura e largura (vide as imagens da janela Tamanho da Imagem no capítulo anterior). Se estiver, escolha Restaurar Resolução da Imagem (*Resample Image*) no canto inferior esquerdo. A resolução deverá, então, se separar dos outros dois quesitos. Selecione o número naquele campo, 300, e mude-o para 72. Clique em OK, e parecerá que sua imagem mudou de tamanho. Isso não é um problema. Em se tratando do leiaute da página, as dimensões são as mesmas de antes. Em seguida, selecione Imagem > Modo e coloque em RGB (fig. 8.3). A imagem agora está em baixa definição RGB, mas na verdade é do mesmo tamanho físico que o original em termos de centímetros de largura e altura, e portanto irá ocupar a mesma área no InDesign que a imagem CMYK inicial.

Finalmente, feche a imagem mas não a salve, ou você terá substituído um de seus CMYK de alta resolução originais.

8.1 A janela Ações.

8.2 A janela Nova Ação.
8.3 (Embaixo) A lista Imagem > Modo.

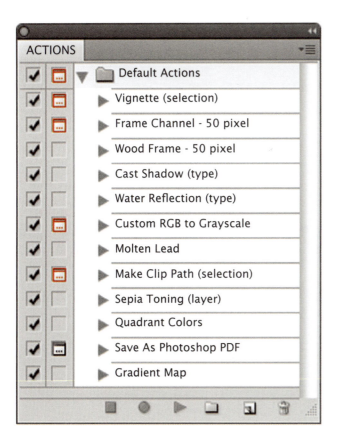

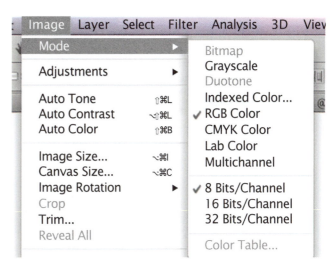

Agora, ainda no Photoshop, escolha Arquivo > Automatizar > Lote (fig. **8.4**). Isso permite que você automaticamente aplique a ação selecionada a todas as imagens de um determinado local de "origem", e salve o resultado em um local de "destino" – enquanto faz outra coisa.

A ação que você acabou de criar deve aparecer no topo de janela; caso contrário, escolha-a na lista.

A Origem (*Source*) deve estar selecionado para Pasta (*Folder*). Então, clique em Escolher (*Choose*), localize a pasta high-res CMYK e selecione-a. O destino também deve ser uma pasta. Novamente, clique em Escolher, ache a pasta low-res RGB, e selecione-a. Depois, clique em OK. O Photoshop irá abrir cada uma das imagens CMYK em alta por vez, aplicar a ação, e salvar o resultado em RGB de baixa na pasta de destino.

As imagens RGB em baixa devem ser usadas para construir o seu design no InDesign. Quando estiver completamente terminado, salve o arquivo e feche-o. Então, mova a pasta com as imagens RGB e reabra o arquivo InDesign – que irá lhe avisar que os vínculos para os arquivos de origem foram rompidos, e sugerirá que você use a janela Vínculos (*Links*) para arrumar as coisas. Clique em OK, e o arquivo abrirá – aparentemente com as imagens ainda no lugar. Mas não se engane: elas são meramente representações de tela e definitivamente não são boas para impressão.

Abra a janela Vínculos e você verá um ícone vermelho de "Vínculo perdido" oposto a todas as imagens na lista. Para ativar a janela, clique uma vez no primeiro da lista (fig. **8.5**), e então clique no ícone "revincular". Isso abre uma listagem de arquivos que permitirá a você identificar a localização atual – não das imagens RGB em baixa, mas as CMYK em alta de mesmo nome. Selecione as imagens em alta definição na pasta Origem, clique em Abrir, e o InDesign irá encontrar e atualizar os vínculos para todas as imagens no leiaute.

8.4 (Abaixo) A janela Lote (Batch) no Photoshop.
8.5 (Direita) A janela Vínculos (links) no InDesign mostrando os vínculos "perdidos".

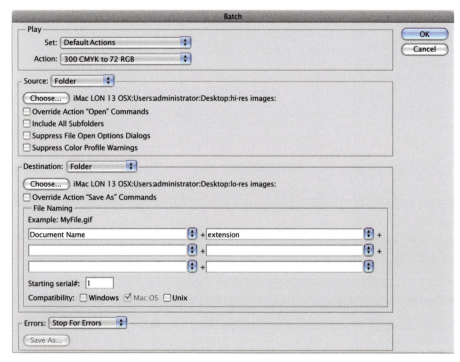
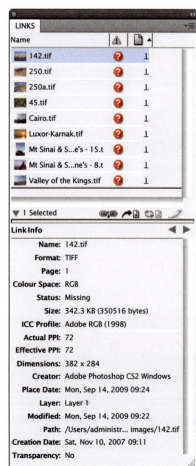

Escaneando Material Original

Por fim, salve o arquivo e faça o PDF. Esse método garante que você nunca mais terá que ficar esperando a atualização da tela.

Se estiver digitalizando slides ou impressos para criar os arquivos CMYK em alta resolução, então, para determinar as configurações corretas do scanner, primeiro você tem que determinar a porcentagem de ampliação ou redução que precisa (eu uso uma fórmula baseada no "divida o que você quer pelo que você tem" na calculadora), e depois dobre o valor desejado da lineatura de meios-tons para chegar ao valor de dpi. Então use essa porcentagem e esse valor dpi como as configurações de scanner para a sua imagem.

A propósito, apesar da disponibilidade de scanners de qualidade incrível a preços ótimos no mercado, é importante checar qual o software que acompanha o produto antes de comprá-lo, especialmente que tipo de interface está disponível se quiser digitalizar diretamente para o Photoshop. Alguns softwares de escaneamento são voltados para o usuário comum ao invés do profissional, e lhe darão apenas algumas opções, ao invés da gama de configurações que você necessita. Se não puder colocar valores específicos de dpi e porcentagem para digitalização, é melhor utilizar outro scanner, por mais interessante que a oferta possa parecer.

8.6 (Fileira Superior) Esquerda: Imagem sem desreticulagem. Centro: Desreticulada a 90 lpi. Direita: Desreticulada a 150 lpi.

8.7 (Fileira do meio) Os canais RGB. O padrão *moiré* aparece no canal azul.
(Fileira Inferior) Os canais CMYK. O padrão *moiré* aparece no canal amarelo.

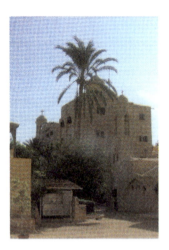
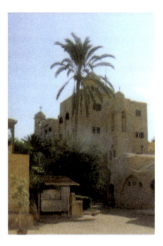

Escaneando Imagens Previamente Impressas

Se lhe enviarem para escanear uma imagem que foi impressa utilizando quadricromia, existem dois problemas. O primeiro refere-se a direitos autorais. O cliente tem o direito de usar essa imagem? Investigue. Caso contrário, você poderá ser responsabilizado.

O segundo problema é que todos os ângulos de retículas corretos para as cores CMYK já foram usados (vide Capítulo 2). Se você simplesmente escanear a impressão novamente, o resultado será um padrão *moiré*. Isso ocorre porque, quando o seu scanner se move através da imagem, ele captura fileiras de pixels ao mesmo tempo, e cada uma delas é chamada de "amostra". O número de amostras por polegada (SPI – *samples per inch*) é portanto igual ao número de pontos, ou pixels, por polegada que você especificou. Todas essas amostras juntas formam uma grade de pixels em um novo ângulo de retícula – daí o *moiré*.

Para lidar com esse problema com sucesso, você deve começar pelo processo de escaneamento de fato. Bons scanners possuem um modo de "desreticulagem", para a eliminação do efeito *moiré*. Se esse for o caso, existe uma boa chance de se conseguir uma imagem de qualidade decente e sem *moiré*. Modos de desreticulagem costumam ser apresentados como de "revista de arte, boletim informativo, jornal, customizado" e assim por diante. Essas configurações padronizadas se referem à densidade da lineatura da imagem original. Elas determinam o quanto seu scanner terá que strabalhar para conseguir superar a possibilidade de um padrão *moiré*. Os valores de linha de tela que elas geralmente representam são 150 lpi para revista de arte, 133 para boletim informativo, e 120 ou menos para jornal.

Se souber o valor exato de linha de tela utilizado para imprimir o seu original, e caso não seja 150, 133 ou 120 lpi, use a opção "personalizar" (caso esteja disponível) e insira o valor. Se a personalização não estiver disponível, você terá que selecionar a opção que estiver mais próxima de sua imagem.

Para papel não revestido, o padrão mundial para linha de tela é geralmente 133, mas algumas vezes 150 lpi; para papel revestido costuma ser 150, mas pode chegar a 175 ou até 200 lpi. Para ver uma imagem com e sem desreticulagem, observe a fig. **8.6.**

Em alguns casos, mesmo que tenha escolhido a configuração lpi correta, o resultado ainda terá um *moiré* visível. Se isso ocorrer, tente reescanear com uma configuração lpi menor, o que, além de ser mais rápido, pode produzir um resultado melhor. Porém, você provavelmente perderá um pouco de detalhe.

Após o escaneamento, dê uma olhada nos canais individuais, tanto antes quanto depois de convertido para CMYK.

O padrão *moiré* está bem reduzido ou quase invisível na imagem desreticulada, porém algo estranho ocorre nos canais individuais enquanto a imagem ainda está no modo RGB (vide fig. **8.7**). (Por sinal, para ver as informações de apenas um canal, simplesmente clique no seu nome na janela Canais.) O vermelho parece melhor, assim como o verde, mas ainda há um forte padrão *moiré* no canal azul. Agora olhe o segundo conjunto de canais individuais, que é como ficam as coisas quando a imagem é convertida para CMYK. Como pode ver, enquanto os canais C, M e K melhoraram bastante, existe um forte *moiré* no amarelo – mas, como foi discutido anteriormente, o caráter especial dessa cor significa que vemos o amarelo mas não enxergamos o grid, e portanto o *moiré* que ela produz fica invisível.

Então, o *moiré* no canal azul da versão RGB se torna o *moiré* do canal amarelo na versão CMYK – o que significa que o *moiré* azul é tão invisível na imagem RGB quanto o *moiré* amarelo é na CMYK. Mas o azul é visível e o *moiré* parece estar bem forte e escuro – então por que ele não pode ser visto? A resposta está na maneira com que os canais exibem informação em RGB e CMYK.

RGB é feito de luz, enquanto CMYK tende a ser produzido a partir de pigmentos. Portanto, uma área escura em um canal de uma imagem CMYK indica que há bastante daquela cor. No entanto, quando algo parece escuro em um canal de uma imagem RGB, significa que a cor está fraca naquele local.

Como o canal azul de uma imagem RGB se torna o canal amarelo de uma imagem CMYK, e já que nós não podemos ver o *moiré* amarelo na versão CMYK, nós também não enxergamos o *moiré* azul no RGB.

Trapping

Se estiver passeando pela mata, um *trap* (armadilha) é algo em que você acidentalmente pisa, resultando em uma dor considerável e um atraso substancial na sua andança. Em impressão, trapping (cobertura) se refere a algo muito diferente – mas se for ignorado ou esquecido, também pode causar atrasos substanciais quando o trabalho tiver que ser reimpresso, e a dor do aumento resultante nos custos.

Na verdade, trapping significa permitir que uma cor se sobreponha sutilmente à outra na impressão, onde as extremidades delas se encontram. Como o registro entre as chapas de uma impressora nunca é perfeito, a ausência de trapping provavelmente resultará em uma pequena lacuna entre as cores em algum ponto. Como a lacuna não fazia parte do design original, e já que ela provavelmente irá se destacar como um polegar inflamado, é um problema. Felizmente, é um problema fácil de resolver, desde que você saiba o que fazer.

A maioria dos bons softwares gráficos contém especificações automáticas de trapping, e em alguns casos você pode especificar manualmente o trapping, se acreditar que a opção automática não será suficiente. Apesar de ambas serem muito úteis, a coisa mais útil é saber como cada método funciona.

Página oposta: próxima vez que folhear uma revista, e especialmente nas seções de propaganda, veja se consegue observar algum problema de trapping. Eles são extremamente comuns mas, após ler esse capítulo, será uma armadilha em que você não cairá.

O que é Trapping?

A maioria dos designers prefere não pensar em trapping. A verdade é que não existem grandes dificuldades e é importante lembrar que, com a exceção das configurações gerais, ninguém irá cuidar disso para você. É possível confiar em seu bureau ou gráfica em relação ao trapping até certo ponto, mas não se pode esperar que eles examinem cada elemento do seu leiaute de página e descubram se você aplicou trapping às suas produções no Adobe Illustrator ou CorelDRAW antes de importá-las – e, infelizmente, é em imagens importadas desse gênero que o trapping costuma ser esquecido.

Quando você possui áreas adjacentes de cores diferentes, que serão impressas com unidades de tinta diferentes na impressora – por exemplo, uma área ciano que toca uma área magenta – então a não ser que o registro na impressora seja perfeito, o resultado não será perfeito. E, na verdade, poderá ser bem desagradável. Trapping é o meio pelo qual uma pequena sobreposição é aplicada entre as cores para garantir que a pequena quantidade de erro de registro que você encontraria na impressão seja corrigida. A melhor maneira de aplicá-lo depende do software que você está usando.

Uma das coisas importantes para se saber sobre o trapping é que, caso você não o aplique onde é necessário em imagens no Illustrator, Corel ou Photoshop, o software de leiaute de página não poderá aplicá-lo posteriormente. Nem, exceto com algumas raríssimas exceções, a *imagesetter* que produzirá os filmes, nem as platesetters que farão as chapas. Com o avançar da tecnologia, o trapping se tornará cada vez menos um problema. Alguns sistemas RIP (*raster image processing*; processamento de imagem rasterizada – o meio pelo qual a informação vetorial, isto é, um arquivo PostScript ou PDF, é convertida em uma imagem "rasterizada" imprimível, isto é, uma feita de pontos produzidos pelo dispositivo de imagem) podem aplicar trapping em documentos PDF de maneira inteligente, mesmo quando os elementos individuais no leiaute da página não possuíam trapping anteriormente à importação. Isso ainda é incomum, mas caso a sua gráfica o utilize, certifique-se de que tenha desligado todas as configurações de trapping em todos os softwares utilizados para montar a página, caso contrário o sistema deles poderá aplicá-lo uma segunda vez. Para a maioria de nós, porém, isso não é uma opção. O trapping ainda tem que ser feito, e temos que aplicá-lo especialmente a cada "arquivo de origem", utilizando o software em que ele foi criado. Apenas dessa maneira ele conseguirá carregar a informação para o leiaute final da página.

No Photoshop, você não pode adicionar um valor de trapping se não estiver trabalhando com uma imagem CMYK – o que faz sentido, já que o trapping só é importante na impressão. Porém, ao configurar trapping manualmente no Illustrator ou Corel, você não estará preso às mesmas regras e poderá aplicá-los a elementos com cores RGB. Isso é uma pena, e esses programas de desenho poderiam evitar algumas ciladas para designers se restringissem o trapping às cores CMYK como parte da configuração de cada "novo documento".

Adobe Illustrator e CorelDRAW

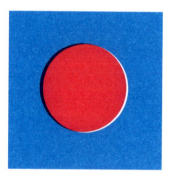

9.1 O erro de registro entre elementos coloridos quando nenhuma sobreposição é aplicada.

Eu escolhi essas cores um tanto berrantes para exemplificar o erro de registro (fig. **9.1**) por se tratarem de dois componentes do sistema CMYK, impressos por unidades de tinta diferentes na impressora. Caso estivesse escolhendo cores para um trabalho bicolor, provavelmente escolheria algo um pouco mais bonito do livro Pantone.

As impressoras modernas são artefatos fantásticos de engenharia e, nas mãos de um bom operador, é possível pôr um ponto ciano bem em cima de um ponto magenta que está bem em cima de um ponto amarelo, e assim por diante. Mas isso apenas acontece em um bom dia e com uma boa impressora. É muito mais provável que o ciano ficará um pouco fora de registro em relação ao magenta, que por sua vez ficará um pouco fora de registro em relação ao amarelo. O problema é que, caso utilize um programa de desenho para criar uma imagem como a mostrada na fig. 9.1, então o buraco no quadrado ciano será exatamente do mesmo tamanho e formato que o círculo magenta. Caso ocorra o menor erro de registro, o elemento magenta quase que certamente será impresso com uma pequena sobreposição no ciano em um dos lados, deixando um espaço branco fino e em forma de lua crescente no outro.

A maneira de evitar esse problema é produzir uma pequena sobreposição entre as formas magenta e ciano. A área comum às duas cores é conhecida como trapping.

Nem sempre é possível aplicar o trapping da maneira que você deseja. Por exemplo, nesse caso, se estivesse usando Illustrator ou CorelDRAW, seria difícil aplicar trapping (isto é, expandir) no ciano sobre o magenta. Poderia ser feito, mas envolveria muito mais trabalho. Por outro lado, seria fácil aplicar trapping no magenta sobre o ciano, simplesmente adicionando um contorno e configurando para que fosse sobreposto. Em se tratando de trapping, é importante lembrar que é sempre melhor fazer a sobreposição da cor mais clara na mais escura, e não o contrário. Se a cor escura expandisse sobre a mais clara para criar a sobreposição, o resultado comprometeria o formato do objeto de cor clara. Uma boa maneira de lembrar qual o jeito certo de fazer isso é imaginar o efeito, tanto de um jeito quanto de outro, de uma tipografia amarela em um fundo preto. Assim você lembrará que o único caminho é sobrepor o amarelo no preto, porque essa é a opção que mantém o formato do tipo igual.

Se a área sobreposta for suficientemente pequena, você não a verá. A justaposição de duas cores claras, especialmente se elas forem quase opostas, ofusca um pouco a vista. Então você não perceberia nem uma grande sobreposição (maior do que a que você gostaria de utilizar em um trapping padrão) pois a interação entre as cores, juntamente com a imagem que elas produzem na sua retina, faria com que você tivesse uma pequena ilusão óptica ao longo do encontro das duas, o que tornaria a visualização difícil – mesmo que nenhuma sobreposição fosse aplicada. Por outro lado, se as cores não forem tão claras quanto no meu exemplo, nem tão contrastantes, você não verá a sobreposição entre elas apenas porque elas não são claras ou contrastantes. Quando olha para uma imagem, você provavelmente não está realmente atentando para detalhes. É muito mais provável que, à primeira vista, esteja apenas tendo uma impressão geral. Talvez, em seguida, observe um pouco mais de perto os elementos individuais, mas você não tende a investigar as bordas onde os diferentes elementos se encontram, desde que a sobreposição seja pequena o suficiente. Por quê? Porque é convincente. Contudo, isso apenas funciona se a sobreposição for pequena o suficiente para cumprir sua função, ao invés de tão grande que você pode facilmente vê-la. Portanto, obviamente, o tamanho da sobreposição entre as cores é importante.

Adobe Illustrator

No Ilustrator existem duas maneiras de lidar com o trapping. Uma é automática, a outra é manual. Para criar a sobreposição manualmente, adicione um contorno de 0,25 pt a um objeto e coloque-o para sobrepor (*overprint*). Você pode fazer isso abrindo a paleta Atributos e selecionar Traçado de Superimposição (*Overprint Stroke*) enquanto o objeto está selecionado. Para automatizar o trapping entre objetos selecionados, use a paleta *Pathfinder*. Selecione Trapping (ou Trap) e digite a espessura. Novamente, você geralmente irá utilizar 0,25 pt. Também é possível especificar um valor para reduzir a porcentagem da cor mais clara que está sobrepondo, o que a tornará ainda menos visível.

CorelDRAW

No CorelDRAW, também é possível criar sobreposições entre objetos manualmente com a adição de um contorno fino e colocando-o para sobrepor. Selecione o objeto, adicione o contorno, então clique com o botão direito sobre ele e escolha Sobrepor Contorno (*Overprint Outline*). Quando estiver salvando ou exportando o arquivo, tenha certeza de que o trap-

ping está configurado para "Preservar as configurações de sobreposição do documento" (*Preserve the document overprint settings*) (você encontrará essa opção se clicar no botão Avançado na janela Exportar caso contrário a informação de trapping será deixada para trás. Isso também ocorrerá se você tentar exportá-lo como TIFF. Para criar sobreposições automáticas, você terá que exportar o desenho como um arquivo EPS. Durante esse processo você pode clicar na aba Avançado e escolher Espalhamento automático (*Auto-spreading*). O comando Máximo permite que você escolha a largura do trapping resultante.

A propósito, quando utilizar o Illustrator ou o CorelDRAW também é útil aplicar *Overprint* ou Preencher Sobreposição (*Overprint Fill*) a qualquer coisa preta que passar por um objeto de outra cor. Como preto é a única cor que pode se sobrepor a outras cores sem criar uma mistura visível, não há necessidade de diminuir a imagem embaixo. Portanto, simplesmente permitir que ele se sobreponha já evita a necessidade de trapping. Os programas de leiaute de página geralmente permitem que o preto se sobreponha como um padrão de configuração.

Photoshop, InDesign e Quark

Primeiramente, tenho que mencionar que você não tem que aplicar uma sobreposição (trapping) numa imagem fotográfica no Photoshop. Configurações de sobreposição devem apenas ser utilizadas se estiver criando uma imagem não fotográfica que tenha áreas com cores planas ou graduadas que estejam adjacentes e que serão impressas por unidades diferentes de tinta.

Se quiser aplicar uma sobreposição no Photoshop, continue lendo.

A configuração padrão é trapping de 1 pixel, mas é claro que o tamanho do pixel é sua escolha. Trapping de 1 pixel em uma imagem de 300 dpi é ideal para a maioria dos trabalhos. Escolha Imagem > Cobertura (*Trap*), digite a contagem de pixel de "1" e clique em OK. Um *trap* de 1 pixel em uma imagem de 300 pdi será imperceptível, mesmo quando utilizado entre duas cores como ciano e magenta, enquanto a alternativa para sua ausência – uma fina tira branca em um dos lados do circulo magenta – seria extremamente perceptível.

O padrão de sobreposição do Adobe Indesign é de 0,25 pt. O InDesign também permite o trapping para pretos calçados, que é um extra muito sofisticado (vide "Criando e Usando um Preto calçado, na página seguinte). Porém, no Quark a quantia padrão para sobreposição é 0,144 pt. Como um ponto representa 1/72 pol, então 0,144 de um ponto é aproximadamente 1/500 pol. Se você perguntar ao seu impressor se ele poderia garantir o registro durante um impressão em quatro cores em 1/500 pol (ou pouco mais de 0,5 mm), ele provavelmente irá rir. Para modificar as configurações padrão de sobreposição no Quark, primeiro certifique-se de que nenhum projeto esteja aberto (nesse caso, as novas configurações irão se aplicar apenas a ele) e escolha (PC) Editar > (ou Mac) QuarkXPress > Preferências > Definições de Leiaute de impressão > Trapping (*Preferences > Default Print Layout >* Trapping) (fig. **9.2**). A opção "Absoluto" adiciona a sobreposição em todos os lugares em que ela é necessária, enquanto "Proporcional" irá alterar a quantidade de trapping em relação à claridade da cor. Eu sugiro configurar o processo de trapping para "on" (ligado) e aumentar a quantidade padrão para 0,25 pt. Isso aumenta a sobreposição para 1/288 pol – o mesmo que o InDesign, e aproximadamente o mesmo que um *trap* de 1 pixel em uma imagem de 300 dpi.

Na fig. **9.3** eu criei três imagens com um fundo de ciano sólido e um círculo magenta no meio. O da esquerda foi criado com Adobe Illustrator e exportado como um arquivo EPS com um *trap* de 1 pt. A imagem do centro mostra o mesmo arquivo EPS mas com uma sobreposição de 0,25 pt. Na direita, os mesmos elementos da imagem foram criados no Photoshop como um arquivo TIFF de 300 dpi e com um *trap* de 1 pixel. A propósito, o tamanho do arquivo para essas imagens foi de apenas 220 kb para os arquivos EPS vetor, mas quase

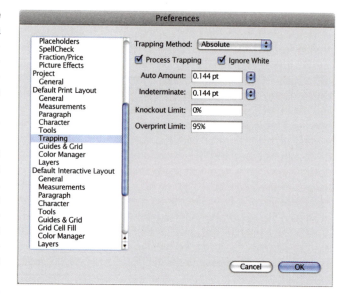

9.2 A janela Preferências, onde a configuração default de trapping do Quark pode ser modificada.

9.3 Esquerda: Adobe Illustrator EPS, sobreposição de 1 pt. Centro: Adobe Illustrator EPS, sobreposição de 0.25 pt. Direita: Imagem Photoshop de 300 dpi, sobreposição de 1 pt.

1,35 MB para o TIFF, o que mostra uma vantagem do EPS vetor nesse quesito. É claro que, dadas as capacidades atuais de armazenamento dos computadores, isso já não é uma questão tão problemática como costumava ser.

Criando e Usando um Preto Calçado

Nos programas de leiaute de página, o preto geralmente é programado para sobrepor todo o resto. Isso faz sentido, pois ele é opaco e nunca cria uma terceira cor quando se sobrepõe a outra. Teoricamente, as cores Pantone também são opacas, apesar de isso não acontecer na prática. Porém, ciano, magenta ou amarelo são transparentes e portanto criam misturas adicionais quando uma cai sobre a outra. Imprimir outros elementos sobre um fundo grande e de um preto sólido pode gerar vários problemas. Para início de conversa, se deseja obter um bom preto sólido, o impressor não pode economizar na tinta. E também, como ele provavelmente estará imprimindo sobre papel branco, deve haver tinta suficiente, distribuída de maneira uniforme, para que o resultado pareça uniforme e denso e não irregular. Mas, se houver um pouco de excesso de tinta, pode facilmente ocorrer um decalque e arruinar o trabalho. Isso ocorre quando a tinta de uma folha é transferida para o verso – por enquanto – não impresso da folha que cai sobre ela na pilha, após as duas terem passado pela impressora. Ambos os casos devem ser evitados.

Para complicar ainda mais as coisas, se você tiver uma imagem no meio da área de preto sólido, então estará criando diferentes exigências de tinta na mesma página. Isso pode significar linhas visíveis, a não ser que a cobertura seja pesada o suficiente para encobri-las.

O exemplo na fig. **9.4** mostra o tipo de coisa que pode ocorrer. (A seta indica a direção de passagem pela impressora.) Em ambos os lados da pequena imagem de quadricromia na capa do trabalho (canto superior direito da folha) existe uma exigência de 100% de tinta preta, mas acima e abaixo da área ocupada pela imagem ele está mais próximo dos 80%. É muito provável que, consequentemente, haverá uma diferença visível entre o preto sólido nessa área e o preto sólido de ambos os lados. O mesmo ocorre nas linhas com tipografia e nas dos pequenos quadrados magenta, mesmo que em menor grau.

O impressor acaba se encontrando em uma posição difícil: ou aumenta o fluxo de tinta e arrisca sofrer um decalque, ou deixa a carga de tinta em um nível menor e mais seguro e talvez obtenha linhas visíveis. Uma boa maneira de evitar esse problema é criar uma cor chamada de "preto quatro cores" ou "preto rico", ou ainda "preto calçado", com qualquer um dos programas de desenho, ajuste de imagem ou leiaute de página que você estiver utilizando para criar uma capa. Um "preto calçado" é uma cor feita de um preto sólido 100% combinado com um matiz de suporte por baixo. Isso dá ao preto a densidade extra que ele precisa sem aumentar a carga de tinta a um nível possivelmente perigoso.

Para um "preto calçado" eu geralmente utilizo um matiz 40% de ciano mais 100% de preto (fig. **9.5**). Para um preto quatro cores, uso uma combinação de matizes 30% de ciano, magenta e amarelo junto com um preto 100% (fig. **9.6**). As

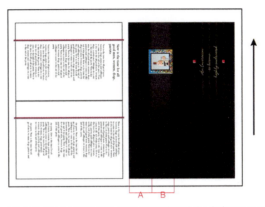

9.4 As seções A e B requerem quantidades diferenciadas de tinta preta, o que pode acarretar no aparecimento de linhas se não houver tinta o suficiente, ou em um decalque se houver tinta em demasia.

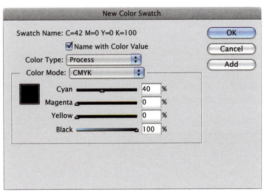

9.5 A janela Nova Amostra de Cor mostrando os valores CMYK para um "preto calçado"…

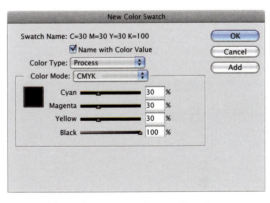

9.6 …e também os valores para um preto em quadricromia.

três cores combinam as densidades (quase) iguais para produzir um cinza neutro, e o resultado impresso é um preto denso e uniforme sem pontinhos visíveis. (Pode até haver pontos, mas tem um matiz cinza de aproximadamente 30% por baixo deles, o que os torna quase impossíveis de serem vistos.) Isso significa menos tempo perdido com paradas na impressora, maior produtividade no trabalho, menos tempo perdido com controle de qualidade ao longo da linha de produção e, melhor de tudo, os potenciais problemas com arrancamento ou impressões riscadas são evitados. Ao criar o seu próprio preto calçado, tenha certeza de que não ultrapassou a densidade máxima de tinta, que já foi discutida (vide página anterior).

Alguns designers preferem criar um preto mais denso, adicionando apenas um ciano 40%, sem amarelo ou magenta. Isso resulta em um bom preto sólido e que tem uma aparência legal. Por outro lado, adicionar apenas um magenta 40% – sem ciano ou amarelo – faz com que surjam clarões vermelhos. O efeito é bem sutil, mas como a adição de outro matiz permite que o impressor diminua a densidade do preto, a cor debaixo pode influenciar a aparência geral.

A melhor maneira de deixar essas cores úteis disponíveis para você é adicioná-las ao InDesign ou Quark quando não tiver nenhum documento aberto. Assim, todas as mudanças que fizer se tornam padrões do programa, e não do documento. O que significa que, uma vez adicionados, eles estarão disponíveis para qualquer documento que você criar no futuro. É claro que você ainda terá que adicioná-las onde necessário nos documentos criados previamente à mudança. Para fazer isso no InDesign, abra a janela Amostras (*Swatches*). As amostras padrão de vermelho, azul e verde não são de nenhuma utilidade e são apenas as versões CMYK das cores RGB (fig. **9.7**). Se precisasse de um azul, por exemplo, você criaria o azul que precisa ao invés de utilizar o que é dado. Portanto, delete esses três (selecione-os e clique na

9.7 A janela Amostras / *Swatches* padrão no InDesign.
9.8 (Abaixo) A janela Amostras do InDesign após a aplicação das amostras do preto calçado e do preto quatro cores.

9.9 A janela Editar > Cores do Quark.
9.10 (Embaixo) A janela Cores padrão do Quark.

lata de lixo no pé da página). Em seguida, crie as amostras para um preto quatro cores e um preto calçado, como já foi descrito. Sua nova janela Amostras ficará assim (fig. **9.8**).

No Quark o processo é similar, mas você escolheria Editar > Cores para criar as novas amostras (fig. **9.9**). A propósito, o Quark incluiu por muitos anos como padrão verdadeiras amostras de vermelho, verde e azul RGB, antes de decidir que elas eram extremamente perigosas para projetos que seriam impressos e portanto deveriam ser eliminadas (fig. **9.10**). Clique no botão Novo para abrir a janela Editar Cor, onde as novas amostras podem ser criadas. Após criar a amostra para um preto rico (fig. **9.11**), clique em OK para retornar à janela Cores, onde você pode clicar em Novo para criar a amostra do preto quatro cores (fig. **9.12**).

Quando tiver terminado e retornar novamente à janela Cores, clique em Salvar para adicioná-las à janela Cores (fig. **9.13**).

9.11 A janela Editar Cor mostrando os valores para um preto calçado…
9.12 … e para um preto quatro cores.

9.13 A janela Cores do Quark, após a adição das amostras do preto calçado e do preto quatro cores.

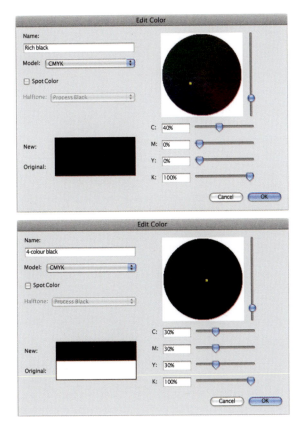

Marcas de Registro e de Corte

Os únicos lugares onde a soma da densidade combinada de tinta deve ser superior à área de risco – ela deve chegar a 400% – são nas marcas de corte e nos alvos (ou cruzes) de registro (fig. **9.14**) que são colocadas fora da parte "útil" da página e portanto serão cortadas e jogadas fora. O impressor pode utilizá-las para ajudar a registrar o trabalho, e o departamento de encadernação pode usar as marcas de corte para cortá-lo e dobrá-lo.

9.14 A "cruz" de registro de uma impressora.

Essas marcas podem ser adicionadas durante a criação de um arquivo PDF, ou pela platesetter quando ela grava as chapas a partir de um arquivo nativo (e.g. um arquivo de InDesign ou Quark ao invés de um PDF). Também é fácil adicioná-las por conta própria se estiver fazendo algo menor que uma página A4 e que será impressa sozinho – um formato personalizado, por exemplo, ou uma matriz de um cartão de negócios – mas elas não serão de nenhuma utilidade em torno de um anúncio que será colocado em um leiaute maior, já que as marcas que você criar serão retiradas. Você pode facilmente criar sua própria marca de registro vetorizada no Illustrator e salvá-la como um pequeno arquivo quatro cores EPS. Também pode criar a mesma coisa como uma imagem bitmap preto e branco de 1200 dpi no Photoshop, que pode ser colorida ao ser especificada como de "registro" (que é feito com todas as quatro cores do processo de impressão a 100%) nos programas de leiaute de página. Podem-se utilizar também as configurações *Scripts* no InDesign para criá-las, e elas podem então ser copiadas e coladas onde forem necessárias. Para marcas de corte, apenas desenhe uma linha de 0,5 pt, especificando-a novamente como sendo de cor de "registro". Se quiser indicar uma dobra, use uma linha pontilhada, mas escreva "dobra" ao seu lado, para que seja culpa do impressor caso a usem para corte por engano!

Trapping em um Preto Calçado

1234567890

9.15 Devido ao problema de registro, as outras cores presentes no preto calçado podem ser vistas ao longo das bordas da tipografia.

1234567890

9.16 Quando aplicamos o trapping nas cores ciano, magenta e amarelo, as bordas da tipografia precisam ser expandidas para que não fiquem abaixo das bordas do tipo na cor preta e sim dentro da área chapada desta cor. Isso é conhecido como trapping no preto calçado.

A maior dificuldade que surge com a utilização de um preto calçado está em fazer o trapping nas outras cores. Como exemplo, imagine uma brochura com uma capa toda preta e uma linha de texto na cor branca que a atravessa. Se um preto calçado for usado, haverá um problema de registro nas bordas do tipo branco. Provavelmente haverá uma linha fina de ciano ao longo de uma das extremidades, e talvez uma magenta em outro lado, e até mesmo um pouco de amarelo em uma terceira borda.

A fig. **9.15** mostra um cenário muito comum. Porém, existem maneiras de contornar essa situação. Para os que utilizam Quark, Illustrator e CorelDRAW, a solução é uma de que os impressores não gostam, e que irão tentar dissuadi-lo de usar. Não deixe que o convençam. Eu utilizei o método a seguir mais vezes do que posso lembrar, e ele nunca falhou. A ideia é mandar à gráfica duas cópias do arquivo final. Do arquivo 1, diga para gravar apenas o filme preto (ou chapa se estiver usando CTP). A segunda versão é exatamente igual à primeira, com uma diferença: um contorno branco foi adicionado ao tipo, forçando todas as quatro cores a se manterem distantes. Peça então para que gravem apenas os filmes (ou chapas) ciano, magenta e amarelo desse arquivo.

Desde que a gráfica não grave o filme (ou chapa) preto na segunda-feira e espere até sexta para imprimir as outras três cores – o que pode fazer com que as imagens não se encaixem perfeitamente graças a inúmeras diferenças no ambiente – as chances de elas não se encaixarem são iguais a quando se imprimem as quatro separações a partir do mesmo arquivo.

No entanto, isso provavelmente não irá dissuadi-lo de fazer previsões terríveis. É muito provável que nunca tenham pedido para ele fazer isso, e uma coisa que gráficos odeiam é uma surpresa desagradável saindo da impressora, especialmente se eles podem ser acusados de responsabilidade pelo erro. Mesmo assim, se conseguir convencê-lo a seguir em frente, os resultados provavelmente estarão entre as melhores coisas que eles já imprimiram. Com isso, você irá crescer tanto no conceito deles que lhe estenderão o tapete vermelho daí em diante.

 Você ainda pode utilizar uma prova digital quando usar esse método, porque pode imprimi-la a partir do primeiro arquivo. Apesar de não ser exatamente a mesma configuração da imagem que será impressa, nenhum dos valores de cor será diferente.

O método descrito acima foi utilizado para criar a fig. **9.16**, que é uma imagem CMYK que usa um preto calçado e onde o "123456789" recebeu um contorno branco nos componentes magenta, ciano e amarelo.

No Illustrator e CorelDRAW, isso é fácil de fazer. No Quark, é um pouco mais difícil, pois você não pode adicionar contornos brancos aos tipos até que eles sejam convertidos para imagem. Para fazer isso, selecione o texto com a ferramenta Conteúdo de texto, ou selecione-o com a ferramenta Item, e então escolha Item > Converter texto para Box > Converter Box Inteiro. Então use a janela Cores para aplicar o branco como cor de contorno, e especifique a largura dele usando Item > Moldura (*Frame*). As segunda e terceira cópias do arquivo são então enviadas ao impressor, sendo o segundo arquivo usado para gerar apenas o preto e o terceiro para criar o C, M e Y.

Como o preto é razoavelmente opaco, ninguém irá notar que ao longo do contorno do tipo existe uma área que não é tão densa quanto o resto do fundo. Por um lado, é uma área bem fina. Por outro, existe um nível alto de contraste visível presente. O olho será ofuscado pelo brilho do tipo contra o fundo escuro, e portanto não verá a pequena área do "trap".

Para os usuários do InDesign, há uma ótima notícia em relação ao preto calçado. O InDesign contém um sistema de trapping que permite a especificação da largura da configuração de "calçar", ou simplesmente utilizar o padrão (*default*). Essa configuração mantém os suportes de tela das outras cores afastados das bordas de elementos claros ou invertidos, para que eles mantenham sua nitidez na impressão. Em outras palavras, ele faz o trapping de um preto calçado de maneira perfeita.

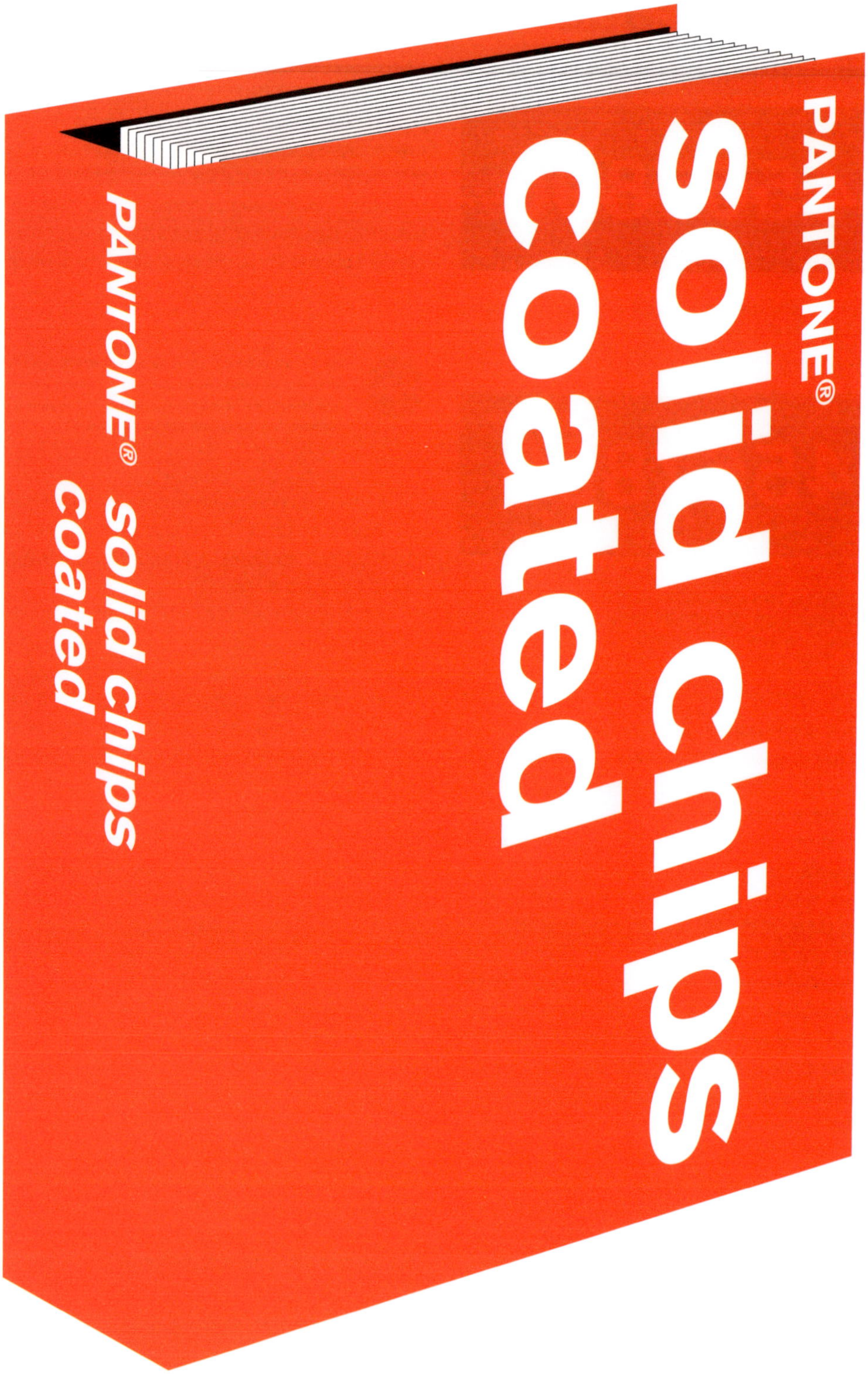

Utilizando Cores Pantone

10

Assim como RGB e CMYK, existe outro sistema de cor que você provavelmente encontrará no mundo da impressão: a escala Pantone. Ela pode ser utilizada como uma extensão das possibilidades para alguém sem a verba, ou a necessidade, para imprimir utilizando o processo em quatro cores, mas que deseja algo mais empolgante que apenas uma cor. O livro de amostras que contém a escala "Pantone Solid Coated/Uncoated (Pantone Sólido para papel Revestido/Não Revestido)" permite que você veja como cada uma das milhares de cores, que podem ser obtidas de misturas precisas utilizando determinada fórmula, ficarão quando impressas em papel branco revestido ou não revestido. Os impressores muitas vezes irão oferecer para misturá-las eles mesmos (mais barato mas menos preciso) ou comprá-las pré-misturadas (preciso, porém mais caro).

As cores Pantone também são utilizadas em outras situações – por exemplo, na criação de logos – e então precisam ser convertidas para o equivalente CMYK mais próximo com o intuito de manter os custos de impressão mais baixos. Saber como fazer isso é extremamente útil, e saber das limitações desse processo de conversão evitará problemas caros e desnecessários com seus clientes.

Página oposta: Os guias Pantone são muito úteis – e bem caros. Esse permite que você arranque uma ficha de cor para manter com o trabalho que será impresso.

Os Guias de Fórmulas Pantone

10.1 Os livros Pantone Formula Guide, nas versões para papel revestido e não revestido.

A maioria dos designers que já enviaram trabalhos para gráficas se deparou, em um ou outro momento, com as cores Pantone. Elas são cores que os impressores podem criar utilizando uma fórmula escrita embaixo de cada amostra do livro (fig. **10.1**).

Apesar de a fórmula ser feita para dar sempre o mesmo resultado, existem algumas pequenas variações inevitáveis entre uma mistura e outra. Portanto, se pretende utilizar a mesma cor repetidamente e quer um alto grau de consistência, talvez seja uma boa ideia pedir ao seu impressor que misture uma quantidade grande e então armazene-a para uso no futuro. Irá economizar nas despesas de mistura e a consistência será maior, especialmente se pedir que medições de densidade sejam tiradas e comparadas com amostras já aprovadas toda vez que a cor for impressa.

A escala Pantone pode ser criada a partir de uma escala de várias cores "tradicionais" que saem diretamente de uma lata. Isso inclui não apenas as cores do processo de impressão CMYK mas também cores como Pantone Green (Pantone Verde), Pantone Purple (Pantone Roxo), Pantone Orange (Pantone Laranja), Rubine Red (Vermelho Rubi) e Reflex Blue (Azul Reflexo). Portanto, a escala de cores que se pode criar vai muito além do espectro limitado de combinações de apenas C, M, Y e K.

Então, quando estiver tentando criar uma cor Pantone com tintas CMYK, você provavelmente irá se deparar com o mesmo problema de quando começa com uma cor RGB: não consegue.

No entanto, as cores Pantone são ideais para trabalhos em duas cores e de dois tons. Como mencionei anteriormente, se não tiver seu próprio livro de amostras – e eles são bem caros – sua gráfica provavelmente terá. Além de disponibilizá-los para o uso do cliente eles provavelmente o atualizam de tempos em tempos, e então podem ser persuadidos a vender (ou dar) os antigos. Apesar dos avisos desesperados dos fabricantes, leva vários anos para as cores esmorecerem até mesmo um pouco, especialmente se você mantiver os livros em uma gaveta escura. Para garantir, compare um livro antigo que pretende utilizar com um novo.

A maioria das dificuldades que encontrei com o uso de cores Pantone se encontra em um destes três cenários.

Cenário típico 1

Problema: Os clientes utilizam uma cor Pantone específica para o seu logo. Agora eles querem uma brochura/anúncio/newsletter impresso em quatro cores, mas não querem o gasto adicional de adicionar uma quinta cor. Portanto, o tom Pantone terá que ser convertido para CMYK. É claro que, quando isso não ocorre com precisão, a culpa recai sobre você.

Solução: Eduque os seus clientes de antemão. Explique que as limitações CMYK significam que não há solução simples para este problema. Ou eles aceitam a mudança na cor, ou terão que pagar pela impressão adicional de uma cor Pantone. A escolha é deles.

Cenário típico 2

Problema: Os clientes compreendem os problemas associados com a conversão de uma cor Pantone para CMYK, e decidiram pela impressão da quinta cor. Como você pode lhes dar uma prova que mostre com precisão a cor Pantone?

Solução: Duas opções.
Primeiro, você pode imprimir uma prova digital razoavelmente aceitável ou um Cromalin, onde a cor Pantone está no equivalente CMYK mais próximo, e assegurá-los de que na impressão será utilizado o tom Pantone. Se for algo difícil de errar, você pode pedir ao impressor que crie a cor (como alternativa, se quiser ter certeza que a cor será precisa, peça que comprem tinta pré-misturada) e façam um teste em um papel que pode ser mostrado aos clientes para aprovação. Provavelmente só terá que fazer isso uma ou duas vezes antes que eles passem a confiar em você para todos os trabalhos futuros.

A segunda opção é utilizar provas de prelo. Esse é o tipo de prova mais precisa que se pode conseguir, uma vez que são impressas em uma impressora offset de verdade e utilizando as mesmas chapas que o impressor irá utilizar para imprimir o trabalho. Elas até podem ser impressas no mesmo tipo de papel que você irá usar, e podem utilizar tintas Pantone de verdade. Mas é importante lembrar que prova de prelo é o tipo de prova mais caro que há.

Cenário típico 3

Problema: Os clientes decidiram usar a quinta cor na impressão. Mas, eles querem que a área Pantone sobreponha uma imagem CMYK.

Solução: Existem duas subcategorias para este problema. Se a cor Pantone for sólida, e não um bendei, as coisas são razoavelmente simples. Não haverá um problema de *moiré* pois não há retículas adicionais envolvidas, portanto a única coisa a se considerar é a opacidade relativa das tintas e se, com isso, elas devem ser impressas em uma determinada ordem.

Cores Pantone são produzidas para serem opacas, ao invés de transparentes, mas elas não são verdadeiramente opacas. Se você imprimi-las sobre uma imagem CMYK as tintas de baixo irão aparecer, embora de maneira menos nítida do que se a cor Pantone tivesse sido impressa por baixo.

Para a tinta Pantone parecer completamente opaca em uma imagem CMYK o formato da imagem Pantone deve ser retirado dos outros canais. Mas primeiro, um quinto canal deve ser adicionado aos outros quatro para guardar as informações Pantone.

Para tal, abra a imagem no Photoshop (fig. **10.2**). Então, escolha Janela > Canais para abrir a janela Canais. Clique no botão Opções no canto direito da janela e selecione Novo Canal de Spot (fig. **10. 3**). Não se preocupe em dar um nome ao novo canal, já que o Photoshop fará isso automaticamente quando escolher a cor que quiser. Na seção Características das Tintas, clique no quadrado colorido (onde diz Cor, como na fig. **10.4**) para abrir a janela Selecionar Cor, e então clique em Bibliotecas de Cores para abrir a janela onde poderá especificar uma cor Pantone. Você pode simplesmente digitar o número se não quiser ver a lista inteira. Nesse caso, eu escolhi Pantone 199, um tom de vermelho (fig. **10.5**). Quando tiver escolhido a cor, clique em OK para retornar à

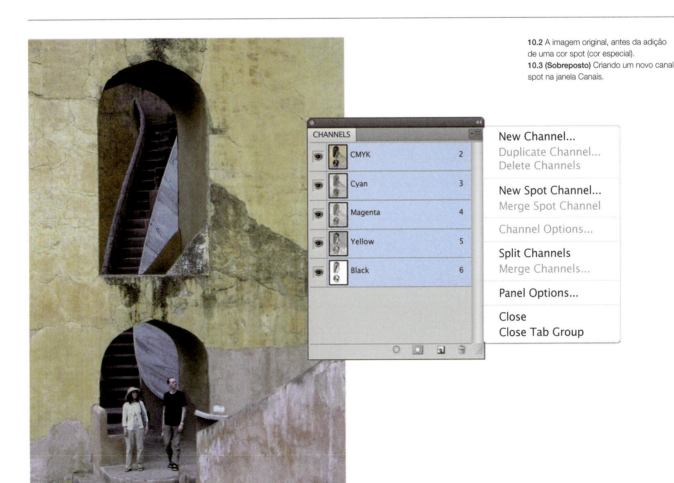

10.2 A imagem original, antes da adição de uma cor spot (cor especial).
10.3 (Sobreposto) Criando um novo canal spot na janela Canais.

janela Canal de Spot. O canal novo aparecerá, com o nome correto (fig. **10.6**).

A propósito, a porcentagem de solidez que você pode especificar na janela Canal de Spot é mais útil quando colocada em zero, já que permitirá que toda a imagem CMYK apareça. Se colocá-la em 100% – isto é, completamente opaca – você poderá achar que sua cor Pantone irá ocultar totalmente a imagem embaixo. Não é verdade. É uma configuração que afeta apenas a aparência na tela.

Você irá notar que quando tem apenas um canal ativo as cores do primeiro e do segundo plano se alteram para tons de cinza; isso também ocorre com o seu novo canal.

Agora você pode pintar, ou copiar e colar, a imagem que quer imprimir na cor Pantone para o canal de cor. Quando reativar o canal composite (todas as cores) no topo da janela de canais verá o resultado. (Obviamente, o que estará de fato vendo é uma representação RGB de uma imagem CMYK com uma representação RGB de uma cor Pantone sobrepondo-a!)

Primeiro gere a imagem que quer. Nesse exemplo, eu usei a palavras "Weekend" em tipo *bold* (negrito) em uma nova camada (fig. **10.7**); seu formato pode ser selecionado clicando na pequena imagem na camada do tipo enquanto segura o botão Control ou Command.

Em seguida, torne o canal Pantone ativo clicando sobre ele (isto faz com que a ferramenta de texto seja aplicável a este canal); defina preto como a cor de primeiro plano (Nota: se quisesse utilizar um bendei ao invés de uma cor sólida você escolheria a porcentagem equivalente de cinza); e escolha Alt + Backspace para preencher o texto, no canal Pantone, com a cor sólida. No canal, a cor do tipo irá aparecer em preto sólido (Fig. **10.8**), mas como o canal controla uma cor Pantone, ele é visualizado na imagem como vermelho 199 sólido (fig. **10.9**).

Se quiser evitar que as áreas CMYK imprimam por baixo da cor Pantone sólida, terá que criar uma seleção da imagem do canal de cor spot e retirá-lo dos outros quatro canais de

---

10.4 A janela Novo Canal de Spot, onde uma cor específica, de uma biblioteca específica, é escolhida para o novo canal.
10.5 (Embaixo) Digite o número da cor no teclado e ela será selecionada na janela Biblioteca de cores.

10.6 (Sobreposto) O novo canal de spot na janela Canais.
10.7 O tipo é adicionado à imagem, em uma segunda camada.

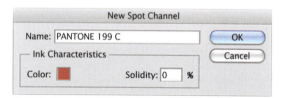

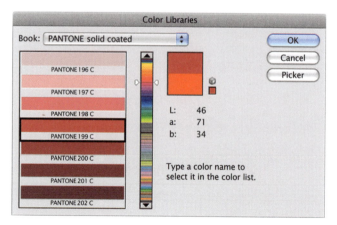

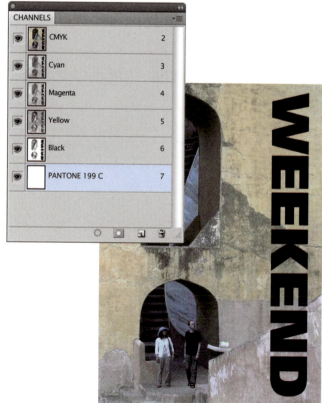

uma maneira que permita que a cor Pantone se sobreponha às outras. Para tanto, enquanto tiver o formato selecionado, escolha Selecionar > Modificar > Contrair e coloque um valor de 1 pixel. Então, selecione os outros canais um por um e delete a informação de dentro da área selecionada. Isso garante uma pequena sobreposição entre as cores CMYK e Pantone (fig. **10.10**).

Se a cor Pantone for um bendei, e não sólida, então surgem novas complicações. Isso ocorre pois não há mais ângulos de retícula para outra cor. Como já vimos anteriormente (vide Capítulo 2), não há ângulos de retícula suficientes para as cores CMYK, e elas apenas funcionam juntas sem formar um padrão *moiré* por causa das características visuais incomuns do amarelo (você pode ver sua cor, mas não seu formato).

A solução é, novamente, gerar uma seleção baseada no canal de cor spot (e reduzir, de novo, essa seleção em um pixel para criar a sobreposição) e então colocá-lo no lugar ou do canal ciano, ou do magenta ou do preto. Assim, você pode pedir ao impressor que imprima a cor Pantone no mesmo ângulo de retícula que seria utilizado pela cor retirada. O motivo de não poder fazer isso no canal amarelo é que, obviamente, imprimir a cor Pantone no ângulo do amarelo irá criar um padrão *moiré*. Apenas cores como o amarelo de processo podem produzir padrões *moiré* invisíveis.

Independentemente de a cor Pantone ser sólida ou um bendei, você terá que salvar o resultado ou como uma imagem DCS2 (*desktop colour separation 2*), ou um arquivo PSD. No primeiro caso, como o DCS2 é na verdade um formato EPS, você terá que escolher o cabeçalho da imagem. Para a melhor visualização de tela possível, escolha uma prévia TIFF de 8 bits por pixel (que será composto de 256 cores) e um DCS com Composição de Cores (72 pixels/polegada). Usuários de PC devem usar a opção ASCII, e os que utilizam Mac devem salvar com Binário (fig. **10.11**). Contudo, se preferir salvar o resultado como PSD, não terá que fazer mais nada.

10.8 (Sobreposto) Com o novo canal spot selecionado na janela Canais, uma seleção do tipo é preenchida com preto.
10.9 Preencher a área de texto com preto significa que, no canal spot, ela está preenchida com uma cor Pantone sólida.

10.10 Após retirar a imagem embaixo do texto, a cor Pantone surge tanto sólida como opaca.

Então, quando importar o resultado para o InDesign ou Quark, você verá uma imagem colorida que inclui o canal Pantone, e a cor Pantone (que será automaticamente adicionada à janela Amostras [*Swatches*]) conseguirá passar para o PDF e gerar uma chapa (ou filme) separada que será adicionada àquelas necessárias para os componentes CMYK.

 Se estiver enviando arquivos para a gráfica no formato PDF, o arquivo inteiro, incluindo qualquer imagem DCS2 ou PSD que possa estar no leiaute, pode ser conferido no Adobe Acrobat clicando em Avançado > Produção de Impressão > Visualização de Saída. Na parte superior da janela estão listadas as quatro cores CMYK, e embaixo as cores Pantone adicionais (fig.10.12). Cada uma pode ser desselecionada para remover da prévia a cor em questão, permitindo que você confira se, por exemplo, o tipo preto é realmente preto, ao invés de uma combinação de C, M, Y e K.

A propósito, ao perguntar a uma gráfica qual o preço de um trabalho que utilize uma das cores Pantone padrão (aquelas que saem diretamente de uma lata), lembre-se de mencionar que não deve haver nenhuma taxa de mistura adicionada ao custo da cor. É sempre bom mostrar aos impressores que você sabe do que está falando.

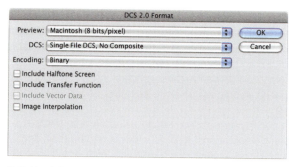

10.11 A janela Formato DCS2, onde as características da imagem de visualização são configuradas.

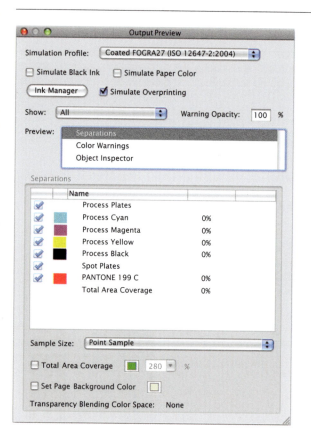

10.12 A janela Visualização de Saída do Acrobat mostrando as quatro cores CMYK mais a Pantone.

Outros Produtos Pantone

Embora o guia Pantone Matching System (*Sistema de Combinação Pantone*) seja provavelmente o produto da escala Pantone mais fácil de se encontrar, existem outros livros de amostras que são de enorme ajuda para os designers gráficos. Para ver todos, visite www.pantone.com.

Metallic Formula Guide

A escala Pantone Metallic Coated (para tintas metálicas em papel revestido/com brilho) é muito menor que a escala de Solid Coated (Revestido Sólido). Ela disponibiliza uma gama bonita e exótica de misturas entre tintas metálicas vindas direto da lata e cores PMS, e o resultado da impressão pode ser incrível. Porém, a capacidade da tinta metálica de ser refletora – e não há muito sentido em usar uma tinta metálica sem permitir que ela seja refletora – está em uma superfície de papel dura, lisa e revestida. Você não pode esperar o mesmo resultado de um papel não revestido, especialmente se ele tiver um acabamento texturizado. Alguns tipos de verniz prejudicam o efeito metálico, mas felizmente o livro oferece amostras de todas as cores com e sem verniz. Contudo, também se pode usar o verniz para aumentar a efetividade da tinta metálica, imprimindo-o primeiro nas áreas que serão, em seguida, recobertas com o metálico. Para ser mais efetivo, o verniz deve ser aplicado como um localizado ao invés de total, para que ele fique apenas sob a parte metálica e não em toda a folha. Desse modo, o verniz irá ajudar a selar a folha, permitindo que o metálico seja mais refletor sem modificar a aparência da superfície das outras partes do papel.

Os tons metálicos Pantone são muito mais opacos do que as cores sólidas Pantone, por causa da opacidade do elemento metálico.

Obviamente, existem muitas outras misturas intermediárias que podem ser extrapoladas a partir das fórmulas dadas no livro de amostras. Se o seu cliente quiser um tom que não está representado, não deve ser difícil criar uma mistura que esteja entre as duas amostras mais próximas da cor desejada. Apenas se certifique de antemão de que a responsabilidade de adentrar esse território desconhecido é deles e não sua!

Pastel Formula Guide

Essa escala é ainda menor que a do guia metálico. Cada amostra de cor pastel possui duas amostras destacáveis. A Pantone desenvolveu uma paleta de base especificamente para essa escala pastel, para facilitar o trabalho dos impressores de misturar regularmente cores pastel com precisão e o mínimo de desperdício.

The Four-colour Process Guide

Esse guia contém muitas amostras de cores feitas a partir das quatro tintas do "processo", isto é, C, M, Y e K, e está disponível nos formatos revestido e não revestido. É extremamente útil para se avaliar a precisão das cores mostradas na tela, além de ser uma ajuda indispensável ao se decidir que matizes utilizar em um leiaute. Se alguma vez precisar escolher uma cor CMYK, esse livro é, com certeza, a melhor maneira de fazê-lo.

Dicas de Photoshop e Muito Mais

11

O Adobe Photoshop é meu programa gráfico predileto de todos já produzidos. Apesar de estar utilizando-o há anos e anos, e mesmo sendo um Adobe Certified Expert (ACE – Especialista Adobe Certificado) em Photoshop e regularmente ensinar tanto cursos introdutórios como avançados, eu constantemente encontro novas maneiras de fazer as coisas, ou simplesmente novas coisas.

Seja qual for o problema com a imagem, parece que ela sempre pode ser arrumada com uma ou mais ferramentas da impressionante gama disponível no Photoshop. Geralmente as únicas coisas adicionais que um usuário necessitará são tempo e paciência, nenhuma das quais a Adobe pode fornecer.

Apesar desse vasto potencial, a maioria das pessoas apenas utiliza as áreas em que se sentem confortáveis e não exploram mais a fundo – o que é uma verdadeira pena. Independentemente do seu nível de experiência, adicionar um novo método aqui e ali gradativamente permitirá que você atinja resultados que considerava além de suas capacidades, até então. E, se persistir, logo conseguirá fazer coisas que imaginava serem simplesmente impossíveis.

Com isso em mente, aqui estão algumas dicas e truques para ajudá-lo a fazer alguns ajustes que você provavelmente acreditava estarem acima do que poderia fazer. Como verá, eles não estão.

Página oposta: O que seria dos designers gráficos sem um diferencial – dicas e sugestões que permitissem que eles fizessem certas coisas que os outros designers não conseguem? Aqui estão algumas que podem ser úteis.

11.1 A imagem original do skatista.

11.2 A imagem original, mais uma segunda camada preenchida com uma cor específica e configurada com um modo Matiz (*Hue*) para mesclagem de camadas. A cor foi removida das áreas em que ela não era desejada.

11.3 Outra variação de cor criada em uma terceira camada na mesma imagem.

Mudando a Cor de um Objeto

Eu quase desisti de escrever esse capítulo, porque já existem muitos livros ótimos que podem lhe mostrar como fazer coisas incríveis no Photoshop. Porém, existem alguns métodos que eu acho extremamente úteis mas que raramente, se alguma vez, vi mencionados em qualquer um dos livros que li. Portanto, julguei conveniente incluir um ou dois deles aqui.

A maioria dos usuários do Photoshop já terá experimentado ajustar a cor de um objeto usando diversos métodos, mas geralmente eles funcionam por tentativa e erro. Existe, porém, um método menos conhecido que permite a modificação precisa da cor de um objeto preservando, ao mesmo tempo, as informações de sombra e realces.

Usemos, como exemplo, a imagem de um skatista saltando no ar. Como podemos ver, sua camiseta é vermelha (fig. **11.1**).

Mas e se você quisesse torná-la de uma cor diferente? E você pode ser bem específico, escolhendo um matiz CMYK exato. Selecione-o como cor de primeiro plano, e então abra a janela Camadas (*Layers*) e crie uma nova camada transparente. Preencha-a com a nova cor de primeiro plano (Alt + Backspace), e então selecione Matiz (*Hue*) como o modo de mesclagem (*blend mode*) em Opções de Mesclagem (*Blending Options*) (fig. **11.2**), na lista de opções da janela Camadas.

A camiseta irá mudar de cor, sem perda de sombras ou clarões. Assim como, infelizmente, todas as outras coisas que possuíam uma coloração discernível – mas se algo tinha uma cor neutra antes, ela continuará igual, já que esse modo de mistura apenas afeta as coisas que têm uma cor discernível. Se elas eram neutras, continuam iguais.

Você também pode utilizar o modo de mesclagem Cor, que colore tudo na imagem. O modo Cor também tende a dar menos contraste entre sombras e realces.

É claro que você poderia criar uma seleção das áreas que pretende modificar antes de aplicar a cor e o modo de mistura. Caso contrário, você terá que usar agora ou a ferramenta Borracha, ou uma seleção ou uma máscara para deletar a nova cor das áreas em que ela não é necessária. Se você acidentalmente apagá-la de uma das áreas onde a quer, apenas pinte-a de volta com a ferramenta Pincel com uma opacidade e dureza de 100%. Quando estiver feliz com o resultado, achate as camadas e salve.

Para ver outra cor, repita a operação em uma nova camada (fig. **11.3**). Você pode criar quantas variações quiser em uma mesma imagem.

A vantagem de utilizar esse método ao invés de outras opções para colorir é que você pode especificar um matiz exato que serve então de base para o espectro tonal inteiro do objeto.

Degradês Suaves

A ferramenta Degradê (*Gradient*) do Photoshop é uma das minhas ferramentas de pintura prediletas. Antes dos métodos digitais, criar um gradiente exigia muito trabalho no quarto escuro. Primeiro, você precisava ou de um trabalho de arte feito com aerógrafo – e não era fácil (ou barato) conseguir um feito com uma graduação bem leve – ou tinha que criar um fotograficamente utilizando luzes e um fundo infinito, geralmente um enorme rolo de papel com muitos metros de largura. De ambas as maneiras, o resultado tinha que substituir o plano de fundo existente na foto em questão, o que significava pintar uma máscara (sem a possibilidade de aplicar o antisserrilhamento) e fazer uma exposição dupla em outro pedaço de filme. Cada etapa do processo exigia muito cuidado para assegurar que os realces não estourassem, e nem as sombras se perdessem. Tudo era muito complicado. Era um território explorado apenas pelos qualificados ou pelos tolos, e apenas os qualificados conseguiam um resultado utilizável.

No Photoshop tudo é muito mais fácil. Isole o seu objeto selecionando e deletando as áreas indesejadas, e depois escolha suas cores de primeiro plano e plano de fundo. Crie uma nova camada, posicione-a atrás da original e clique e arraste o cursor através dela para determinar o ponto de início e de término de seu gradiente.

Mas ainda há algumas coisas úteis de se saber. A não ser que tome cuidado para evitá-las, podem aparecer algumas bandagens visíveis na área pintada. Isso é tipicamente causado quando, por exemplo, preenche-se uma área com um bendei bem sutil que possui apenas alguns tons de uma cor. A maneira de evitar isso é adicionando "ruído" à camada que contém o gradiente. O filtro de Ruído (*Noise*) age como um tremor editável. Ele espalha os pixels, e pode facilmente criar um efeito "tempestade de areia" se utilizado em excesso, porque ele também altera os níveis de matiz e contraste de cada pixel. No seu nível máximo ele produz uma massa caótica de cores primárias e secundárias. Contudo, se for utilizado para espalhar os pixels levemente, ele simplesmente remove as bandagens visíveis e torna o degradê ainda mais suave. Eu geralmente aplico 3 se estiver trabalhando em uma imagem em 300 dpi. Se der um zoom após a aplicação, próximo o suficiente para ver os pixels individualmente, notará que sua graduação ficou um pouco tremida. Apesar da aparência mais rude, ele irá imprimir ainda mais suave que antes.

A outra coisa importante de se saber é que, sempre que possível, é melhor adicionar gradientes às imagens depois de mudar o modo de cor para CMYK. Se adicioná-las no modo RGB e depois converter a imagem, eles não ficarão tão suaves.

Usando a Dessaturação para Evitar Problemas RGB

Um dia, você provavelmente enfrentará o problema de usar uma imagem que, além de ter sido providenciada pelo cliente em modo RGB, também está cheia de cores brilhantes RGB.

Se tentar modificar o modo para CMYK, todas essas cores RGB irão se tornar o seu equivalente CMYK mais "próximo", o que pode, é claro, ser totalmente diferente do original. Isso ocorre porque, para encontrar a cor CMYK apropriada, o Photoshop simplesmente inverte a polaridade das porcentagens de RGB e toma esses valores como os novos tons de CMY (K). Então, se a cor RGB era feita de vermelho e verde inteiramente desligados e azul inteiramente ligado, ela se torna uma cor CMY feita de C e M (quase) completamente ligados e Y totalmente desligado. O resultado na tela é que a cor passa de um azul intenso e brilhante para um azul-roxeado escurecido. Mesmo assim, no que diz respeito ao Photoshop, foi feito um bom trabalho de conversão.

Se a sua imagem contém uma mistura de cores que estão tanto dentro quanto fora do espectro CMYK, e apenas essas cores que estão fora mudam quando você converte a imagem, isso pode resultar em uma imagem desbalanceada.

Para evitar isso, não faça a conversão de modo de cor imediatamente. Enquanto a imagem ainda estiver no modo RGB, escolha Imagem > Ajuste > Matiz > Saturação, e reduza suavemente o nível de saturação. Ao fazer isso, você está puxando todas as cores RGB da imagem de volta para o espectro CMYK. A imagem é ajustada por igual porque você está trabalhando em tudo de uma vez, e isso significa que sua imagem mantém o balanceamento geral que possuía no início. O melhor de tudo é que você pode decidir onde quer que o processo pare, que é a maneira correta de trabalhar todos os ajustes de imagem.

 Se quiser dessaturar apenas alguns tons de cor da sua imagem, tente selecioná-las com Selecionar > Intervalo de Cores (Colour Range). Esse método pode dar resultados muito melhores e mais convincentes que a ferramenta Varinha Mágica.

Arrumando a Perspectiva

Toda vez que se tira uma foto de objetos altos, parece que eles se estreitam em direção a um ponto alto e central. Isso é chamado de escorço (*foreshortening*) e pode facilmente ser arrumado com a utilização de uma variante da Transformação Livre.

Você pode ver esse efeito de perspectiva na fig. **11.4**.

Duplique a camada utilizando Control/Command + J, e então crie uma moldura de transformação livre com Control/Command + T. Geralmente, você apenas seria capaz de transformar a imagem como um formato retangular, mas se você segurar o botão Control ou Command, a moldura passa para o modo Distorcer permitindo clicar em um dos cantos e arrastar. Com uma imagem como essa, arrastar o canto superior direito um pouco para direita e o canto esquerdo um pouco para esquerda acaba endireitando o conteúdo da imagem (fig. **11.5**).

11.4 O escorço faz com que objetos altos pendam para um ponto central.   **11.5** Escorço arrumado.

11.6 Superior esquerdo: A imagem RGB, mostrando todos os três canais componentes em cor transparente: Vermelho, azul e verde.
Superior direito: A versão "matutina", isto é, o canal azul. **Inferior esquerdo:** A versão do "meio-dia", isto é, o canal verde. **Inferior direito:** A versão vespertina, isto é, o canal vermelho.

Opções Úteis do Modo Tons de Cinza

Se tiver que gerar uma imagem em tons de cinza a partir de um original RGB, talvez queira considerar se quer a versão matutina, do meio-dia, ou vespertina (fig. **11.6**).

Isso não irá funcionar com uma imagem CMYK pois a informação de cor está distribuída pelos canais de uma maneira totalmente diferente, mas se for trabalhar com uma versão RGB de uma foto tirada ao ar livre, e especialmente se houver um céu azul na imagem, pode funcionar muito bem.

De manhã, a luz azul tende a ser mais forte e mais visível. É por isso que a luz matutina tende a ser mais fresca. Ao se aproximar do meio-dia, não há superioridade por parte da densidade da luz azul e nem da vermelha, portanto as coisas se equilibram. Então, com o pôr do sol, a luz vermelha se torna a mais forte. Você pode utilizar isso como uma vantagem simplesmente abrindo a janela Canais e clicando nos canais, um por um. Ao fazer isso, a imagem irá aparecer como a imagem em tons de cinza contida naquele canal.

Se os canais aparecerem em cor ao invés de tons de cinza, vá em Editar > Preferências > Interface e desselecione "Mostrar canais em cores" no canto superior esquerdo.

Quando tiver feito sua escolha, mantenha aquele canal selecionado e delete os outros. Os seus nomes mudarão porque o Photoshop não saberá mais como chamá-los. Quando o canal que selecionou for o único sobrando, converta a imagem para o formato Tons de Cinza (Imagem > Modo > Tons de Cinza), trate-a de acordo com o método de impressão que for utilizar e salve-a.

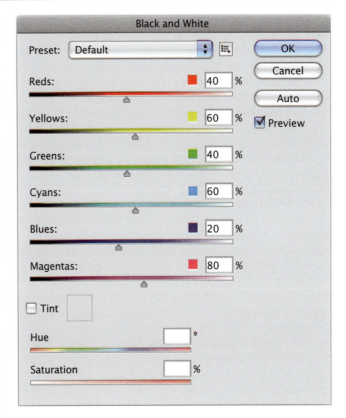

11.7 A janela Preto e Branco permite que você clareie ou escureça diversas cores quando as converte para tons de cinza.

 Geralmente, ao tentar converter uma imagem colorida para tons de cinza, o Photoshop tenta levá-lo a utilizar Imagem > Ajustes > Preto e branco como o método apropriado (fig. 11.7). Nessa janela, você pode ajustar individualmente o espectro das cores para clarear ou escurecer tons de cinza. É um ótimo método, mas é bem fácil de eliminar detalhes, então tome cuidado.

 Como o método de tratamento descrito no Capítulo 6 retém toda a informação tonal da imagem, é possível ajustar as configurações mais de uma vez. Por exemplo, se for preciso imprimir uma imagem em papel revestido, ela pode ser primeiro tratada para isso e posteriormente retratada para impressão em papel não revestido.

Tornando Nítidas Imagens no Photoshop

A maioria dos usuários do Photoshop já utilizou os filtros de nitidez ocasionalmente. Diversas vezes encontrei designers que preferem o uso de Tornar Nítido (*Sharpen*) e Tornar Mais Nítido (*Sharpen More*) pois eles parecem fazer um trabalho razoável; em contrapartida, perceberam que o uso da Máscara de Nitidez (*Unsharp Mask*) tende a criar bordas claras ou escuras nas coisas. Infelizmente, como nossas telas são menos detalhistas que a impressora comum, se esse efeito surgir mesmo que sutilmente na tela, você pode ter certeza de que ele aparecerá muito mais visível na impressão. Porém, se utilizado da maneira correta, Máscara de Nitidez é um filtro de definição extremamente eficiente.

O motivo para que essas bordas apareçam é decorrente da maneira com que um filtro de nitidez funciona. Não é surpreendente o fato de o Photoshop não conseguir aumentar a nitidez de uma imagem para que vejamos mais detalhes do que havia anteriormente. Ao invés disso, ele procura por bordas existentes na imagem e aumenta os níveis de contraste no seu entorno. O efeito é que, de repente, podemos ver os detalhes mais claramente. É uma ilusão, mas extremamente convincente.

A Máscara de Nitidez é o meu filtro de nitidez preferido, principalmente por ser editável. Portanto, ele me permite controlar o nível de ajuste que quero fazer. Dado que a impressora sempre irá acentuar qualquer coisa que eu fizer com o filtro, sempre tomo cuidado para não aumentar a definição a ponto de enxergar claramente aquelas bordas de alto contraste. Isso é basicamente uma questão de experiência, e a única coisa a se fazer é ir com cuidado. Contudo, existem algumas outras coisas que podem ajudar.

Máscara de Nitidez utiliza três tipos de configuração: Limiar, Raio e Intensidade (*Threshold*, *Radius*, *Amount*) (fig. **11.8**). O Limiar determina quais cores da imagem serão afetadas pelo ajuste. Uma configuração de 0 para os níveis significa que tudo sofrerá nitidez. A barra Raio determina até qual distância das bordas o efeito de nitidez irá se espalhar. Se mantiver isso entre 1 e 2 pixels, aqueles halos de alto contraste serão muito menores e portanto mais difíceis de ver. Manter o Raio a um nível baixo permite a aplicação de um grau maior de nitidez sem criar problemas.

A utilização destas configurações irá melhorar imediatamente os seus resultados, mas aqui está outro método muito bom que pode ser utilizado concomitantemente.

Se estiver aplicando a nitidez a toda a imagem, então todas as cores de todos os canais estão sendo trabalhadas simultaneamente. Contudo, a definição de uma imagem depende muito mais da luminosidade relativa do tom que da informação de cor. Se as cores puderem ser deixadas de lado enquanto o processo de nitidez ocorre, elas não serão incluídas em nenhuma distorção que possa ocorrer ao longo das bordas da imagem. Isso também irá diminuir os halos visíveis.

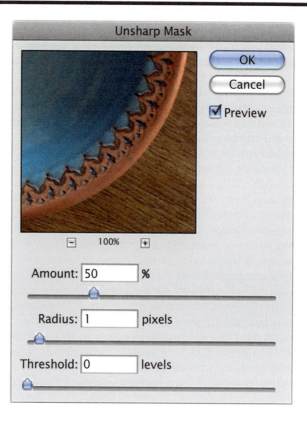

11.8 A janela Máscara de Nitidez.

11.9 Os componentes de canal de uma imagem no modo LAB: Luminosidade (no alto); A e B (embaixo).

Para fazer isso, a imagem deve primeiro ser convertida para o modo LAB. LAB é o maior espaço de cor disponível, até mesmo um pouco maior que RGB. Com isso, você pode converter para o modo LAB e retornar sem modificar qualquer informação de cor da sua imagem, não importa de onde você comece. Em outras palavras, é um modo "seguro". O nome "LAB" provém dos nomes dados aos três canais de cor que produzem uma imagem LAB: *Lightness* (Luminosidade), A e B. O canal Luminosidade retém toda a informação relacionada a luz e sombra. Os canais A e B retém toda a informação sobre cor. Se mexer nos canais A e B, você irá estragar a sua imagem mais rápido do que pode imaginar, mas, para aqueles que querem saber, o canal A retém toda a informação de cor das áreas que possuem vermelho ou verde. Verde aparece como tudo mais escuro que um cinza 50%, e vermelho como tudo mais claro. Áreas que não são nem vermelhas e nem verdes aparecem como um cinza 50% neutro. O canal B faz exatamente a mesma coisa para azul e amarelo (fig. **11.9**).

Clicando no canal Luminosidade na janela Canais, e então aplicando Máscara de Nitidez, pode-se aplicar a nitidez a um grau muito maior do que seria possível de outro modo. Então, simplesmente converta a imagem de volta para RGB ou CMYK (fig. **11.10**).

A fig. **11.11** mostra dois exemplos do tipo de distorção que pode ocorrer se a nitidez for feita no modo CMYK. Ambas foram definidas a um nível maior do que o recomendável para tornar as diferenças entre elas mais fáceis de serem notadas. Na imagem de cima, os quatro canais CMYK sofreram nitidez simultaneamente utilizando um Raio configurado para 10 e uma Intensidade configurada em 200. Na imagem de baixo, as mesmas configurações foram utilizadas, mas elas foram aplicadas apenas ao canal Luminosidade enquanto as imagens ainda estavam no modo LAB. O contraste é o mesmo em ambas, mas a distorção de cor adicional está claramente visível na imagem superior.

A fig. **11.12** mostra uma imagem muito mais saudável. Novamente, a nitidez foi aplicada apenas ao canal Luminosidade no modo LAB, mas dessa vez com a configuração do Raio em 1 e uma Intensidade de 200.

11.10 A imagem original no modo CMYK.

11.11 A imagem com máscara de nitidez no modo CMYK com Raio configurado em 10 e Intensidade 20.

A imagem com máscara de nitidez, o Raio configurado em 10 e a Intensidade em 200, mas somente no canal Luminosidade em modo LAB. O resultado é um aumento similar de contraste mas sem qualquer distorção nos valores de cor.

11.12 O Raio configurado em 1 e a Intensidade em 200 aplicados ao canal Luminosidade em modo LAB.

 Se sua imagem está inicialmente em RGB, e você convertê-la primeiro para o modo LAB e depois diretamente para CMYK, é o mesmo que ir diretamente de RGB para CMYK: você estará forçando uma conversão de um modo para outro. Se fizer isso, tenha certeza de observar a tela enquanto a conversão ocorre, já que somente poderá fazer as mudanças necessárias se de fato vir algo acontecendo.

11.13 (Abaixo, Esquerda) O salto no matiz quando se utiliza um ponto redondo.

11.14 (Abaixo, Direita) Para um ponto oval, o salto no matiz é dividido em dois espectros menores.

11.15 (Embaixo) Um ponto diamante não cria um salto no matiz até alcançar as áreas de sombra mais densa, mas então ele é completamente preenchido.

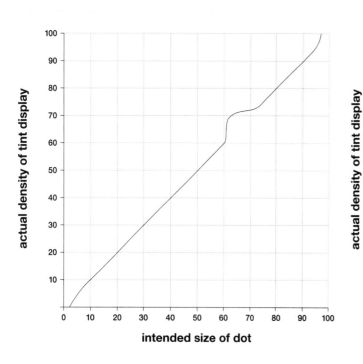

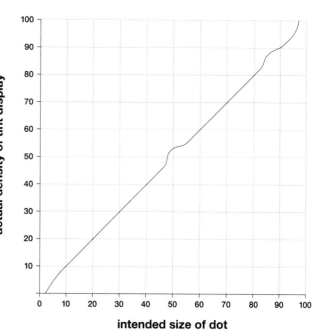

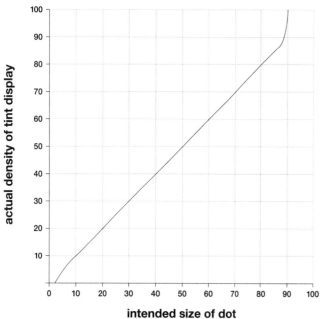

Escolhendo o Formato Correto do Ponto de Meio-tom

Como você pode observar na fig. 11.12, a qualidade do resultado quando se usa Máscara de Nitidez depende muito de uma configuração baixa de Raio e se a cor da imagem está inclusa no ajuste ou não.

Pontos redondos são ótimos para quase todo tipo de aplicação, mas pode haver ocasiões em que um ponto oval, ou talvez em formato de diamante, produzirá uma impressão melhor. O motivo para isso está no que acontece quando dois pontos se encontram.

Conforme o tamanho de ponto aumenta, o local em que eles se tocam se torna cada vez mais próximo. Quando isso acontece, a porcentagem do matiz aumenta. Quando eles de fato se tocam, eles se prendem uns aos outros como amigos de longa data. Isso cria um aumento de matiz e, como resultado, muitos pontos de porcentagem de valor do matiz são perdidos (fig. **11.13**).

Se estiver imprimindo uma imagem em que os valores das cores que ocupam um lugar mediano no espectro são particularmente importantes – tons de pele caucasiana, por exemplo – e você quer tirar o máximo possível dessa faixa de cores, um ponto oval seria uma escolha melhor que um ponto redondo.

Isso ocorre porque aquele único aumento de matiz que ocorre com a utilização do ponto redondo é dividido em dois saltos menores quando se utiliza o ponto oval. Os pontos redondos se juntam de repente nos quatro lados, mas os pontos ovais primeiro colidem em cada ponta e depois, mais próximos das sombras, eles se sobrepõem em cima e também embaixo (fig. **11.14**).

O resultado é um pequeno salto no matiz (*tint jump*) próximo aos realces dos meios-tons, e outro pequeno do lado das sombras. A área entre esses dois pontos é onde a maioria dos tons de pele serão impressos.

Os pontos diamantes são, de fato, quadrados, mas se estivéssemos utilizando apenas uma cor – preto – colocaríamos a tela em um ângulo de 45°, portanto todos os quadrados estariam inclinados para um lado (fig. **11.15**) – formando assim o "diamante".

Esse formato permite uma reprodução equilibrada dos tons até quase 90% de densidade; então, de repente, tudo se preenche completamente. Os pontos se juntam não em alguns pontos específicos, mas em lados inteiros. Portanto, é um ótimo formato para se utilizar em imagens que não possuem áreas de sombra densa.

 Geralmente, o formato do ponto é uma configuração da imagesetter e não algo que você terá que resolver, então é importante dizer à gráfica onde você quer que ele seja aplicado.

Sig: 1 Side: Front Screen: 200 Curve: COATED CLASS ONE ISO 200 B1 V1, PLATE CMYK

Preparando o Arquivo para a Gráfica

12

O último passo no processo de design gráfico é certificar-se de que tudo está pronto para a impressão do trabalho. Estranhamente, é nessa hora que ocorre a maioria dos erros. Por quê? Porque não se deu a devida atenção durante o processo a coisas como modo de cor, formato de imagem, tratamento de imagens coloridas e tons de cinza, sistema de gerenciamento de cor e a criação de um bom PDF que inclua todo o necessário para uma impressão bem-sucedida. E, obviamente, a lista não para aqui. Tudo isso cria um estresse *pelo qual não é necessário passar*.

O desejo de evitar o estresse causado por "não saber o que fazer" é, espero, sua motivação principal em ter adquirido este livro. Este capítulo ensina como revisar seu trabalho e em seguida ajustar as pré-configurações do arquivo PDF de acordo com as necessidades específicas do serviço. Criar um bom PDF é, assim como quase tudo que precisamos saber fazer, bastante fácil – contanto que você saiba o que está fazendo.

Página oposta: Enfim! O arquivo final, pronto para impressão – completo com barras de cor, marcas de corte, marcas de registro e dados colocados no espaço fora da área útil da página. Além, é claro, do conteúdo!

Uma Lista de Verificação para Impressão

Terminado o trabalho de produção e aprovado o design final pelo cliente, é hora de enviar o serviço à gráfica. Para ficar tranquilo nessa hora, é preciso ter certeza de que foi feito todo o possível para preparar o trabalho para a impressão.

Obviamente, o objetivo maior do livro até aqui foi ajudá-lo a preparar o trabalho corretamente. Mesmo assim, apesar de todo o cuidado em cada etapa do processo, a possibilidade de haver erros ainda é assustadoramente alta. Baseado em minha experiência pessoal, posso dizer que salvar o arquivo pela última vez não significa que se possa relaxar. É hora de manter a cabeça fria e revisar o trabalho detalhadamente.

A última coisa que se deseja é um erro na impressão que seja atribuído a você. Portanto, além de revisar seu próprio trabalho cuidadosamente, também é importante comunicar-se claramente com a gráfica para evitar áreas nebulosas que possam atormentá-lo mais tarde. Isso significa registrar no papel qualquer acordo verbal estabelecido com a gráfica. Lembre-se também de que é infinitamente melhor ter um pouco de informação a mais do que o necessário do que a menos.

Revisão da imagem

Se você pretende enviar um arquivo PDF à gráfica, pule para "Usando Adobe Acrobat" na página 142. Porém, se vai enviar um arquivo "nativo" (InDesign, Quark, etc.) que contém imagens vinculadas anexadas continue lendo.

Ao juntar o material para enviar à gráfica, além do arquivo InDesign ou Quark, envie também as imagens como itens separados. Devem estar em CMYK ou tons de cinza nos formatos TIFF, EPS (i.e. EPS ou DCS2), PDF ou PSD. Nada deve estar em cores RGB, e você deve ter evitado o uso de GIF, JPEG (se possível – e é quase *sempre* possível), PNG *(Portable Network Graphics)* ou BMP (bitmaps do Windows). O formato EPS também pode ser usado para imagens Duotone (dois canais de cor; vide página 83).

Verifique se todas as imagens que você está enviando são as versões corretas de alta resolução, e não cópias de baixa resolução usadas "apenas para posicionar" (FPO – "for position only").

Delete todos os canais alfa, que são canais adicionais ocasionalmente acrescentados a imagens para salvar seleções ou criar máscaras. Se não forem excluídos, podem confundir várias *imagesetters* e causar problemas. São ferramentas extremamente úteis na criação de imagens, mas não se esqueça de removê-las.

Evite demarcadores de corte, exceto quando são realmente necessários. Se forem, verifique se as páginas em seu documento que contém tais imagens imprimem bem em uma impressora Postscript antes de enviar o serviço à gráfica. Demarcadores de corte são informações vetoriais e não bitmap, portanto atravessam os pixels. Isso pode dar a impressão de que a imagem foi recortada e colada no lugar. Arquivos PSD suportam bordas antisserrilhadas *(anti-aliased)*, cuja aparência é geralmente bem melhor.

Sangrias: imagens que precisam exceder o tamanho da página devem se estender no mínimo 3 mm além dos limites da página, com exceção do lado da costura (a margem "interna" do InDesign), onde devem terminar na borda da página.

Certifique-se de que a informação escrita que acompanha o serviço inclui todas as imagens, sejam vinculadas *(linked)* ou incorporadas *(embedded)*, listadas pelos nomes dos arquivos. Se você estiver trabalhando em um PC, esses nomes incluirão a indicação do formato (.tif, .eps etc.). Se estiver trabalhando em um Mac, indique também o formato de cada um dos arquivos de imagem, mesmo que os nomes dos arquivos não mostrem as extensões.

Revisão do texto

Certifique-se de antemão de que a gráfica possui todas as fontes necessárias para imprimir o trabalho.

Verifique se não há fontes "surpresa" escondidas no arquivo de leiaute de página. Mesmo que não façam parte do texto, mas apenas de espaços de linhas em branco, isso pode atrasar o serviço enquanto se tenta descobrir o que está ocorrendo. Se houver espaços de linhas em branco formatados com fontes que você não pretendia usar, você deve revisar o trabalho e modificar as especificações para fontes que você *realmente* usou. Caso contrário o arquivo emitirá uma mensagem de erro ao ser aberto, e isso pode atrasar o serviço enquanto o impressor tenta entrar em contato com você para esclarecer o fato. Se você não tiver tempo para fazer isso, diga ao impressor que o arquivo indicará Arial (ou qualquer outra) como uma fonte solicitada, mas que não será um problema já que só diz respeito a espaços de linhas em branco. Assim, nada passará para as chapas (ou filmes) além do valor principal associado com aquela linha de texto, que permanecerá o mesmo, independentemente da especificação de fonte.

Certifique-se de listar todas as fontes desejadas na informação enviada à gráfica. Informe também o formato (por exemplo, PostScript, TrueType, OpenType) das fontes que você usou, mesmo que esses dados em geral sejam desnecessários.

Revisão geral

Em seu arquivo de leiaute de página, verifique se os elementos gráficos que você criou não estão realçados (contornados) ou preenchidos com cores RGB. Ademais, se você acrescentou novas cores, certifique-se de que estão especificadas como cores de "processo" e não como cor especial (*spot*), ou serão impressas como uma folha de filme separada ou uma chapa adicional.

Se o serviço inclui um verniz "localizado", isto é, uma área de verniz que é um formato distinto ao invés de verniz total, que cobre toda a página, é aconselhável incluir a informação na forma de uma cor Pantone adicional. Diga ao impressor, por escrito, que a cor Pantone na verdade representa a área de verniz e não se destina a ser impressa naquela cor específica.

Se você inseriu texto sobre uma imagem ou cor de fundo, verifique se pode ser lido com facilidade, lembrando que basta um mínimo de frustração para o leitor virar a página em busca de outra coisa. A imagem sob o texto deve estar rebaixada a aproximadamente 20-25% de sua força original. Lembre-se, você estará mais predisposto a ler o texto, pois foi você quem o criou. Outros estarão menos propensos a lê-lo, a menos que seja *extremamente* fácil de ler.

Imprima uma cópia completa de seu trabalho e envie-o com os arquivos digitais.

Se o serviço requer ser dobrado, envie um boneco dobrado em tamanho real, isto é, um modelo dobrado em tamanho real do serviço inteiro. Será mais eficaz se você usar um tipo de papel semelhante ou muito próximo ao que será usado no trabalho final. Em seu arquivo, os cortes devem ser indicados por linhas cheias fora da área útil, e as dobras devem aparecer como linhas pontilhadas – e não custa nada digitar "corte" ou "dobra" (fora da área útil da imagem, obviamente) ao lado da linha em questão.

Às vezes as dobras são vincadas antes da impressão, principalmente se o papel for pesado e/ou será dobrado no sentido contrário à sua fibra. Se você pretende usar um papel relativamente pesado, mas a gráfica não mencionou nada sobre vincar o serviço, é possível que tenham se esquecido de considerar esse aspecto no orçamento. Nesse caso você deve perguntar se as dobras serão feitas contra ou a favor do sentido da fibra na impressora, e se isso pode causar problemas.

Na gráfica

O que fazer ao solicitar um orçamento do serviço

Se for a primeira vez que você usa determinada gráfica, peça que lhe mandem algumas amostras *representativas* de seu trabalho, bem antes do seu prazo de entrega. "Representativo" significa que você não quer ver apenas o melhor que já fizeram, pois não será um bom indicador do nível de qualidade que se pode esperar deles. Você precisa ver amostras do tipo de qualidade que produzem no dia a dia.

Provas

Decida que tipo de provas você quer. Atualmente, eu só uso impressões digitais como provas, pois além de serem baratas, são também bastante precisas. Uma boa impressora digital pode até imitar o sistema de gerenciamento de cores que você usou, e portanto gerar um resultado extremamente próximo ao trabalho de impressão final.

Provas de prelo geradas com o uso de tintas CMYK e as próprias chapas que serão utilizadas para a impressão final são também bastante precisas, mas são muito caras, especialmente quando comparadas a impressões digitais.

As piores provas são aquelas geradas por uma impressora a laser colorida. Embora sejam a opção mais barata, suas cores podem ser tão imprecisas que o resultado não é confiável. Desse ponto de vista são piores do que nada, e só devem ser usadas para checar o posicionamento básico dos vários elementos e erros tipográficos.

Impressoras *desktop* a jato de tinta normalmente geram cores muito mais precisas, mas raramente são máquinas PostScript, o que é particularmente ruim para a impressão de arquivos EPS. Além disso, como só podem traduzir imagens RGB e não CMYK, só são realmente úteis durante as etapas de design e leiaute do processo de produção. Embora eu use bastante provas a laser como suporte para a produção, eu nunca as envio à gráfica como provas representativas.

O que reforçar por escrito

Eu sempre peço à gráfica (ou bureau de pré-impressão) para me avisar imediatamente caso haja problemas. *Imediatamente*. Se o *feedback* não chegar a tempo, você pode perder seu prazo. Eu enfatizo bem essa questão quando converso com as gráficas, deixando claro o quanto isso é importante para mim. Eles têm que entender que, caso falhem nesse ponto, dificilmente me terão como cliente novamente.

Certifique-se de informar a gráfica por escrito sobre o tamanho do serviço em termos de dimensão e quantidade de páginas, e quantas cores são necessárias. Se você estiver usando cores Pantone, liste-as por nome. O ideal ao solicitar qualquer serviço que não seja em preto e branco é enviar à grá-

Usando o InDesign

fica uma impressão colorida de seu arquivo ao invés de uma prova a laser de cor única.

Verifique com a gráfica a questão do trapping. Isso é particularmente importante no caso de um arquivo PDF de alta resolução que talvez não possa ser editado posteriormente.

Quantidade, tipo de papel, preço e condições de entrega devem estar detalhados no orçamento escrito fornecido pela gráfica. No entanto, é comum que forneçam uma variedade de quantidades e preços. Confirme por escrito quais opções você escolheu *antes* de o trabalho começar.

Peça ao impressor para certificar-se de que o texto não "correu" (avançou ou recuou com alguma alteração no rendimento da fonte), antes de se dar ao trabalho de imprimir uma prova. Isso é particularmente importante se a prova depende da confecção de fotolito. Certa vez enviei o arquivo de um livro de 700 páginas e me esqueci de mencionar isso. O texto correu – apenas uma pequena quantidade, é verdade – mas ao final do capítulo três, a última linha não cabia na página e pulou para a primeira página do capítulo quatro. O resto do fotolito do livro ficou imprestável – pelo qual eu tive que pagar!

É um serviço com prazo determinado? Se for, certifique-se de que a gráfica saiba que não pode atrasar.

Confirme o número de cópias que você precisa receber. Se você necessita de 1.000 convites, diga à gráfica que não pode aceitar menos. Caso contrário, será um choque quando entregarem 900, simplesmente ajustando a cobrança de acordo. Para mais detalhes sobre essa questão, vide "Maiores e menores tiragens" mais adiante neste capítulo.

Se seu serviço inclui a produção de fotolito que você ou seu cliente querem guardar, peça que isso seja detalhado na fatura. Chapas raramente servem para alguma coisa, já que só podem ser impressas na mesma máquina. Além disso, como são também bastante frágeis, em geral não vale a pena solicitá-las.

(Para maiores informações sobre essas duas últimas questões, vide "Instrumentos de trabalho, e mais" na página 152.)

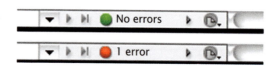

12.1 O botão Comprovação do InDesign, no canto inferior esquerdo da tela. Clique nele para exibir as Opções de Comprovação.

O InDesign tem a opção Comprovação no canto inferior esquerdo da janela do documento que lhe permite checar vários aspectos dele antes de gerar um arquivo PDF definitivo. Um botão verde significa que tudo que é controlado pelo perfil atual está em ordem, enquanto um botão vermelho significa que o documento tem algum problema (fig. **12.1**). Porém, o perfil de comprovação padrão não emite avisos sobre a inclusão de imagens RGB. Já que isso é extremamente útil, é aconselhável criar um novo perfil que dará esse aviso.

Para fazer isso, clique na pequena seta à direita do botão verde (ou vermelho se tiver erros) e escolha "definir perfis" na lista. Dê ao novo perfil o nome "Aviso de cor" e em seguida clique a seta em "Cor". Selecione a caixa ao lado de "Modos e espaços de cor não permitidos" e depois na seta ao lado para abrir essa área. Agora, selecione as caixas ao lado de RGB, Lab e Cor Especial. Clique em Salvar, depois em OK e feche a janela.

Para aplicar seu novo perfil, clique duas vezes no botão vermelho/verde para abrir a janela Comprovação e escolha-o na lista. Será agora o perfil associado a esse documento. Para aplicar seu novo perfil como configuração padrão, clique no botão "Opções" nessa janela e escolha "Opções de Comprovação".

Para criar um arquivo PDF a partir de um documento aberto (e preferivelmente salvo), escolha Arquivo > Exportar. O programa pedirá que você crie um nome de arquivo e escolha um destino. Clicar em Salvar fará com que a janela Exportar Adobe PDF se abra (fig. **12.2**).

Na parte superior há uma lista de seleções de pré-configurações de onde você deve escolher a mais adequada à sua finalidade atual (fig. **12.3**). No canto inferior esquerdo aparece o botão Salvar Predefinição. Ele pode ser usado para salvar e nomear uma versão editada de qualquer uma das pré-configurações, que será então acrescentada à lista de seleções.

A área principal da janela, à direita, exibe as opções para o item atualmente selecionado na lista do lado esquerdo, que tem Geral escrito em cima (conforme mostrado na fig. 12.2).

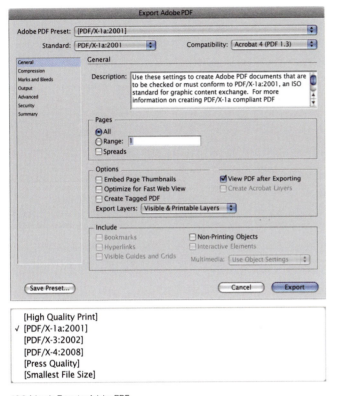

12.2 A janela Exportar Adobe PDF.
12.3 (Embaixo) A lista de configurações PDF padrão.

Criando arquivos PDF de baixa ou alta resolução no InDesign

Geral
Essas configurações cobrem opções como o número de páginas a incluir, se são páginas únicas ou duplas, opções interativas e compatibilidade.

PDF de baixa resolução
Se seu documento contém materiais interativos, selecione Marcadores, Hyperlinks e Elementos Interativos. As opções "Otimizar para rápida exibição na Web" e "Exibir PDF após exportação" são seleções padrão. Deixar ambas selecionadas não trará problemas, seja qual for o tipo de arquivo que está sendo criado. Questões de compatibilidade determinam se vídeos (que podem ser incluídos como material interativo) serão exibidas ou não no resultado final. Se Acrobat 6 for selecionado em Compatibilidade, os vídeos serão exibidos.

PDF de alta resolução
A única configuração importante é o número de páginas a ser incluído. Fora isso, essas configurações não afetarão a criação de um arquivo PDF de alta resolução.

Compactação

As configurações de Compactação são particularmente importantes, já que determinam como as imagens serão manipuladas.

Na parte inferior da área de configurações há duas caixas de seleção: "Compactar texto e traço" e "Cortar dados de imagem para quadros". Ambas são seleções padrão e devem permanecer selecionadas já que ajudam a reduzir o tamanho do arquivo PDF sem qualquer perda de qualidade. "Compactar texto e traço" não produz perda de qualidade e qualquer parte de uma imagem fora da moldura em que foi inserida não será exibida, e portanto pode ser recortada.

A área principal dessa seção contém as configurações para imagens em tons de cinza, coloridas e monocromáticas. Há dois campos de resolução para cada um desses três tipos. Os números padrão para "Pixels por polegada" indicam que, por exemplo, imagens em tons de cinza de 450 dpi ou mais não sofrerão alterações, mas qualquer coisa com uma resolução maior será reduzida (isto é, o conteúdo de cada pixel será redefinido) à resolução de 300 dpi. O método utilizado para essa redução é Bicúbico, que cria um resultado maior, mas de melhor qualidade, do que a alternativa "Diminuir resolução pela média".

É óbvio que qualquer imagem inserida em um documento do InDesign e depois reduzida em seu tamanho terá uma contagem relativa de pixels mais alta, consequentemente criando um arquivo PDF maior. Se há a necessidade de um arquivo de tamanho menor, isso é contraproducente até o limiar de redução de 450 dpi. Portanto, por que não simplesmente configurar ambos os números em 300?

Teste de redução de resolução (*downsampling*)
As imagens na página seguinte (fig. **12.4**) são compostas por oito imagens duplicadas organizadas em quatros pares. A imagem da esquerda de cada par foi gerada no teste 1, e a imagem da direita no teste 2. As imagens do primeiro par eram 300 dpi, do segundo 425 dpi, do terceiro 450 dpi e do quarto 475 dpi.

A predefinição PDF/X1a:2001 foi usada em ambos os testes. No teste 1, as configurações permaneceram inalteradas. Já que elas apenas reduziram imagens acima de 450 dpi, a imagem da esquerda do par 4 (de 475 dpi) foi a única reduzida para 300 dpi. Como o dpi das outras três imagens da esquerda era 450 ou menos, elas permaneceram inalteradas.

No teste 2, a configuração "Reduzir resolução para imagens abaixo de" (*Downsample image below*) foi modificada para 300. Portanto, a única imagem a não sofrer o processo de redução foi a imagem da direita do par 1, que já era 300 dpi.

12.4 (Série Superior) Para verificar se as configurações de redução fizeram alguma diferença nos arquivos resultantes, foram feitas oito cópias da mesma imagem e cada uma foi submetida a configurações diferentes.

12.5 Quatro cópias da mesma imagem foram salvas com valores dpi diferentes e impressas aqui com o mesmo tamanho para permitir a visualização de possíveis diferenças. Superior esquerdo: 300; superior direito: 425; inferior esquerdo: 450; inferior direito: 475.

Houve uma diferença considerável de tamanho entre os dois documentos PDF: o teste 1 tinha 2.7 MB enquanto o teste 2 tinha apenas 2.1 MB.

Ao comparar as imagens, considere também que cada par consecutivo gerou uma impressão menor do que o original, já que houve aumento do dpi relativo; aqui elas estão exibidas, lado a lado, no mesmo tamanho simplesmente para facilitar a comparação. Os tamanhos reais das impressões estão descritos na fig. **12.5**.

PDF de baixa resolução

Como o objetivo aqui é produzir um arquivo pequeno com qualidade razoável, eu geralmente modifico ambos os campos nas áreas Tons de Cinza e Cor para 96, e ambos em monocromático para 300. Como isso cria um arquivo menor do que o normal, em seguida eu modifico a qualidade de imagem de baixa para média. Se o tamanho do arquivo ainda for menor do que o necessário, talvez seja possível salvar novamente o arquivo PDF com o nível de qualidade configurado para alta.

PDF de alta resolução

Eu criei as imagens da fig. 12.4 trabalhando (no Photoshop) com pixels, e não com pontos rasterizados, e apesar de haver algumas diferenças sutis entre as imagens que tiveram a resolução diminuída e as que não tiveram, eu duvido muito que sejam do tipo que se possa notar. Portanto, não vejo motivo – principalmente quando se considera também a diferença nos tamanhos dos arquivos – para deixar os pares de números para imagens em tons de cinza, coloridas e monocromáticas em uma pré-configuração PDF padrão de alta resolução. Ao invés disso, eu os modifico para 300/300, 300/300 e 1200/1200, respectivamente (fig. **12.6**).

Abaixo dos campos para imagens coloridas e para imagens em tons de cinza há dois outros relacionados a compactação que podem, caso necessário, ser usados para reduzir ainda mais o tamanho do arquivo. Eu pensava que a definição "Automática (JPEG)" não poderia ser melhor do que "Nenhum(a)", em que não há compactação alguma de imagem. Para que arriscar qualquer tipo de compactação JPEG em um arquivo TIFF cuidadosamente salvo? Na verdade, quando se combina Automática (JPEG) com Máxima no campo Qualidade da imagem imediatamente abaixo, não se percebe diferença nenhuma na imagem. É como se você tivesse escolhido Nenhum(a). A verdadeira diferença está no tamanho do arquivo: em vez de um arquivo enorme de 6.9 MB, obtive um de 2.1 MB.

A configuração de compactação padrão CCITT Grupo 4 para imagens monocromáticas não gera perda e pode ser usada com segurança para fechamentos RGB e CMYK.

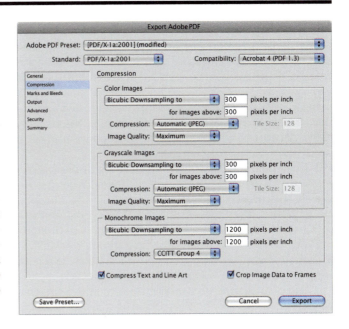

12.6 As configurações de Compactação.

Usando o Adobe Acrobat

Adobe Acrobat é outra área em que designers gráficos tendem a fazer o melhor que conseguem na produção, mas depois ficam torcendo para que alguém corrija possíveis erros na impressão. No entanto, é improvável que isso aconteça. A grande vantagem para a gráfica é que o arquivo PDF já vem completo: contém todos os elementos de design, todas as imagens, todas as fontes; basta fazer as chapas e imprimir. Apenas erros muito graves serão notificados, de modo que, em geral, o arquivo será impresso do jeito que for enviado.

A cada ano que passa, aumenta o número de gráficas que se recusam a trabalhar com arquivos nativos InDesign, Quark e outros, só aceitando arquivos no formato PDF pois, do ponto de vista deles, facilita muito o serviço. Não precisam mais manter funcionários que saibam lidar com diferentes tipos de arquivos. Ao invés disso, toda a responsabilidade pela qualidade do trabalho final recai sobre o designer gráfico. A gráfica só precisa receber o arquivo PDF e imprimi-lo – com erros e tudo.

Do ponto de vista do designer, arquivos PDF geralmente não são editáveis. Certas coisas podem às vezes ser modificadas, mas em geral é melhor voltar ao arquivo nativo, corrigir o erro e criar um novo PDF. No entanto, detalhes como trapping, tratamento de imagem e – talvez o maior problema de todos – vincular tudo ao sistema de gerenciamento de cores correto precisam ser resolvidos com antecedência pelo designer.

A boa notícia é que criar um bom PDF não é tão difícil assim, principalmente se você usar a opção Exportar e souber ajustar as predefinições do Adobe Acrobat a seu favor.

O Adobe Acrobat permite criar desde um arquivo RGB de baixa resolução ideal para visualização na tela (que pode incluir uma variedade de objetos interativos) até um arquivo de alta resolução pronto para impressão, contendo todas as fontes e imagens CMYK. Isso pode incluir sangrias, áreas de *slugs*, marcas de corte, marcas de controle, tudo – até mesmo cores Pantone.

Até recentemente, havia apenas duas opções disponíveis para se criar um arquivo PDF: Acrobat Distiller e Acrobat PDF Writer. Ambos permitiam a criação de uma imagem precisa da arte final em um formato compatível tanto com PC quanto Mac, que podia então ser gravada em chapas por platesetters. Ambos os métodos eram mais difíceis do que a opção atual: Arquivo > Exportar.

 Se você está tentando criar um PDF a partir de um arquivo que contém cores especiais na forma de arquivos DCS2 ou PSD, leia a seção final de "Cenário típico 3" no capítulo 10. Arquivos EPS CMYK ou tons de cinza comuns, no entanto, normalmente não precisam de nenhum tratamento especial.

É possível que uma imagem EPS atrapalhe a criação de um bom arquivo PDF em seu sistema. Se isso acontecer, será preciso recriá-la, talvez como um arquivo TIFF ou PDS, ou deixá-la de fora. Se não imprimir em sua impressora PostScript (nesse caso, Acrobat), também não será processada pela imagesetter da gráfica.

Se você estiver usando InDesign ou QuarkXPress, então deu sorte. A interface entre InDesign e Acrobat, outro produto Adobe, é praticamente a melhor possível. Mas ambos os programas permitem escolher Arquivo > Exportar > Adobe PDF como opção de criação do arquivo para impressão.

12.7 A predefinição X1a.

Há vários livros disponíveis que detalham todas as opções de PDF existentes, portanto vou focar nas mais importantes para designers gráficos que desejam criar arquivos de alta resolução para impressão ou arquivos de baixa resolução para websites, e-mails e/ou inclusão de elementos interativos.

Antes de usar o Acrobat para criar um arquivo PDF, você precisará instalar uma impressora PostScript em seu sistema Mac ou PC.

Configurações de PDF

Se o objetivo é anexar um documento PDF a um e-mail ou inseri-lo em um website, use a predefinição Menor tamanho de arquivo. Se for enviar para impressão industrial, use Qualidade Tipográfica (*Press Quality*) ou, um pouco melhor, porém mais trabalhoso, PDF/X1a:2001. Todos podem ser editados e o resultado salvo com um nome novo para uso futuro (fig. **12.7**)

No InDesign, a vantagem de se usar a predefinição Menor tamanho de arquivo é que tudo está voltado para a criação de um arquivo RGB pequeno. A vantagem da predefinição PDF/X1a é poder especificar as definições de gerenciamento de cor CMYK que controlarão a criação do arquivo PDF sem ter que incorporar os perfis de fato. Você também pode configurar o nível da predefinição Nivelador de Transparência (*Transparency Flattener*).

Marcas e Sangrias

PDF de baixa resolução

Ao criar um arquivo PDF de baixa resolução, eu não seleciono a caixa "Todas as marcas da impressora", já que isso invariavelmente resulta em perguntas do cliente. "O que são esses quadradinhos coloridos?" ou "Há linhas estranhas perto dos cantos!" Para evitar isso, em geral é melhor – seja criando um arquivo para o cliente ou para inserir em um website – criar um arquivo PDF da área de página final e nada mais. Assim, áreas de sangrias e *slugs* também normalmente ficam de fora.

PDF de alta resolução

Ao criar um arquivo PDF de alta resolução para impressão, eu sempre seleciono a caixa "Todas as marcas da impressora". Assim, toda a informação útil para a gráfica é incluída, principalmente as barras de cor. O impressor pode ler nelas a densidade dos tons CMYK puros (bem como uma variedade de outras combinações) na prova e comparar com a densidade das mesmas caixas de cores na impressão.

Algo que eu geralmente modifico é o valor de Deslocamento (*Offset*). Os três campos dessa área se referem a marcas de corte e de sangrias, as "linhas estranhas perto dos cantos". As marcas internas indicam à gráfica o corte final da página, enquanto as que vêm depois indicam a área de sangria. O valor de deslocamento padrão, 2,117 mm, coloca o final do corte dentro da área de sangria de 3 mm, portanto geralmente aumento esse valor para que nada invada a área útil da página (fig. **12.8**).

Sangria e *Slug* (espaçador)

Para incluí-los, selecione a caixa de "Usar configurações de sangria do documento" (*Use document bleed settings*). Com isso, qualquer sangria especificada no documento será mostrada. Uma alternativa é inserir outras dimensões nos campos abaixo.

A área de *slug* ou espaçador, uma área adicional maior do que a página (e a sangria) que você pode especificar como parte de a) seu documento InDesign e b) do PDF resultante, pode ser usada para guardar informações como a posição das dobras. Por exemplo, um folheto de três dobras (que na verdade tem duas e *não* três dobras) é composto de três faces: uma capa, uma contracapa e uma face interna. A face interna tem que ser ligeiramente mais estreita do que as outras para acomodar o espaço das dobras. É nessa hora que os designers gráficos e os impressores divergem. Os designers geralmente supõem que os outras duas faces, as capas da frente e de trás, têm que ser do mesmo tamanho, enquanto os impressores sabem que, se a capa não for ligeiramente mais larga que a contracapa, será difícil abrir o folheto. Com uma pequena sobreposição, porém, fica fácil. As três faces têm larguras ligeiramente

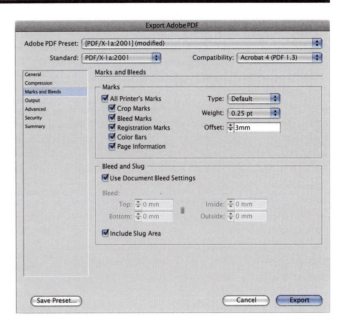

12.8 As configurações de Marcas.

diferentes, portanto o posicionamento das dobras é crucial para um bom folheto. As dobras podem ser especificadas com linhas pontilhadas (não linhas cheias, ou o impressor pode achar que é um corte) posicionadas em um *slug* de 10 mm, que se estende 7 mm além da área de sangria.

Para garantir a inclusão do *slug* no arquivo PDF, selecione a caixa "Incluir área de slug" (ver fig. **12.8**).

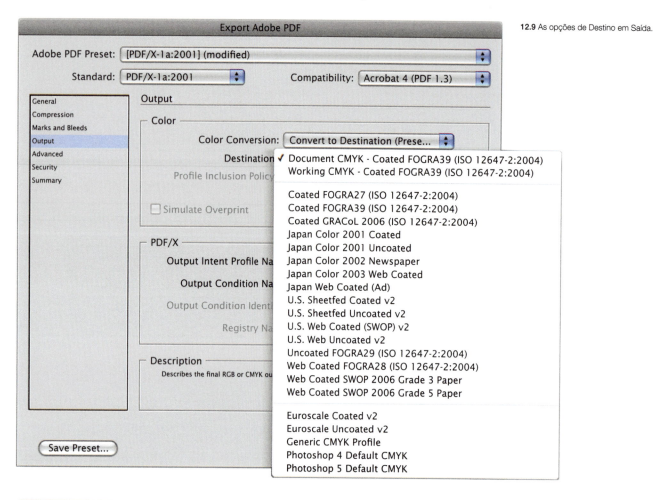

12.9 As opções de Destino em Saída.

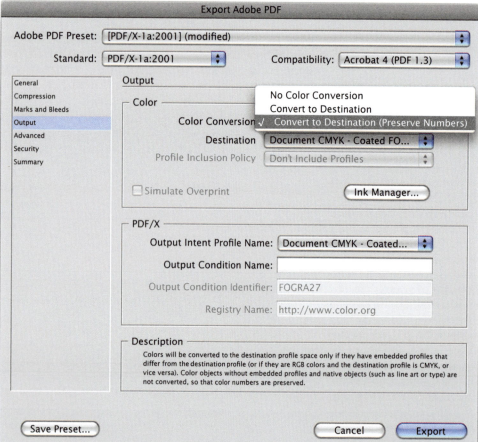

12.10 As opções de Conversão de Cores em Saída.

Saída

A seção Saída (*Output*) determina como os vários elementos de seu documento são marcados, ou não. Especificar corretamente a conversão de cor e o perfil de destino garante não só uma aparência melhor na tela do computador mas, principalmente, para a impressão final, onde esses elementos são particularmente importantes.

PDF de baixa resolução

O valor CMS padrão aplica um perfil de destino, geralmente começando com as letras "sRGB", que é adequado e não requer ajustes. As cores serão convertidas para esse perfil, e esses perfis serão então incorporados. Isso é uma garantia de que ajudarão a controlar a aparência posterior do documento PDF.

PDF de alta resolução

Para informações gerais sobre sistema de gerenciamento de cores, vide página 72.

Imagine um exemplo em que um documento será impresso numa impressora offset plana com ganho de ponto de 10%, mas ao invés disso o perfil de saída ajusta o ganho para 20%.

Impressoras planas comuns geram um ganho de ponto de aproximadamente 10%. Isso significa que um ponto de 50% no arquivo digital gerará uma impressão mais próxima a um valor de 60%, gerando meios-tons escuros e turvos.

O perfil correto ajustaria o valor inicial do ponto, clareando-o para aproximadamente 40% (mas sem mudar sua aparência na tela do Photoshop). Em seguida, o processo de impressão acrescenta um ganho de ponto de 10%, e o resultado final volta para 50%, como deveria ser.

Porém, se os valores de configuração padrão do Photoshop forem mantidos, o que é adequado para impressão numa rotativa mas não para uma impressora plana, o ganho de ponto é aproximadamente o dobro dos valores da plana.

Portanto, o serviço, que se destina a uma impressora plana, tem os meios-tons artificialmente reduzidos de 50% para 30%. Mas o processo da impressora plana só os reduz a 40%, produzindo meios-tons de aparência desbotada.

Eis por que os perfis são tão importantes. Se você tiver dúvidas quanto ao perfil correto a ser aplicado, converse com a gráfica.

Como a maior parte do trabalho de impressão ocorre em impressoras planas e não em rotativas, o perfil Pré-impressão na Europa 3 deve ser aplicado. Faça isso no Bridge, que sincronizará os perfis em todos os softwares relevantes do pacote CS. Abra o Bridge, escolha Editar > Configurações de Cores no Creative Suite (*Edit > Creative Suite Colour Settings*) e clique em "Mostrar Lista Expandida de Arquivos de Configuração de Cores" (*Show expanded list of colour settings files*). Selecione Pré-impressão na Europa 3 e clique em Aplicar. Faça isso seja no Reino Unido, na Europa ou na América, já que as características de impressoras planas são bastante semelhantes em todas essas regiões.

 Se você escolher Finalidade Geral da América do Norte 2, ou Pré-impressão na América do Norte 2, o perfil aplicado será para rotativas, e *não* impressoras planas, o que pode resultar no problema detalhado acima. Se escolher esses perfis, mas estiver imprimindo numa impressora plana, é possível configurar a opção de impressora plana como o perfil CMYK utilizado pelo Photoshop. No entanto, o perfil de cor criado no InDesign não pode ser modificado dessa maneira e a impressão final terá um perfil destinado a rotativas.

Ao escolher a opção Pré-impressão na Europa 3, FOGRA39 será selecionado como o perfil CMYK específico, um perfil excelente para impressão em papel revestido. Se estiver imprimindo em papel não revestido, o perfil pode ser mudado no Photoshop para FOGRA29. Para fazer isso, abra o Photoshop, escolha Editar > Configuração de Cores, clique na lista de seleções CMYK, e escolha Uncoated FOGRA29. Com isso, suas configurações do pacote serão consideradas "não sincronizadas" no Bridge, mas mesmo assim ficarão melhores na impressão.

Quando você tiver configurado o que deseja no Bridge e/ou Photoshop, sua seleção deverá aparecer ou no campo Destino na seção Saída da janela Exportar do PDF (fig. **12.9**) ou (caso tenha sido modificado para FOGRA29, por exemplo) selecionada na lista de seleções. O mesmo nome deve aparecer também na área "Nome do Perfil de Método de Saída" (*Output intent profile name*) abaixo. Em "Conversão de Cores" deve aparecer "Converter em destino (preservar números)" (fig. **12.10**).

Se seu trabalho inclui cores Pantone, não há necessidade de se fazer mais nada nessa janela. Porém, se as cores Pantone precisam ser convertidas para cores de quadricromia (o que deve na verdade ser feito antes para evitar a aparência de uma conversão ruim), clique no botão Gerenciador de tintas (*Ink Manager*) e depois em "Todas as cores especiais para escala" (*All spots to process*).

Avançado

PDF de baixa e alta resolução

Essa seção detalha como as fontes serão incorporadas. O valor padrão ("Subconjunto de fontes... inferior a 100%") significa que *todos* os caracteres usados em *todas* as fontes serão incorporados no PDF resultante (fig. **12.11**). Isso pode ser feito sem infringir as condições de licenciamento acordadas na compra da fonte, já que não é possível extrair fontes de um documento PDF.

Apenas PDF de alta resolução

Ao usar PDF/X1a, verifique se há a opção Nivelador de Transparência (*Transparency Flattener*). Isso determina de que modo os efeitos ou sobreposições de transparência são traduzidos. Em geral, na baixa resolução eles são convertidos em informação vetorial, o que é eficiente em termos de tamanho de arquivo, mas possivelmente nem tanto em termos de impressão. Em Alta Resolução, a configuração padrão para PDF/X1a (fig. **12.11**), a transparência é geralmente convertida em pixels. Arquivos maiores, mas qualidade melhor. Essa opção não pode ser modificada na predefinição Menor tamanho de arquivo.

Segurança

Documentos PDF podem ser protegidos para que sejam lidos, mas não impressos; editados ou não; abertos ou não. Cada um depende de uma senha, que você determina aqui. Isso pode ser necessário para restringir a distribuição de um PDF de baixa resolução, mas é raramente necessário para arquivos de alta resolução.

Resumo

Essa área detalha as configurações que você selecionou e permite que sejam salvas na forma de um relatório.

Nesse estágio, quando todas as configurações estão selecionadas, você pode salvar tudo como uma pré-configuração customizada. Clique em Salvar predefinição no canto inferior esquerdo da janela e digite um nome.

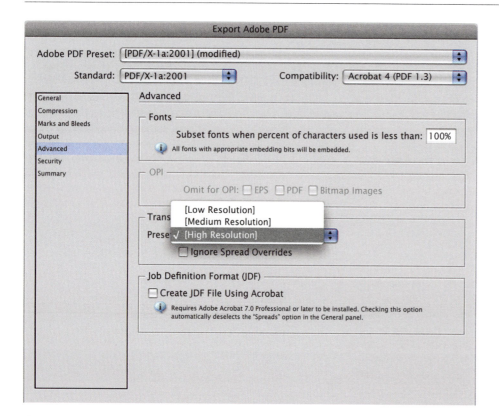

12.11 Opções PDF avançadas que controla fontes incorporadas.

Usando o QuarkXPress

O Quark ainda tem uma ligeira desvantagem em relação ao InDesign, já que não permite incorporar um perfil de sistema de gerenciamento de cores no PDF. Assim, é preciso ter tudo programado de antemão.

Antes de exportar um arquivo como PDF, escolha Utilitários > Usar. Verifique se as fontes mostradas são as que você realmente usou e se as imagens estão corretamente vinculadas. Caso contrário, o PDF resultante pode ter problemas. Se uma imagem está listada como "perdida", isso significa que o Quark não consegue achar o local de onde foi originalmente vinculada. Será preciso atualizar a conexão usando o botão Atualizar (*Update*). Caso apareça uma fonte inesperada, clique em Exibir Primeira para descobrir onde ela aparece pela primeira vez.

Não é incomum que arquivos Quark e InDesign incluam espaços de linha especificados numa fonte padrão como Arial. Já que Arial é a fonte residente tanto no sistema Mac quanto no PC, não há com que se preocupar. Porém, se aparecer um texto em Arial que deveria ser outra coisa, corrija a fonte e salve o arquivo novamente antes de continuar.

Para criar um PDF você pode agora escolher Arquivo > Exportar > Layout como PDF. Isso é muito mais fácil do que usar as opções em Arquivo > Imprimir, que exigiam o ajuste de várias configurações diferentes em várias janelas diferentes.

Criando um PDF de baixa resolução

Depois de verificar se tudo está vinculado corretamente, e todos os elementos de seu documento estão presentes (Arquivo > Verificação) (*File > Flight Check*), escolha Arquivo > Exportar > Layout como PDF. Na janela Exportar PDF, dê um nome e uma localização para o arquivo salvo e em seguida escolha uma configuração existente sem edições adicionais da lista Configurações de Captura (provavelmente uma escolha não muito boa, já que todas exigem algum tipo de ajuste) ou clique no botão Opções para abrir a janela Opções de Exportação de PDF (fig. **12.12**).

Aqui você pode escolher um dos estilos de PDF listados (fig. **12.13**) no campo Estilo de PDF – todos os quais podem ser editados para acomodar exigências de impressão – ou criar um estilo totalmente novo clicando em "Novo Estilo de Saída de PDF" no final da lista. Nesse caso, depois de nomeado e salvo o novo estilo, ele aparecerá como uma das opções da lista de seleções. As configurações de um novo estilo cria-

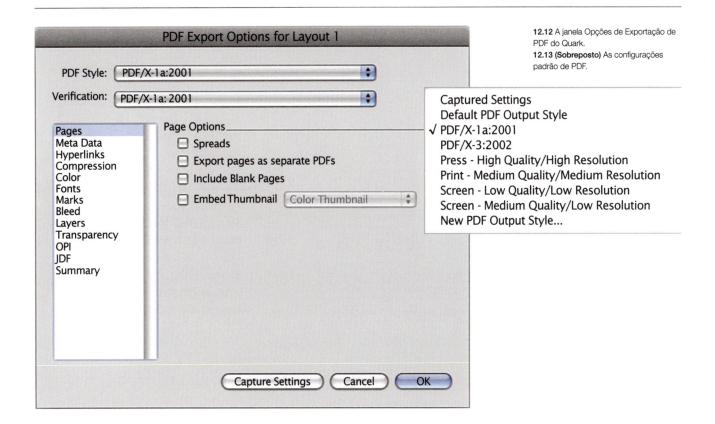

12.12 A janela Opções de Exportação de PDF do Quark.
12.13 (Sobreposto) As configurações padrão de PDF.

do dessa maneira podem ser personalizadas exatamente do mesmo modo que qualquer outro estilo, e a qualquer momento – ver abaixo.

Se você está exportando um arquivo de baixa resolução para uso na web ou para envio por e-mail, escolha "Tela – baixa qualidade" ou "Tela – média qualidade".

Clicando nos vários itens na lista do lado esquerdo da janela Opções de Exportação é possível modificar valores ou inserir novas informações, tal como na janela Meta Data.

Escolha uma opção em Páginas (geralmente será Páginas Espelhadas; *Spreads*) e depois clique em Hyperlinks. As configurações padrão garantem que todo o material interativo – hyperlinks e marcadores (*bookmarks*) – incluído no documento Quark funcionará no PDF resultante. Você também pode escolher se itens como hyperlinks terão uma aparência específica adicional ou permanecerão como aparecem na página. Também é possível configurar um valor de zoom para a abertura do PDF, na parte de baixo da janela.

Os ajustes de exibição e resolução de todas as imagens incluídas são feitos em Compactação. Há três seções: cor, tons de cinza e monocromático. As configurações "Tela – baixa" são de 72 dpi (fig. **12.14**), que é a resolução de telas Mac mais antigas.

A qualidade do resultado final pode ser modificada nas configurações de Compactação para todos os três tipos de imagem (fig. **12.15**). Porém, não mude os valores para imagens monocromáticas, já que CCITT Grupo 4 é uma forma de compactação sem perda que funciona muito bem. Além disso, e pela mesma razão, certifique-se de selecionar a caixa "Compactar texto e traço".

Em geral, Cor deve indicar, independentemente das "chapas" listadas abaixo, que o resultado será um arquivo de composição RGB.

Fontes: se Selecionar Tudo for marcado, todos os caracteres de todas as fontes usadas serão incorporadas no PDF final, de maneira a não infringir as condições de licenciamento acordadas na compra – que geralmente não inclui o direito de enviá-las à gráfica.

O item Marcas se refere a registro e cortes, e é possível acrescentar marcas de sangria caso necessário. As medidas dizem respeito ao tamanho das marcas de corte, e a opção Offset neste caso se refere à distância entre o final e a borda da página.

Sangria: se seu documento contém sangrias, devem ser especificadas aqui. Escolhendo Itens de Página, as marcas de sangria só serão acrescentadas às páginas onde são necessárias. A medida é geralmente 3 mm.

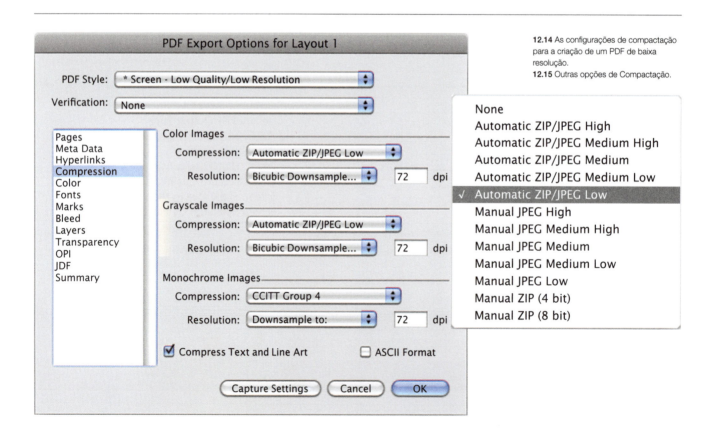

12.14 As configurações de compactação para a criação de um PDF de baixa resolução.
12.15 Outras opções de Compactação.

Preparando o Arquivo para a Gráfica 149

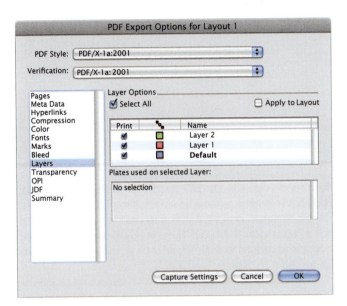

12.16 As opções de Camada.

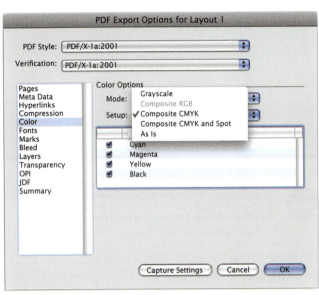

12.17 A opção Saída de Cores para um PDF de alta resolução deve normalmente ser Composição CMYK.

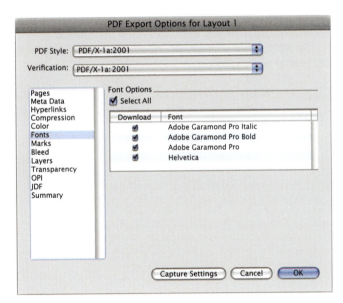

12.18 As opções de Fontes.

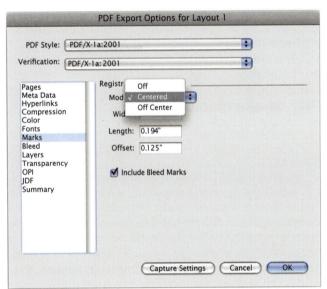

12.19 As opções de Marcas.

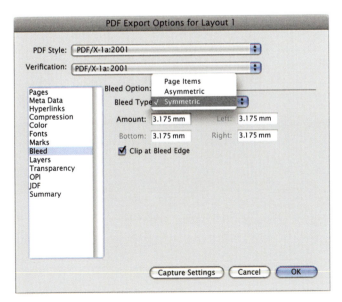

12.20 As opções de Sangria.

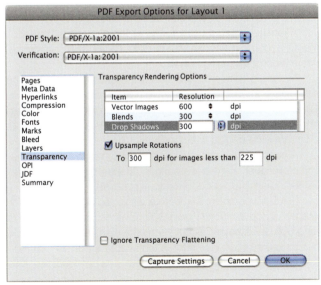

12.21 Deixar valores de resolução muito baixos pode resultar em um pouco de pixelização. Para evitar isso, aumente-as conforme mostrado.

Em geral, arquivos criados apenas para exibição em tela não necessitam de marcas ou sangrias. Eu não as incluo, por exemplo, em arquivos enviados a clientes para aprovação, já que tendem a confundi-los.

Camadas: se Selecionar Tudo for marcado, todas as camadas do arquivo serão incluídas no PDF final (ver fig. **12.16**).

Transparência: efeitos de transparência são criados através de várias combinações de vetor e bitmap. Para efeitos compostos por pixels, a resolução pode ser mais baixa – 72 dpi. Objetos vetoriais exigem uma resolução maior, já que não misturam cores da mesma maneira. Usá-los com uma resolução menor resulta em bandagem (*banding*) visível.

As opções restantes não são relevantes para a criação de um PDF simples.

PDF de alta resolução

Se você está criando um arquivo de alta resolução para fins de impressão, escolha "Tipográfico (*Press*) – alta qualidade/alta resolução".

Páginas e Meta Data são o mesmo que mencionado acima. Hyperlinks não estará disponível, já que não fazem parte de um arquivo para impressão. As resoluções padrão em Compactação são 300 dpi para imagens coloridas e tons de cinza, e 1200 dpi para imagens monocromáticas. Imagens monocromáticas exigem alta resolução, pois não há presença de antisserrilhamento para suavizá-las. No entanto, o nível de qualidade deve ser configurado em JPEG Alta ou Nenhuma, nunca mais baixo. O mesmo vale para PDF/X-1a, detalhado abaixo.

A janela Cor mostra que nesse caso o resultado será um arquivo CMYK composite ao invés de RGB (fig. **12.17**).

A janela Fontes mostra todas as fontes usadas no documento e, como procedimento padrão, todas serão selecionadas e incorporadas (fig. **12.18**).

Marcas é o mesmo que acima. Porém, marcas são itens essenciais no caso de um arquivo pronto para impressão (fig. **12.19**). A opção Centralizado posicionará marcas de registro no centro de cada lado da página, logo após a área útil (isto é, o tamanho de página final, cortada).

A sangria deve ser configurada em 3 mm. Você pode escolher se quer marcas de sangria apenas nas páginas relevantes ou em todo o documento (fig. **12.20**).

Em Transparência, aumente a resolução de "sombras projetadas" (*drop shadows*) para 300 dpi e de imagens vetoriais para 600 dpi. Isso as rasteriza em uma resolução mais alta do que as outras imagens. Vetores tendem a ter bordas mais nítidas que podem parecer pixelizadas em uma configuração mais baixa. A opção Upsample Rotation se destina a lidar com o aumento de resolução de imagens que foram rotacionadas e deve ser configurado em 300 dpi. Se for mantido em 150 dpi, pode haver alguma pixelização no resultado final (fig. **12.21**).

Os recursos de OPI e JDF são mais avançados do que nos é requisitado, e a seção Resumo (*Summary*) detalha tudo que é feito nessas janelas – que você já sabe, mas pode ser útil rever.

Há poucas diferenças significativas nas configurações de PDF/X-1a, outro formato para impressão de alta resolução. Apenas as cores realmente usadas no documento aparecerão em Cor. Em Transparência, ainda é preciso aumentar a resolução de *drop shadows* para 300 dpi, mas a resolução correta para rasterização vetorial (600 dpi) já está configurada.

Agora que está tudo pronto, há algumas coisas que você deve saber sobre gráficas.

12.22 Uma guilhotina para cortar papel. Essa máquina é capaz de cortar uma pilha de mais de 15 cm de espessura... mas fazê-lo pode não ser uma boa ideia.

Instrumentos de Trabalho, e Mais

Há mais algumas coisas importantes que um designer gráfico deve saber ao enviar o serviço à gráfica.

Fotolito

Embora a maioria dos designers geralmente use um fluxo de trabalho CTP, algumas gráficas ainda confeccionam fotolito a partir do arquivo digital. Esse fotolito é então usado para produzir chapas. Nesse caso, ele pertence à gráfica.

Tecnicamente, fotolito é um instrumento de trabalho e pertence à gráfica. Só pertence a você se isso estiver especificado na nota fiscal.

Se, ao pedir um orçamento, você informar à gráfica que deseja ficar com o fotolito ao final do serviço, é possível que eles cobrem a mais por isso. Por outro lado, se você deixar para pedir o fotolito apenas quando o serviço estiver pronto, pode acabar pagando em dobro – pelo conjunto que usaram para imprimir o trabalho (que pertence a eles) e pelo conjunto que você quer levar. Na verdade, é provável que só haja um conjunto, mas você pagará duas vezes por ele.

Uma possível alternativa é pedir o orçamento do serviço e, depois de recebê-lo, dizer que você quer o filme especificado na fatura. Dessa maneira eles ficarão meio constrangidos de cobrar a mais..., portanto não é um método muito ético.

A propósito, embora valha a pena às vezes pedir o fotolito, quase nunca é o caso com as chapas. Para começar, você teria que levá-las a outra gráfica que tenha exatamente a mesma impressora. Além disso, elas se danificam facilmente e são difíceis de transportar depois de usadas, já que as bordas ficam dobradas pela impressora. Por sua fragilidade e formato incomum, é quase certo que, ao levá-las a outra gráfica, alguém ache um pequeno risco que ninguém tinha notado, um risco que, obviamente, aparecerá na impressão. Se estiver na área em branco ainda há solução, mas se estiver atravessando um meio-tom, as chapas estarão inutilizadas e alguém vai querer lhe cobrar pelo tempo perdido ao tentar usá-las.

Tiragens maiores e menores

Há outra surpresa desagradável reservada para quem precisa de um número exato de cópias: se, por exemplo, você pediu 1.000 cópias de um programa para os 1.000 convidados de um evento, mas a gráfica só entregou 900.

Ao contrário do que você possa pensar, eles provavelmente não têm nenhuma obrigação legal de entregar as cópias restantes. É claro que haverá um desconto na conta – mas isso também pode ser um choque. Não será um desconto de 10%, embora tenha faltado 10% do pedido. Isso ocorre porque o serviço é dividido em duas áreas: preparação e produção. Os custos de preparação incluem coisas como fotolitos, chapas e preparação de dobradeiras. Esse custo é igual para uma ou 100.000 cópias. Os custos de produção incluem papel, tempo de impressora, tempo de dobragem, etc., que obviamente variam de acordo com o tamanho do pedido. Nesse caso, não haverá nenhum desconto no custo de preparação, apenas um desconto de 10% nos custos de produção.

No entanto, você não pode pedir à gráfica para imprimir as 100 cópias que faltam. Acordos trabalhistas no Reino Unido e nos EUA permitem tiragens com uma margem de erro de 10% para mais ou para menos, e a única maneira de evitar isso é a) ler as letras pequenas se você estiver assinando um contrato ou b) fazer um acordo por escrito com a gráfica de que a tiragem não será menor do que o estipulado. Nos EUA, essa porcentagem varia conforme o estado, mas tende a ser menor do que no Reino Unido. Na Califórnia, por exemplo, o padrão é 3%. É claro que as gráficas, para garantir a entrega de um número exato de cópias, alegarão a necessidade de pedir um estoque de papel ligeiramente maior, o que significa também prever maior tempo de impressão, dobradura, encadernação, etc. Portanto, nessas circunstâncias, é provável que você tenha que pagar um pouco a mais.

Contratempos no refile

Há um pequeno fenômeno desagradável relacionado ao refile de seu serviço sobre o qual você deve saber, pois pode afetar a qualidade do produto final, mesmo que tudo saia bem na impressão em si.

O problema afeta principalmente trabalhos que possuem espelho, isto é, imagens que atravessam a encadernação de um lado e de outro de páginas adjacentes, formando páginas duplas. Isso significa que cada metade é impressa em uma folha separada. A imagem completa só aparece quando as folhas são montadas, dobradas e aparadas corretamente.

Se o corte (fig. **12.22**) é feito antes da dobra (o que ocorre na maioria das vezes), há grande possibilidade de produzir um corte curvo indesejado no produto ("cutting draw") (fig. **12.23**). Isso ocorre quando a lâmina da guilhotina se curva ao cortar uma pilha de papel – quanto mais grossa a pilha, maior o efeito. Na parte superior da pilha, o corte acompanha uma linha reta. Quanto mais próximo à parte inferior, maior a curvatura da lâmina e menos preciso será o registro em todas as operações subsequentes naquelas folhas. Com isso, as imagens que atravessam a lombada podem ficar desalinhadas.

Para evitar isso, avise a gráfica antes sobre suas preocupações. Peça que a equipe de encadernação corte o papel em pilhas finas ao invés de grossas. Mais uma vez, isso tornará o trabalho mais lento, e você terá que pagar um pouco a mais. Mas lembre-se do velho ditado: "Pode ser rápido, barato ou bom. Escolha dois". Com impressão é assim.

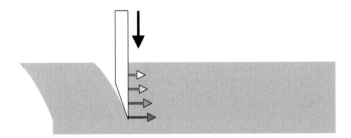

12.23 Vista lateral: a altura da pilha de papel força a lâmina para dentro.

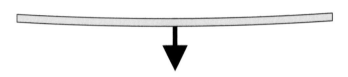

Vista superior: como a lâmina está presa em ambas as extremidades, o resultado é um corte curvo.

Enxugando o orçamento

Com o tempo, até mesmo a melhor gráfica ganha autoconfiança em relação a clientes antigos e deixa de oferecer os orçamentos atraentes que fazia no início da relação comercial. Falo isso por experiência, pois já trabalhei como orçamentista em uma boa gráfica. Portanto, para manter os preços baixos, tente o seguinte. A cada tantos serviços, mencione que, infelizmente, seu patrão lhe pediu que orçasse esse novo trabalho com duas ou três outras gráficas também. Peça então que mantenham o orçamento enxuto, pois você gostaria que eles pegassem o serviço.

Uma palavra final sobre os gráficos: valorize os bons profissionais que você encontrar. Tanto você quanto seus trabalhos sairão ganhando, permitindo que seus clientes o recomendem aos amigos com a consciência tranquila. Esse é o melhor tipo de propaganda que se pode ter. Já trabalhei com impressores bons e ruins, e há um mar de diferença entre eles. A maioria fará o melhor possível para lhe dar a qualidade que você quer, não só porque querem que você retorne, mas porque são pessoas decentes que têm orgulho do que fazem.

E uma nota final sobre todo o resto: se esse livro o ajudou, então, por favor use-o para ajudar outra pessoa. Com isso não quero dizer dá-lo de presente a um concorrente. Apenas faça um favor para alguém hoje, e quem sabe também amanhã, com esse livro em mente. Só então terá valido a pena escrevê-lo.

Glossário

Algoritmo
Um padrão gerado matematicamente que determina o nível de complexidade em células de 8 x 8 pixel que compõe imagens JPEG.

Anéis de Newton (Newton's Rings)
Pontos de pressão, que parecem anéis concêntricos de cor escura, que surgem durante o processo de cópia de chapa, no vidro da prensa de contato, causados pela presença de sujeira ou pequenos objetos na prensa.

Antisserrilhado (anti-aliased)
Quando uma forma bitmap (como um texto) recebe o efeito antisserrilhado, ela adquire uma ligeira suavização do tom em volta das bordas. Isto possibilita a fusão visual com outra imagem de fundo.

Arrancamento (picking)
Isto ocorre quando a tinta, durante o processo de impressão, arranca a superfície do papel e estes fragmentos de papel voltam para os rolos de impressão, comprometendo a qualidade do impresso.

Artifacting
Quando o algoritmo de compressão da imagem JPEG é configurado para uma qualidade muito baixa, áreas que deveriam aparecer em cores chapadas em uma parte da célula de 8 x 8 pixel podem ficar distorcidas devido a detalhes presentes em áreas próximas.

Bitmap
Qualquer imagem composta por pixels é tecnicamente um bitmap, independentemente de seu formato nativo. Portanto, os formatos de imagens TIFF, JPEG e GIF são todos bitmaps.

Boneco (folding dummy)
Uma prova física do trabalho a ser impresso, que geralmente é enviada para a gráfica como indicação do trabalho do designer, para que possíveis erros de dobras, cortes e imposição possam ser evitados.

Cabeçalho de imagem (image header)
Imagem de visualização prévia dos arquivos EPS inseridos em programas de paginação. O cabeçalho é composto por uma imagem TIFF de baixa resolução, que mostra a posição e conteúdo da imagem do EPS durante a diagramação.

Caderno (signature)
Um conjunto de páginas de uma publicação que são impressas em uma única folha maior. Depois de impressa, esta folha pode ser dobrada e agrupada com outros cadernos antes de receber o acabamento final.

Calibração (calibration)
Ajuste das configurações de cores em um monitor para uma reprodução mais precisa das imagens exibidas na tela.

Calibração de imagem (ver Tratamento de imagem)

Chapa (plate)
Uma folha de alumínio ou zinco revestida com uma camada de emulsão fotossensível.

CMYK
(Cyan, magenta, yellow and black – key color) Ciano, magenta, amarelo e preto: componentes do método de impressão quatro cores.

Compugraphic
Um popular sistema fotocomposição tipográfica das décadas de 1970 e 1980.

Computador para a chapa (platesetter ou CTP – computer to plate)
Um método digital de gravação de fôrmas para offset que não necessita de fotolito, onde a imagem é gravada diretamente na chapa.

Cor especial (spot color)
Tinta de impressão de cor específica, que não é impressa pela mistura de tintas CMYK.

Cores indexadas (indexed colour)
Modo de cor de imagens formato GIF, que pode conter um máximo de 256 cores.

Cromalin
Um tipo de prova de cor de alta qualidade produzida por meio de folhas de filme, cada um com uma fina camada de toner de cor apropriada à impressão, que é transferida e fundida sobre papel branco brilhante.

CRT – Tubo de raios catódicos
Monitores de tubo de raios catódicos geram imagens na tela pela combinação de luzes nas cores vermelho, verde e azul.

Dab test
Para testar a precisão de cor de uma tinta elaborada pelo Pantone Matching System, usualmente, espalha-se uma quantidade muito pequena de tinta sobre uma folha de papel e com a ponta do dedo sobre a tinta, são feitos pequenos toques para o lado direito da amostra.

DCS2 (desktop colour separation 2) formato de arquivo com separação de cores
Um formato de arquivo multicanal que permite o uso de cores especiais, tais como Pantone, adicionadas à imagens CMYK.

Decalque (set-off)
Transferência indesejada de uma imagem recém-impressa em uma folha para o verso da outra. Devido à tinta ainda estar fresca durante o empilhamento das folhas impressas, o decalque pode ocorrer graças ao peso das folhas acumuladas ou a uma grande carga de tinta no impresso, ou por ambos. Para evitar isso é usado um pó antidecalque, aplicado entre as folhas impressas.

Demarcadores de corte (clipping path)
Um contorno vetorial que atua como uma máscara, bloqueando todas as áreas da imagem que estão fora dela.

Densidade de retícula (screen density)
O número de pontos de retícula em uma polegada linear determina a densidade de retícula de uma imagem.

Densitômetro
Um dispositivo de mão que mede densidade da tinta de uma folha impressa.

Deslizamento (creep)
Na produção de livros e revistas, as páginas centrais dos cadernos tendem a se deslocar para fora da borda da lombada, devido à espessura da própria folha.

Direct imaging (DI)
Um método de impressão que dispensa fotolito e chapas. Neste sistema a imagem a ser impressa é gravada eletrostaticamente em um cilindro rotativo, como em uma impressora a laser. Deste modo, cada página impressa pode ser diferente da anterior.

Dither
Intercalando pixels de uma cor entre os pixels de outra cor, cria-se a aparência visual de uma terceira cor, que não existe no arquivo. Este recurso permite criar imagens GIF, que podem conter um máximo de 256 cores, com aparência de imagens complexas que possuem bem mais cores.

DPI – Pontos por polegada (dots per inch)
Na realidade os pontos se referem aos pixels quadrados. Este á uma unidade de medida que define a resolução de imagens compostas por pixels.

Duotone
Imagem impressa em duas cores, geralmente preta mais uma cor Pantone. A cor Pantone também pode ser substituída por uma das quatro cores de processo, neste caso, a imagem será normalmente convertida em CMYK. No entanto, ela também pode ser salva com um canal de cor especial, nos formatos EPS e PSD. No Adobe Photoshop, duotones só podem ser criados a partir de uma imagem em tons de cinza.

Efeito moiré (moiré pattern)
Um padrão indesejado, que evidencia os pontos de retícula que formam a imagem impressa reticulada, causado pela sobreposição incorreta dos pontos de uma ou mais cores. Ele ocorre quando são usados ângulos errados no processo de reticulagem das imagens.

EPS – PostScript encapsulado
Formato de imagem capaz de armazenar informações vetoriais e bitmap.

Flexografia (flexography)
Um método de impressão capaz de imprimir superfícies não absorventes, que possui uma fôrma flexível, que pode ser feita de borracha ou fotopolímero.

Fotocompositora (photo-typesetting)
Equipamento que compõe tipos, sobre papel ou filme fotossensível, a partir de dados recebidos de um sistema de composição computadorizado. Trata-se de uma máquina híbrida (como a Compugraphic) que possui uma parte mecânica e uma parte digital.

Fotolito (film)
Uma folha de acetato transparente, que possui um dos lados revestido com emulsão fotossensível opaca.

Galé (galley)
Saída final de uma prova tipográfica composta em máquinas de fotocomposição, utilizada na composição de textos nas décadas de 1970 e 1980. Essas longas tiras de textos gravados em rolos de papel fotográfico eram conhecidas como galé de tipos.

Ganho de ponto (dot gain)
Quando uma imagem meio-tom é fisicamente (em vez de digitalmente) transferida de um meio para outro (por exemplo do fotolito para a chapa), os pontos tendem a mudar de tamanho. Tecnicamente, a alteração sofrida nas áreas de 50% é chamado de "ganho de ponto", embora o termo se refira a mudanças em todas as faixas tonais.

Gerenciamento de cores, sistema de CMS (colour-management system)
Este sistema é amplamente utilizado nos aplicativos gráficos da Adobe. Pode ser aplicado utilizando o Bridge, que, em seguida, cria marcações no arquivo digital que garantem a consistência das cores da tela até a impressão.

GIF (graphics interchange format)
Um formato de imagem bitmap composta por uma paleta restrita (indexada) de 256 cores, das quais uma pode ser designada como transparente. Este reduzido número de cores faz com que as imagens

GIF sejam ideais para o uso em sites, onde elas podem ser utilizadas para formas irregulares ou em logos que ficam flutuando sobre fundos coloridos. Imagens GIF não são adequadas para inclusão em trabalhos que serão impressos em offset.

Glifo (glyph)
Caractere tipográfico específico, tais como ornamentos, versaletes e ligaturas que contam em uma família de tipos.

Grampo em sela ou grampo a cavalo (saddle-stitching)
Método de encadernação que utiliza grampo metálico, comumente utilizado para acabamento de publicações que possuem 64 páginas ou menos.

HTML – Linguagem de Marcação de Hipertexto (hypertext markup language)
Um dos principais códigos utilizados para a criação de sites.

Imagesetter
Equipamento para a confecção de fotolitos. Esta máquina grava os arquivos digitais diretamente no filme.

Imposição (imposition)
Montagem das várias páginas que compõem um trabalho, dispostas de forma a manter a ordem das páginas depois do trabalho ser dobrado e acabado.

Impressora com alimentação folha a folha (sheet-fed press)
Equipamento que utiliza folhas de papel cortadas e não uma bobina de papel contínuo.

Impressora offset rotativa (web offset litho)
Equipamento de impressão indireta que utiliza cilindro blanqueta para a transferência das imagens da chapa para o papel, imprimindo sobre um rolo contínuo (bobina) em vez de usar folhas.

Interpolação (interpolation)
Método matemático, ao invés de óptico, de aumento de resolução de uma imagem.

Invasão de cor (colour cast)
Quando uma imagem colorida possui uma aparência geral de uma cor

em particular dizemos que houve invasão de cor daquele matiz.

JPEG ou JPG (joint photographic experts group)
Formato de imagem bitmap que suporta modos de cor tons de cinza, RGB e CMYK, mas que usa um método de compressão de dados com perdas. No entanto, quando salvo em um nível de alta qualidade, as perdas são quase imperceptíveis, enquanto que o tamanho do arquivo é muito menor do que uma mesma imagem salva em formato como um TIFF. Todavia, não é recomendado a inclusão de imagens JPEG em trabalhos que serão impressos em offset.

Ligatura ou ligadura (ligature)
Caractere tipográfico único que combina dois ou mais caracteres.

Linhas por polegada – LPI (lines per inch)
O padrão de medição de resolução de imagens reticuladas. Indica o número de linhas de pontos de retícula existentes em uma polegada linear da imagem.

Linotype
Popular sistema de composição tipográfica nas décadas de 1970 e 1980.

Margem de pinça (gripper edge)
Uma das borda de uma folha a ser impressa que é agarrada por uma série de pinças que fazem o transporte do papel durante o processo de impressão.

Meio-tom (Halftone)
Processo no qual uma imagem em tom contínuo é convertida em uma grade vertical e horizontal de pontos de diferentes tamanhos. Ver também reticulado.

Modo de cor LAB
Formato de imagem bitmap composto por três canais de cores: 'L' de lightness (luminosidade), 'a' (verde-vermelho) e 'b' (azul-amarelo).

Montagem frente e verso (sheetwise format)
Método que utiliza uma chapa, ou conjunto de chapas, para imprimir a frente de uma folha e outra chapa,

ou conjunto de chapas, para imprimir o verso da folha.

Nivelador de transparência (transparency flattening)
Baixo, médio ou alto grau de achatamento da transparência determina como a transparência será tratada entre objetos sobrepostos ao criar um PDF. Normalmente achatamento "baixo" significa que a transparência será gerada utilizando somente vetores, enquanto que "alto" quase sempre utilizará informações bitmap. A opção de achatamento médio é uma combinação dos dois anteriores. A predefinição PDF/X1a permite aos usuários escolher entre essas três opções.

Nós (nodes)
Pontos de ancoragem que determinam a forma de um vetor.

Offset (offset litho)
Método de impressão indireto, em que a imagem entintada na chapa é transferida primeiro para um cilindro intermediário (blanqueta) antes de ser transferido para o papel.

Otimização (optimization)
Recurso que visa reduzir o tamanho do arquivo da imagem, enquanto tenta manter a qualidade de sua aparência.

Pantone Inc.
Empresa fabricante de produtos que auxiliam gráficos e designers, no que se refere a referência em reprodução de cores, tais como o Pantone Process Guide, para a seleção de cores compostas por CMYK e o Pantone Matching System, que apresenta uma ampla gama de cores, que não podem ser obtidas apenas com a mistura das tintas CMYK.

Pantone Matching System
Gama de cores de tinta de impressão que pode ser facilmente obtida pela fórmula precisa de mistura de um conjunto de cores de base.

PDF – Formato de documento portátil (portable document format)
Formato de arquivo PostScript desenvolvido pela Adobe que permite a criação de arquivos em alta resolução, adequados à impres-

são offset. Este é o formato de arquivo mais utilizado para o envio de trabalhos para gráficas comerciais.

Perfecting
Impressão simultânea dos dois lados da folha ou bobina em uma única passagem pela impressora.

Perfil de cor (colour profile)
São arquivos individuais de um sistema de gerenciamento de cor (CMS) que lida com marcações digitais específicas para as cores RGB, CMYK, escala de cinza e cores especiais.

Pixel
Trata-se da menor parte que compõe uma imagem digital. Os pixels são pequenos quadrados de cor. A resolução de uma imagem é determinada pelos pixels existentes em uma polegada linear. A cor do pixel é determinada pela profundidade de bits da imagem.

Posterizar (posterize)
Restringir a imagem a um número específico de cores.

PostScript
Uma linguagem de codificação digital desenvolvido pela Adobe.

Postscripting
Gerar um arquivo digital em um formato PostScript, a fim de superar os problemas que podem surgir durante a transferência de um documento do computador para a imagesetter ou platesetter.

Profundidade de bits
Complexidade da imagem, ou profundidade, é descrito em termos de bits. Um bit de informação equivale a uma única unidade de uma informação binária, que pode ser ligada ou desligada. Portanto, uma imagem com 1 bit de profundidade é composta apenas por duas cores.

Prova de layout
Prova impressa, muitas vezes produzida em impressoras laser, que geralmente acompanha trabalho que será enviado para a gráfica. A precisão das cores pode variar bastante neste tipo de prova e por isso deve ser considerada apenas como uma aproximação da impressão final.

PSD – Documento do Photoshop (Photoshop document)
Formato de arquivo bitmap capaz de suportar múltiplas camadas, transparência, demarcadores de cortes, cores especiais, entre outros. O formato PSD é o mais versátil, podendo ser inserido no InDesign, no Quark e no Illustrator.

Rasterização (rasterize)
Método no qual uma imagem bitmap, formada por pixels quadrados e que não têm espaço entre si, é transformada em retícula composta por múltiplos pontos de diferentes tamanhos, organizados em uma grade vertical e horizontal.

Registro de cores (registration)
Quando uma imagem colorida é impressa, é essencial que haja o alinhamento da sobreposição de cada impressão. Se isso não ocorrer, dizemos que a cor ou as cores estão "fora de registro".

Retícula estocástica (stochastic screen)
Utilizada em um conjunto aparentemente aleatório de pequenos pontos para formar a imagem impressa. Como não possui uma organização dos pontos em uma grade de linhas horizontais e verticais, a retícula estocástica não produz o efeito moiré, independentemente do número de cores impressas no trabalho.

Retícula FM – frequência modulada (frequency-modulated screen) Ver Retícula estocástica.

Reticulado (Halftone)
Imagem composta de pontos de diferentes tamanhos, geralmente organizados em uma grade vertical e horizontal. Ver também meio-tom.

RGB
Um sistema de cor composto pela combinação de luzes nas cores vermelha (Red), verde (Green) e azul (Blue).

RIP (Raster Image Processing)
Ripar um arquivo significa converter as informações de um arquivo PostScript ou PDF em uma imagem bitmapeada, capaz de ser transformada em pontos de retícula pelo dispositivo de saída (tais como imagesetter e platesetter).

Rotogravura (gravure)
Um método de impressão que utiliza cilindros metálicos e gravação de imagem encavográfica, que gera células que podem receber mais ou menos tinta, dependendo do tamanho e profundidade da gravação, que resultam em áreas impressas escuras e claras.

Salto de densidade (tint jump)
Um aumento repentino na densidade da cor, provocado pela junção dos pontos que formam a retícula.

Sentido fibra (grain direction)
As fibras do papel tendem a se alinhar em um mesmo sentido, durante seu processo de manufatura. Cortes e dobras são executados mais facilmente no sentido da fibra e não contra ele.

Serigrafia (screenprinting)
Método de impressão que força a saída da tinta através de uma tecido esticado sobre uma moldura, na qual a imagem atua como um estêncil.

Swashes
Escolhas de caracteres alternativos dentro de uma determinada família tipográfica, como as capitulares mais ornamentadas.

TIFF ou TIF (tagged image file format)
Formato de imagem bitmap descompactado que suporta uma variedade de modos de cores, incluindo tons de cinza, RGB e CMYK.

Trapping
Consiste em criar áreas de sobreposição entre cores adjacentes, geralmente aumentando-se as áreas de cores claras sobrepostas em cores escuras. Este recurso é utilizado para compensar as variações no registro de cores que podem ocorrer durante a impressão e que podem causar um filete não impresso entre as cores.

Transferência com perdas (lossy)
Método de compressão de imagem que resulta em algum grau de perda de dados e qualidade.

Transferência sem perdas (lossless)
Método de compressão de imagem em que não há perda de dados ou qualidade.

Tinta de secagem por resfriamento (cold-set ink)
Tinta de impressão offset, tipicamente utilizada em papel de jornal, pois possui uma secagem muito rápida. Isto evita a necessidade de secadores em linha com a impressão.

Tipografia (letterpress)
Um método de impressão que utiliza conjuntos de tipos móveis e placas com imagens gravadas em alto relevo.

Tira e retira (work-and-turn format)
Método de imposição no qual a frente e o verso da folha são impressos com as mesmas chapas. As páginas são posicionadas de modo que, ao virar o papel pela borda longa, conserva-se a mesma pinça e esquadro para imprimir posteriormente o outro lado do papel.

Tira e retira tombando (work-and-tumble format)
Método de imposição no qual a frente e o verso da folha são impressos com as mesmas chapas. As páginas são posicionadas de modo que, ao tombar o papel pela borda curta, não é conservado a mesma pinça e esquadro durante a impressão posterior do outro lado do papel.

Tratamento de imagem
Um método que ajusta luzes, sombras e meios-tons para determinar a aparência geral de uma imagem quando impressa por um determinado sistema de impressão.

Tons de cinza (grayscale)
Imagem composta por 256 tons de cinza que serão impressos utilizando somente tinta preta.

Vetor (vector)
Desenho definido matematicamente, para o qual podem ser atribuídos cor de preenchimento e espessura e cor de contorno. Este é o formato nativo dos elementos desenhados nos softwares Adobe Illustrator, CorelDraw e Freehand.

Índice

Número de página em **bold** são referentes às imagens.

A

Acrobat (Adobe), a criação de PDFs **142**, 142-8, **143, 144, 146, 147,148**
Adobe Gamma ver Gamma
Adobe Illustrator ver Illustrator
Adobe InDesign ver InDesign
Adobe Photoshop ver Photoshop
algoritmos 89, 154
amarelo (CMYK e RGB) 36
anéis de Newton, 17, **17**, 154
anti-aliasing 80, 136, 154
Apple LaserWriter 16
arrancamento 66-67, 154
artifacting 89, 154
azul, psicologia da cor 42

B

basiCColor print 45
BMP, formato de imagem 78
boneco 27, 137, 154
branco (CMYK e RGB) 35

C

cabeçalho de imagem 79, 154
calibração 154
    calibração reversa 44, 69, **69**
    calibração de monitores 43-5
    software de calibração 45
canais 62
    canais alfa 136
carimbo do Photoshop, ferramenta 94
Caxton, William 10
chapa 12, 17, 154 ver também fôrma e meio ambiente 23
cilindro da blanqueta 20, **21**
cilindro de impressão 20, **21**
cinza, substituição do componente (GCR) 66-8, **68**
cinza, imagem em tons de 156
    adicionando contraste **56**, 57
    tratamento de imagens tons de cinza 47-57
    gerar imagens tons de cinza a partir de imagens RGB 129
    luzes e sombras, 48-55, **50, 51, 52, 53, 54, 55, 56**
    número de tons de cinza 60
CMS (sistema de gerenciamento de cores) 67, 155
CMYK 154
    cor preta no CMYK 29, 35-6
    gama de cores 62-3
    comparado com o RGB 34-36
    conversão de RGB para CYMK **38**, 38-40, **39, 40**
    converter CYMK para arquivos RGB de baixa resolução **99**, 99--101, **100**

CMYK mais Pantone 116, **117**, 117-120, **118, 119, 120**
ângulos de retícula 30, 30-31
Compugraphic 15, 154
contraste, adição de **56**, 57
cor
    cor e luz 37, **37**
    cores opostas 35-6
    perfil de cor 72, 156
    psicologia das cores 42
    invasão de cor 69, **70**, 71, 155
    sistemas de gerenciamento de cores (CMS) 72-5
    branco 35
    amarelo 36
    ver também preto; CMYK; Pantone; RGB
Corel Draw
    EPS e arquivos Corel Draw 79
    trapping no Corel Draw 106, 107, 113
cores indexadas 88, 154
cores primárias 34
cores secundárias 34
corte, demarcadores de 79, **80**, 80--82, **81, 82**, 136, 154
    em arquivos PSD 87
Cromalin 38, 154
CTP – Computador para a chapa (computer to plate) 15, **18**, 19, 154
    ver também platesetter
CRT, monitores 15, 43, 154
Cutting draw 152-153, **153**

D

dab test 154
DCS (desktop colour separation) 34, 85, 154
decalque 20, 154
    pó antidecalque 20
    ver também arrancamento; somatória máxima de tinta
demarcadores de corte 79, **80**, 80--82, **81, 82**, 136, 154
densitômetro 49, 154
deslizamento (creep) 29, **29**, 154
Direct Imaging (DI) 17,19,154
direitos autorais 90, 103
dither 62, 88, 154
dobras, sentido da fibra e 26, 137, 156
dpi (pontos por polegada) 31, 98, 154
duotone **83**, 83-85, **84**, 87, 154

E

efeito moiré, 22, **30**, 30-31, **102**, 103, 154
empuxo 29
    ver também deslizamento
envelopes 26
EPS, arquivos 43, 78-79, **79**, 154

escâner ver scanner
escorço 126, **127**
espaçador 143
espaçamento automático, sistema de 15
espelho 152

F

filme 12, 15
filme, processadoras de 17
    ver também fotolito
flexografia 22, 155
fontes
    desenvolvimento de fontes 15, 16
    fontes de websites 15
fontes, formatos de
    Multiple Master (MM), formato de fonte 16
    Open Type, fonte 16
fôrma
    para flexografia 22, 155
    para rotogravura 22
fotocomposição 15, 155
fotolito 12, 15, 155
fotolito no processo offset 17
fluxo produtivo com fotolito 138, 152
fotolito, elasticidade do 19
fotolito, montagem de 17

G

ganho de ponto 47, 155
    controle de ganho de ponto 48, 73-75
ganho de ponto na tecnologia CTP 19
    teste de ganho de ponto 49, **49**
    ganho de ponto em offset rotativa 22
galé 15, 155
Gamma (Adobe) 45, 69
GCR (substituição de componentes cinza) 66-68, **68**
Genuine Fractals 94, **95**
GIF, arquivos 62, 78, 88, 91, **91**, 94, 155
glifos 16, 155
gradiente, ferramenta (Photoshop) 125
grampo a cavalo 27, 155
    ver grampo em sela
grampo em sela 27, 155
guilhotina **151**
Gutenberg, Johannes 10

H

hexacromia 31
HTML (Hypertext Markup Language) 15, 155

I

IBM Selectric 15
ICC (International Colour Consortium) 72

i1 Display 2 (X-Rite) 45
Illustrator (Adobe)
    illustrator e arquivos EPS 79
    marcas de registro no Illustrator 112
    trapping no Illustrator 106-7, 113
iluminação de ambientes de trabalho 43
imagem, formatos de
    imagens DCS 34, 85, 154
    duotones **83**, 83-5, **84**, 87, 154
    imagens EPS 43, 78-9, **79**, 154
    imagens GIF 62, 78, 88, 91, **91**, 94, 155
    imagens JPEG (JPG) 78, **89**, 89, 91-2, 94, 155
    imagens PNG 78, 88
    imagens PSD 43, **86**, 86-7, **87**, 156
    imagens TIFF (TIF) 43, **78**, 78, 156
    ver também arquivos PDF; imagens da web
imagem bitmap 16, 60, 154
imagem, cabeçalho de 79, 154
imagem meio-tom 12, **14**, 155
imagem reticulada ver imagem meio-tom
imagem tons de cinza 156
imagesetter 17, 155
    Resolução de imagesetter 92
imposição 27-29, **28**, 155
impressão
    preparar arquivos para impressão 136-138
    assuntos relacionados à impressão 152-153
impressão, tecnologias de composição 15
    computador para a chapa (CTP) 15, **18**, 19, 154
    DI (direct imaging) 17, 19, 154
    flexografia 22, 155
    impressão digital **18**, 19
    meio ambiente 23
    offset 12, **14**, 17, 20, **21**, 155
    offset rotativa 22-3, 155
    rotogravura 22-3, 156
    serigrafia 22, 156
    tipografia 12, **13**, 156
    xilogravura 10, **11**, 12
    ver também fotolito; fontes; meio--tom; retícula
impressora alimentação folha a folha 20, 155
InDesign (Adobe)
    Configurações de compactação 140-2, **141, 142**
    arquivos EPS no InDesign 79
    fontes Open Type 16
    criar PDFs no InDesign **138**, 138--41, **139, 140, 141**

opções de comprovação 138, **138**
marcas de registro 112
marcas de corte 112
preto calçado e preto quatro cores **110**, 110-11
trapping no InDesign 108, **108**, 113
indexadas, cores 62, 154
International Colour Consortium (ICC) 72
interpolação 62, 155
invasão de cor, tonalidade a menos 71
invasão de cor, tonalidade a mais 71
Ives, Frederick 12

J
jato de tinta, provas impressas em 137
jato de tinta, resolução de impressoras 44, 92
JPEG (JPG) arquivos 78, **89**, 89, 91-2, 94, 155

K
Key chapa 29
ver também preto; CMYK

L
LAB, modo de cor 131, 155
laser, provas impressas a 27, 137, 156
laser, resolução de impressoras a 92
LaserWriter (Apple) 16
Letraset 15
ligaturas 16, 155
lineatura 30, 92
linguagem de descrição de página (PDL) 16
Linotype 15, 155
livros de amostra de cores 41, **41**, 44
livros de amostras Pantone 116, **116**, 121
LPI (linhas por polegada) 92, 155
luz e cor 37, **37**
luzes e sombras
em imagens coloridas 66, 69, **69**
em imagens tons de cinza 48-55, **50**, **51**, **52**, **53**, **54**, **55**
LZW (Lemple-Zif-Welch) 78

M
Macs
plano de fundo 66
imagem de desktop 43
assistente de calibração de monitor 45, **45**
marcas de corte 112
marcas de dobra 112, 137
margem de pinça 20, 155
meio ambiente 23
Meio-tom, imagens 12, **14**, 155

Microsoft 16
moiré, efeito 22, **30**, 30-31, **102**, 103, 154
molha, sistema de 17, 20, **21**
monitor
calibração de monitor 43-45
plano de fundo de monitor 43, 66
resolução de monitores 90, 92
Monotype Studio Lettering Machine 15
montagem de fotolito, 17
Multiple Master (MM) formato de fonte 16

N
Newton, anéis de 17, **17**, 154
nós 80, 155

O
offset, impressora 12, **14**, 15, 17, 20, **21**, 155
ver também impressora offset rotativa
offset rotativa, impressora 22
onOne Genuine Fractals 94, **95**
Open Type, fonte 16
otimização de imagens 89, **90**, 90-92, **91**, 155

P
Páginas
formatos 26
imposição de páginas 27-9, **28**, 155
número de página 27
Pantone, cores 115, 116
dab test 154
guia de cores metálicas 121
guia de cores pastéis 121
imagens CMYK e Pantone 116, **117**, 117-120, **118**, **119**, **120**
livros de amostras 116, **116**, 121
Pantone Inc. 31, 155
Pantone Matching System 31, 41, 155
Pantone Process Guide 41, 42, 44, 121
papel
refile 152-153, **153**
papel e ganho de ponto 48
sentido da fibra do papel 26, 137, 156
papel reciclado 23, **23**
formatos e gramaturas de papéis 26
PDF, arquivos 10, 78, 85, 155
no Acrobat **142**, 142-148, **143**, **144**, **146**, **147**, **148**
no InDesign **138**, 138-141, **139**, **140**, **141**
no QuarkXPress **147**, 147-150, **148**, **149**

PDL (linguagem de descrição de página) 16
perfecting 22, 156
perfil de cor 72, 156
pfb (printer font binary), arquivos 16
Pfister, Albrecht 10
Photoshop (Adobe) 123
demarcadores de corte 80, **80**, **81**, 81-82, **82**
ferramenta carimbo 94
conversão de arquivos RGB em CMYK 126
arquivos CMYK convertidos para RGB de baixa resolução **99**, 99--101, **100**
imagens CMYK com cores Pantone **117**, 117-120, **118**, **119**, **120**
balanceamento de cor **70**, 71
realces e meios-tons **69**, 69
cor de um objeto, mudando a **124**, 125
configurações de cores **72**, 72-75, **73**, **74**
Photoshop e imagens EPS 79
escorço 126, **127**
ferramenta gradiente 125
(GCR) substituição do componente cinza 66-8, **68**
tratamento de imagens tons de cinza 50, 50-55, **51**, **52**, **53**, **54**, **55**, **56**, 57
gerar imagem tons de cinza a partir de uma RGB **128**, 129
LZW (Lemple-Zif-Welch) 78
calibração de monitor 44
marcas de registro 112
filtro de nitidez de imagem **130**, 130-131, **131**
trapping 106, 108, 113
máscara de nitidez **130**, 130-131, **131**
otimização de imagens para web **90**, 90-92, **91**
resolução de imagens para web 92-93, **93**
pinça, margem de 20, 155
pixel 30, 156
PNG arquivos 78, 88
pó antidecalque 20
Posterização 60, **61**, 156
PostScript 16, 156
Postscripting 16, 156
preto
preto quatro cores **109**, 109-11, **110**, **111**
nos sistemas RGB e CMYK 29, 35-6
preto calçado **109**, 109-11, **110**, **111**
em livros de amostras de cor **41**, 41-2

trapping em preto calçado 113
processadoras de chapa 17
processadoras de filme 17
profundidade de bits 60, 156
ver também profundidade de pixel
profundidade de pixel 59
em imagens coloridas 62-63, **63**
em imagens tons de cinza 60
provas
Cromalin 38, 154
digitais 137
jato de tinta 137
laser 27, 137, 156
prelo 137
PSD, arquivos de documento do Photoshop 43, **86**, 86-87, **87**, 156
psicologia das cores 42

Q
Quark
arquivos EPS no Quark 78, 79
criar PDFs no QuarkXPress **147**, 147-150, **148**, **149**
preto calçado e preto quarto cores no Quark **110**, 111, **111**, 113
trapping no Quark 108, **108**

R
rasterização 30, 156
refile 26
refluxo de texto 16, 138
formato dos pontos de retícula **132**, 133
linhas por polegada (lpi) 155
ângulos e sobreposição de retículas 30
tint jump 133, 156
ver também ganho de ponto; meio-tom
registro de cores 156
na tecnologia CTP 19
marcas de registro **112**, 112
ver também trapping
resolução
de monitores 90, 92
de digitalização 97, 98
rico, preto **109**, 109-11, **110**, **111**
ver preto
RGB, modo de cor 156
canais 62
gama de cores 62-3
em comparação com CMYK 34-36
conversão de CMYK para RGB **99**, 99-101, **100**
conversão de RGB para CMYK **38**, 38-40, **39**, **40**, 126
gerar imagem tons de cinza a partir de imagem RGB 129
rotogravura 22-3, 156

S
sangria

medidas de sangria 136
sangria em PDFs 143
scanner / digitalização
criação de fluxo de trabalho eficiente **99**, 99-101, **100**
modo desreticulagem **102**, 103
resolução óptica 62
escaneando imagens impressas/
reticuladas 103
resolução 97, 98
softwares 101
sela, grampo em 27, 155
ver grampo a cavalo; grampo em
sela
sentido fibra 26, 137, 156
serigrafia 22, 156
sistema de molha 17, 20, **21**
sistema de espaçamento automático
15
slug ver espaçador
somatória máxima de tinta 66-67
sombras ver luzes e sombras
Spyder3Elite 45
swashes 16, 156

T
texto
lista de verificação para impressão 136
refluxo de texto 16
ver também fontes; tipo
TIFF (TIF) arquivos 43, 78, **78**, 156
tipo ver fonte; formato de fonte
tipo móvel 10, **11**
tipográfica, impressão 12, **13**, 156
tinta
tinta cold-set 22, 156
meio ambiente 23
ver também cores Pantone
tinta, somatória máxima de 66-67
tira-e-retira 27, 156
tira-e-retira tombando 27, 156
tiragens, maiores e menores 138,
152
tiras de controle de impressão 49,
49, 75
transferência sem perdas 17, 156
transferência com perdas 17, 89,
156
transparência, nivelador de 142,146,
155
trapping 10, 105, 106, 156
verificar trapping com a gráfica
138
CorelDRAW 106, 107
Illustrator 106, 107
InDesign 108, **108**, 113
Photoshop 106, 108
Quark **108**, 108
trapping em preto calçado 113
Tratamento de imagem 156
invasão de cor 69, **70**, 71, 155

tratamento de imagens coloridas
65-75
substituição do componente cinza
(GCR) 66-8, **68**
tratamento em imagens tons de
cinza 47-57
tiras de teste de ganho de ponto
49, **49**, 75
ver também luzes e sombras
TrueImage PostScript (Microsoft) 16
TrueType (Apple), fonte 16

V
verde, psicologia da cor 42
vermelha, psicologia da cor 42
verniz localizado 137
vetor, imagens 79, 156
fontes vetoriais 16

W
Web, imagens da
Genuine Fractals 94, 95
otimização **90**, 90-92, **91**
resolução 92-93, **93**

Agradecimentos

Quase tudo o que aprendi sobre a impressão offset e design gráfico se deve à gentileza e paciência de muitas pessoas boas e generosas. Por isso, gostaria de aproveitar esta oportunidade para agradecer individualmente: Barry Adalian e Barry Viney por serem os melhores mentores do mundo.

Alan Raingley e Jack Butterworth pela chance, oferecendo-me o meu primeiro emprego em impressão offset comercial.

Vin Smith por ser ele mesmo, e também por ser o melhor impressor que eu já conheci. Robina Courtin por dar aulas sobre sua busca pela perfeição, em todas as coisas.

Angus Berry por sua capacidade de fazer absolutamente qualquer coisa brilhar.

Ron Mullein e Martin Gallagher pela... abordagem única dada ao design gráfico.

Phil and Grace Sharples, Ed Cain, Jean Stubenrauch, Mark Taylor, Charles Gropman, Eve Kline, Carla Winkler, Sheila Burns e Mark Kroninger por serem a melhor equipe de impressão com a qual já tive o prazer de trabalhar.

Cindy Frank e John Fremont por me deixar projetar muitas capas para seus livros.

Nick Ribush por ser quase tão exigente quanto eu.

Peter Bone por sua ajuda com algumas das perguntas quase esotéricas sobre softwares e também pelo seu senso de direção. Ou a falta dele...

David Arnold, Shumi Begum, Zoe Hind, Praveen Hurnam, Ricardo de Jesus, Kess Jones, Iain Macaskill, David Miller, Sarah Paton, Stephen Rea e Mark Young da Academy Class por todo o apoio e por ser uma equipe ótima para se trabalhar.

Os créditos das fotos vão para Beth Dart (página 128), Andy McKee (páginas 14, 18, 23, 116, 151) (com muitos agradecimentos a Mark Downey e sua equipe da Epic Print, em Dorchester), Joe Neves (Estúdio Z Mendocino, Fort Bragg, Califórnia) (páginas 11, 13), Ven. Ajahn Amaro (páginas 86, 102), e Sarinda Newell (página 61). Eu também gostaria de agradecer a Jo Lightfoot da Laurence King Publishing por acreditar neste projeto e minha editora Nell Webb pelo bom humor e muita paciência, que ela conseguiu manter ao se embrenhar por pilhas intermináveis de informações sobre a impressão e design gráfico.

E um enorme obrigado a Frances Kelly, minha agente, por todo o seu apoio, humor e palavras gentis. Sem você, Frances, nada disto teria acontecido.

Finalmente, gostaria de agradecer à minha família, em geral e especificamente: ao meu falecido pai por me apresentar ao mundo da tipografia e impressão; à minha mãe por se recusar a acreditar que uma folha muda de cor no escuro; a meu irmão por pensar na prova impressa em primeiro lugar; à minha irmã por ser minha companheira de design gráfico; e à minha querida esposa Linda por seu apoio incrível nos bons e maus momentos e, primeiramente, por sugerir que eu escrevesse este livro.

Mark Gatter

Créditos das fotos do editor

Imagens das páginas 63, 91, 124 e 127 do iStockphoto.
Fotografia da página 76 © Quattrone, Florença.
Fotografia da página 134 © Angelo Hornak, Londres.

Título	*Produção Gráfica para Designers*
Autor	Mark Gatter
Editor	Plinio Martins Filho
Tradução	Alexandre Cleaver
Produção editorial	Aline Sato
Revisão técnica	Thiago Cesar Teixeira Justo
	Luciano Guimarães
Revisão	Geraldo Gerson de Souza
Capa	Gustavo Piqueira / Casa Rex
Design do miolo	Studio Ten and a Half
Editoração eletrônica	Camyle Cosentino
Formato	21,6 x 28 cm
Tipologia	Helvetica
Papel	Alta Alvura 120 g/m² (miolo)
	Cartão Supremo 325 g/m² (capa)
Número de páginas	160
Impressão e acabamento	Lis Gráfica